善读慧写的课程追求

阎晶晶◎著
金亦韬◎绘

让读写“照亮”成长旅程

中南大學出版社
www.csupress.com.cn
·长沙·

序一

PREFACE I

执着而坚实的步履

一

初次见到阎晶晶，是在2009年秋。福建教育杂志社曾经连续多年举办“智慧·成长·互动”活动，每一届都聘请数位全国名师，其中极负盛名的一位为活动的领衔名师，展示他的教学思想和教学艺术，引领福建省教师教学改革与实践；也从省内遴选一些具有潜质的青年教师现场执教，为其提供展示舞台，促进其成长。那年，阎晶晶老师作为后者讲授了一堂课，她讲授的过程甚至课题，我都早已淡忘，却一直清楚地记得：她使出浑身解数展示“十八般武艺”，还开嗓亮了亮不错的歌喉。她给我的总体印象是，课虽上得稚嫩，但基本功很扎实，是可以栽培的苗子。

相比于她的课，她见到那位领衔名师的神情则让人无法忘怀：兴奋，幸福，敬佩，一如虔诚追星的迷妹。但她与演艺界人士的忠实粉丝显然有着本质的区别，她把献身教育事业的初心、热爱语文教学的赤子之心都写在了那神情里。

正是这份心，让她对语文教学有着刻骨入髓的痴迷，并引领着学生爱上语文。她从指导学生朗读课文开始，每天范读。听课教师感叹：“她班上的学生读书声太美。”家长欣慰地说道：“孩子每天回来不仅纠正我们的发音，而且能把课文声情并茂地背诵下来。”她带着学生写日记，每天在班级播报。日日记，日日评改，日日分享，上万本日记本、无法用数字估量的日记篇数，散见于国内各家儿童读物期刊上。而这声音优美的朗读、声情并茂的背诵、难以计数的日记，正是她日复一日、持之以恒地用“初心”和“痴迷”耕耘和浇灌出的花朵。

二

再次见到阎晶晶，是在2017年秋以我为首席专家的福建省小学语文学科教学带头人集美大学培训班上。周期为两年的培训分阶段进行，首次集中研修，聚焦识字写字和拼音教学问题。我引导学员以被人忽略却关乎教学质量的“会认的字要不要分析字形”“单篇课文随文识字还是集中识字好”等一系列问题为论题展开论辩，并让他们随后在在岗分散研修期间展开实证研究。我引导学员做实证研究的意图，主要是让其通过实验或者调查获得具体证据，证实应该怎么教或者不应该怎么教——哪怕是被视为经典的教法。对于各个论题，通过实验，学员必须回答“要或不要”或“好或不好”的问题，并从学理上做出深入阐释。

她选择了“会认的字要不要分析字形”这个论题进行实证研究。从提交上来的作业可以感受到她认真学习和研究的态度，其研究设计与实施，包括研究目的、研究对象、研究内容、研究程序，周全而严谨，数据的可信度很高。但论文“结论与思考”部分写的却是如何教“会认”的字：“适时而教，遵循记忆规律”“适切而教，进入‘阅读快车道’”“适度而教，基于课程标准”。这些内容与通过实验得到的数据关系不大甚至没有关系，没有回答“要或不要”的问题，特别是“为什么要或不要”的问题，体现出了小学教师普遍存在的惯性思维——只问怎么教，却不问为什么这样教。

我毫不犹豫地将论文打回，让她重写“结论与思考”部分。她三易其稿，最后改为：要准确把握“会认”和“会写”的不同、“会认”的字不分析字形合乎儿童认知规律、分析“有规律的字”事与愿违、分析学习前已“会认”的字降低效率。全文结语是，站在客观的角度去思考儿童认知规律，整体认读更适合小学生学习“会认”的字，并由此延伸到对如何判断教学方法优劣的看法：必须以其是否高效促进学习为评判标准，而是否高效又必须经过实证，不能凭借主观判断。“结论与思考”中的四个观点，建立在翔实又可靠的实验数据及公认的学理之上，有理有据，具有说服力。该论文发表在《语文建设》上，这是她首次在核心期刊上发表论文。获知被录用的消息，她激动得流下眼泪。

通过这个阶段的培训，她不再迷信权威和盲目跟风，而是学会了独立思考，理性思维能力、思辨能力获得很大提高，真正做回了她自己。

三

培训班研修内容伴随培训进程而不断拓展，延伸到语文课程的所有领域。习作教学方面，我们聘请一些全国知名专家、名师上课，尤以我建构的小学写作教学序列与模式为主要研修内容。她对我的课程特别认同，回校以后，不仅自己践行，还带领她所在的福建省建阳师范附属小学全体语文教师全面开展实践，并常常通过微信、电话等途径，向我反馈实践的收获和感受。

初步实践我的教学模式时，她还在高年级任教。她通过微信告诉我，一位任教一年级的老师同她分享：“有位学生向我报告，他的同桌日记上写的一件事，没有写结果。”他人或许不知道这意味着什么，但我和她都知道这背后的意义：在我们所有的教学模式里，评价都具有清晰的标准。低年级写话，涉及写事的模式，其标准里就有要写出结果。即使是入学不久的一年级小学生，也能理解并掌握那些标准，并用来对自己和同伴的“作品”进行评价，这不能不令人惊喜。

两年后，她又从一年级开始教学。有一次，在朋友圈看到她晒出班上学生写的话，这里摘取两则。《傻》：“不要再说我傻这种话，我已经听过几千遍，我最后再说一次，我不是傻，只是学得慢而已。”《云朵》：“不要再说我飞得高这种话，我已经听过几万遍。我最后再说一次，这是为了看见世界万物。”看到这，我会心地笑了，这显然是她运用我构建的形式迁移写话教学模式进行教学的成果。学生“作品”虽然具有模仿痕迹，但言出于内心，表达了真情实感，甚至让人感动，让人回味。

她不仅带领所在学校教师全面开展实践，还借助工作室等平台辐射到整个南平地区，并通过送教活动等将新的教学模式带到本省其他地区。有一次，我受南平市延平区教师进修学校邀请，前去开设主题为“写作教学”的讲座。讲座结束，几位青年教师围了上来，纷纷告诉我，他们已经从阎晶晶老师那里学到了几种适合他们执教年段的教学模式，并运用于实践，模式非常好用，教学效果令人满意。

我感到十分欣慰。她不仅自己践行在培训期间学到的新理念、新教法，切实提高了教学质量，获得了发展，还致力于带领更多教师提高教学质量，一起走在成长的路上。这不就是我们培养学科教学带头人的初衷吗？

四

随后几年间，不断看到她带领教师进行写作教学研究与实践的报道见诸各种媒介。教学模式既具有可复制性，也具有可变性。值得称道的是，她的实践不是机械地照搬我的教学模式，而是根据教学对象和教材实际创造性地使用，并融入她自己的思考。她的实践具有系统性，思考也不断深入，并将统编教材的编写意图和新一轮课改理念融入其中。同时她还能将实践和思考不断加以总结和提炼，形成脱胎于我的教学序列与模式但又具有她个人特色的写作教学经验和思想。

短短几年，她就有多篇写作教学论文发表于业界有影响的教育期刊，仅2023年就有4篇：3月，《低年级写话：任务分析及实现路径》发表于《教学月刊(小学版)》，文章指出，低年级写话教学要在宏观上关注学生的真实问题，把握整体需求，在微观上结合统编教材的编排特点来设计目标、情境、工具、评价“四位一体”的写话活动，促进学生积累书面语言经验，发展语言评价力、思维力，培养学生在生活中求真向善、在想象中科学创新的精神。7月，《“课程育人”视域下的写人习作价值分析与实践策略》发表于《语文建设》，文章指出，教材是落实语文课程育人目标最直接的根本载体。她以写人习作为研究对象，系统分析教材主题、内容、工具所蕴含的价值观、生活观、知识观，落实立德树人的根本任务，服务交往交流的真实需要，促进学生在习作教学中全面提升语文核心素养。9月，《“真实需求”背景下的低年级写话任务分析及实现路径》发表于《语文教学通讯》，文章指出，“真实需求”背景下的低年级写话任务研究，立足学科育人理念，着眼儿童写话的真实问题，把握积累言语经验的需求，积极串联起真实情境、模仿路径、评价支持“三位一体”的整体性写话实践活动，是学科学习走向学科育人的生动呈现。10月，《从启蒙写作开始，给予儿童自足的成长》发表于《福建教育》，文章指出，写作教学应让学生正确地认识自己。认识自我的过程是自我意识和自我评价的发展过程，是个体探索、完善“我是谁”“我可能成为怎样的人”“我如何和他人友好相处”“我如何在群体中完成自我认同”等的过程，并在其中获得精神和思想的成长与富足。

“弟子不必不如师。”“青出于蓝而胜于蓝。”热切期待阎晶晶老师的教研之花越来越鲜艳，衷心祝愿阎晶晶老师在专业发展之路上越走越远，为闽北乃至福建基础教育贡献更多力量！

施茂枝

2024年4月

序二
PREFACE Ⅱ

书如其人，堪效仿

阎晶晶老师是“80后”，是闽北小学语文界的一面旗帜，也是福建小学语文青年教师的一面旗帜。

福建省劳动模范，是对阎老师劳动精神的褒奖；福建省特级教师，是对阎老师躬耕课堂的肯定；福建省语文名师，是对阎老师专业品质的认可。这些，似乎都不如学生称阎老师为“大姐姐”，家长赞阎老师“像妈妈”，同事称阎老师为“好伙伴”，来得亲切、贴切、感人。

阎老师有着深厚的家学渊源，从小读书作文，坚持不懈。五岁“开蒙”读书，看“小人书”，看世界童话名著。据说，她只要一翻开书，世界就不在，只有“童话世界”在。她一页一页翻，一遍一遍看，渐渐地，“翻”与“看”已无法满足其好奇和渴望，于是就拿妈妈的笔来“涂”——跟着书中的插图“描”；后来，会认字、会写字了，就开声读、动笔写——写“阅读日记”……再后来，她成了小学语文教师，就把自己的成长经历与“小黑鱼”们(她给自己班级学生的“昵称”)分享：带着孩子朗读、看书、写日记，并且“每天在班级播报”。这样伴随着她的“教学生涯24年”。“日日记，日日评改，日日分享，上万本日记本，无法用数字估量的日记篇数，不但散见于国内各家儿童读物期刊上，更谱成了一届届孩子留得住的小学生活乐章。”如此，孩子长大了“就成了你”、更超越你！

当“读”与“写”成为语文教师的“语文生活”也成为孩子的“语文生活”的时候，教与学的品位大大提高，师与生的脑洞大开，人生的境界也大开。

此时，阎老师在思考一个问题：缄默知识如何成为公共知识、个人经验如何成为公共产品？

阎老师的“处女作”——《善读慧写的课程追求》——诞生！

我细读《善读慧写的课程追求》，深深感受到：阎老师的课，课如其人；阎老师的文，文如其人；阎老师的书，书亦如其人。

在阎老师所在的建阳师范附属小学，在《义务教育语文课程标准(2022年版)》省级培训会上，在“千课万人”教学观摩活动上，我都听过阎老师的课。这些课都给我留下了深刻的印象。阎老师的课，不论是单篇阅读还是“群文阅读”，抑或是习作指导，都把学生放在第一位、把学习放在最中心，引导、促进学生读书、思考、交流和表达(不限于口头或书面表达，还有多种媒介)。她的课，华丽中含朴实，空灵中见真实，生动中显扎实。

在《福建教育》等专业期刊上，在《语文建设》等核心期刊上，我读过阎老师的许多文章。这些文章，都给我以深刻的启迪。阎老师的文章，是“做在课堂上”的，是“从课堂中来，到课堂中去”的。这些经由理论观照又经实践验证的文章，有用、好用；而且文采飞扬，好读、耐读。

阎老师的书，将自己怎样读书、怎样教书、怎样写文章等，系统地、细致地梳理出来；阎老师的书，将自己二十多年专业思索、躬耕实践的课程追求的心路历程，严肃、缜密地书写出来，美其名曰《善读慧写的课程追求》，多么精准，多么妥帖，多么扣人心弦。

阎老师的书——《善读慧写的课程追求》，书如其人，可堪效仿。

此刻，窗外爆竹声声春意闹，书中言辞灼灼神气清。

是为序。

黄国才

甲辰元宵于福州陋室

目录

CONTENTS

善读篇

慧写篇

编 外

后 记

善读篇

第一章

建构意义：儿童阅读的价值追求

教师培养学生读书的过程，就是伴随儿童精神发育和生长的过程——伴随他们长成“成熟而独立的阅读者”。

价值辨析：培养“成熟而独立的阅读者”

阅读教学的目的是通过“学习阅读”走向“在阅读中学习”，促进阅读者意义的建构与深度理解，从而使其成为“成熟而独立的阅读者”。其中意义的建构与深度理解的过程，从本质上讲是学生与文本相互作用的过程。那么，我们需要考虑：小学生成为真实情境中“成熟而独立的阅读者”指向建构哪些方面的意义？需要达成怎样的深度理解？需要经历怎样符合认知规律的实践过程？这些，即阅读教学的价值所在。

Pardo 综合多位学者的观点，将一般意义上的阅读理解界定为“读者整合先前拥有的知识和经验、文章中蕴含的信息、自身所秉持的阅读取向，在与文本交互中间意义的过程”①。其意义指向，最终落脚于阅读素养的形成。2018 年国际学生评价项目（PISA）阅读素养测试内容将“阅读素养”界定为通过对文本的理解、运用、评价、反思和参与，以实现个人目标、发展知识与潜能，并促使学习者最终适应社会的发展的素养与能力。梳理上述观点，把小学生培养成为“成熟而独立的阅读者”涉及三个要素：儿童（学习/生活，经历/经验）、文本（教材文本/课外读物，纸质读物/电子读物）、活动（有目的/有策略/有过程/有结果，学习阅读/自主阅读），同时也被阅读中所体现的包含多种文化主题的儿童整体生活包围。意义就是交汇于中间地带的“实现目标、增进知识、发掘潜能、社会参与”。具体如图 1-1 所示。

一、主题内容是阅读价值的实现蓝图

由于小学生的生活经历和学习经验都非常有限，要使阅读能够促进其意义生成，就必须使他的阅读材料和生活经验能够满足两个条件：一是阅读材料中所包含的主题内容，正是儿童所经历的生活；二是阅读材料中所体现的主题内

① PARDO L S. What every teacher needs to know about comprehension[J]. The Reading Teacher, 2004, 58(3): 272-280.

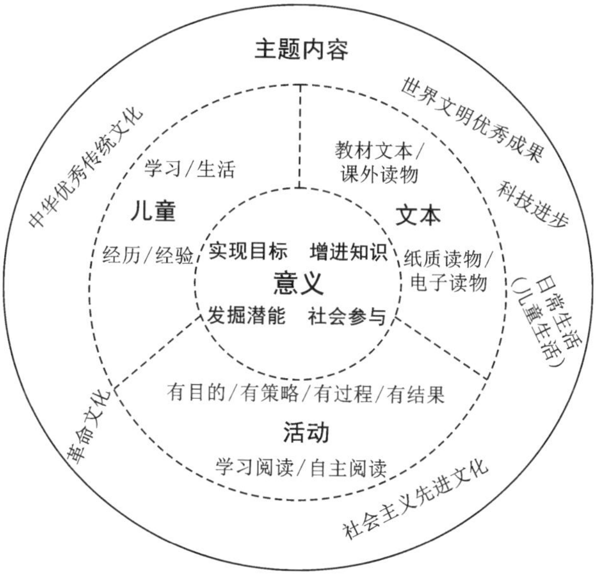

图 1-1 “培养成熟而独立的阅读者”的要素及相互关系

（综合改编自《阅读策略教学：教师观念、行为与环境的互动》①）

容是儿童未来生活需要了解、接触和可能发展的部分，是有益于儿童形成对世界全面认知的部分。

儿童处于价值取向初步形成的基础阶段，所接触的阅读材料中展现的主题内容反映的人文风貌、价值意识、客观现实，将对儿童的正确人生观、世界观、价值观形成起到至关重要的作用。《义务教育语文课程标准(2022 年版)》(以下统称 2022 版新课标)就主题内容方面做了具有积极意义的整体性建构，将“中华优秀传统文化、革命文化、社会主义先进文化”作为课程内容的“主题和载体形式”，并指出：“根据不同学段特点，统筹安排各类主题的相关学习内容。体现中华优秀传统文化、革命文化、社会主义先进文化的作品，应占 60%~70%；反映科技、自然、生活等方面的应用、说明、记叙类作品，以及外国优秀文化作品，占 30%~40%。”②在统编语文教科书里(以下统称为语文教科

① 黄志军. 阅读策略教学：教师观念、行为与环境的互动[M]. 天津：天津教育出版社，2021.

② 中华人民共和国教育部. 义务教育语文课程标准(2022 年版)[S]. 北京：北京师范大学出版社，2022.

书)，各主题学习内容的主要载体是课文，这些课文将共同绘成实现引领学生正确价值观的蓝图。教师要善于发现并用好教材中各类主题课文中所呈现的文化内容、主题精神和价值引领——“充分发挥语文教材文质兼美的优势，以文化人，以文育人，入耳入情又入心”①，引导学生在各类主题文化的阅读中增强文化自信、打好精神底色、树立人生理想，成长为有本领、有理想、有担当的社会主义建设者和接班人。

(一)中华优秀传统文化——立根

“大量的民族文化优秀成果，都是以优美的语言文字表达出来的。从远古神话到儒家经典，从诗词歌赋到戏曲小说，从散文随笔到学术巨著，都是选文的题材和源泉。一旦进入教科书，学生经常接触这些文学、艺术、历史、科学、哲学的伟大成果，耳濡目染，就能有效传承这些东西。”②在语文教科书中包含着以下几方面的中华优秀传统文化。

1. 先贤典籍

诸子百家、贤哲先人影响着一代代中国人对世界、对人事、对自我的认识，形成中国式审美、伦理、思想、观念、精神与行为准则。体现他们的思想的作品也较多地入选了教材。其中唐诗寄怀，如“诗仙”李白文采风流、纯然浪漫；“诗圣”杜甫历经磨难，依然热爱“春天”；“诗佛”王维诗中有画，画中有诗……宋诗达理，如苏轼的《题西林壁》、朱熹的《观书有感》都是“格物穷理”诗，以自然生活中常见之物的一般规律，来阐明遇事、求学的辩证哲思。同时，《守株待兔》《狐假虎威》《坐井观天》《亡羊补牢》《揠苗助长》《刻舟求剑》等寓言故事、成语故事，让学生汲取将来行事立身的智慧。

2. 艺术结晶

中国艺术史是全世界历史最悠久且唯一没有断流的文化长河。阅读艺术文化篇目(文学、美术、书法、篆刻、音乐、戏曲等)将引领学生进入光辉灿烂的审美天地，去开启他们读美、审美、创美之旅。语文教科书选编了部分关于艺术作品的课文。如《一幅名扬中外的画》介绍了北宋画家张择端创作的风俗画

---

① 刘仁增. 站在课堂看课标：2022 年版语文课标案例式解析[M]. 福州：福建教育出版社，2023.

② 陈先云. 对小学语文教科书选文标准的基本认识(一)[J]. 语文建设，2021(4)：59-64.

（国宝级文物）《清明上河图》，展现了汴京的市井风貌和民俗人情；《伯牙鼓琴》以伯牙、锺子期高山流水觅知音的故事，展现了古代音乐艺术的魅力；徐城北创作的《京剧趣谈》介绍马鞭和亮相，引发学生对京剧艺术的兴趣；《故宫博物院》介绍了规模宏大壮丽、建筑精美、布局统一的故宫建筑群，集中体现了我国古代建筑艺术的独特风格。

3. 民风民俗

民间风俗大多与重大节日相关，传递出中华民族万家团圆、生活美好的共同寄寓。比如《寒食》《清明》《端午粽》《乞巧》《十五夜望月》《九月九日忆山东兄弟》《腊八粥》《元日》等不同题材的文学作品，从不同方面描绘了寒食、清明、端午、七夕、中秋、重阳等中华传统节日风俗，特别是《北京的春节》从年食（腊八粥、腊八蒜、饺子）、年事（扫房、祭灶王、贴对联、放鞭炮）、活动（逛庙会、过灯节）、传说（灶王爷的传说）等方面介绍了北京当地过春节的习俗，让学生感受到万家灯火、其乐融融，生发对生活蒸蒸日上的朴素又美好的向往。此外，语文教科书里还有不少介绍少数民族民俗的阅读材料，展现出民族团结的和乐崇善之美，唤醒学生维护民族团结的情感。如《难忘的泼水节》《大青树下的小学》《草原》《藏戏》等。

4. 科学成就

中国古代劳动人民创造出独特且灿烂的科学文化，为人类文明发展做出了巨大贡献。语文教科书选编不同类别的科技成就短文，点燃了学生对中国古代科技的自豪感，萌生了科技强国的愿望。比如，《纸的发明》讲述了东汉蔡伦在前人经验的基础上，改进造纸术的故事。我们由此得知，造纸术是中国古代人民长期经验的积累和智慧的结晶，促进了人类社会的进步和文化的发展。《赵州桥》一文从美观和坚固两方面介绍了历史悠久、闻名世界的赵州桥，尤其桥洞的设计是建桥史上的创举，凸显了我国古代劳动人民的智慧和才干。

中华优秀传统文化，因为文字的记录而源远流长、世代传承，成为中华民族特有的文化基因并融入中国人的血脉，培育着中华民族的价值共识，更培育着中国儿童价值萌芽的根。

（二）革命文化——铸魂

2022 版新课标将革命文化教育作为课程的重要组成内容，“围绕伟大建党精神，确定革命文化内容主题，注重反映理想信念、爱国情怀、艰苦奋斗、无私奉献、顽强斗争和英勇无畏等革命传统”①。尤其在“文学阅读与创意表达”任务群的学习内容中，“革命文化”主题阅读皆为各学段学习内容的首要任务。这表明通过教学相关主题的诗词、人物传记和先进事迹，来引导儿童继承革命传统、树立牢固信念、弘扬革命精神，是一项实现革命文化价值的整体化、系列化、长效化的铸魂工程，如表 1-1 所示。

语文教科书选编了近 40 篇革命文化相关课文，内容丰富。统编小学语文教材执行主编陈先云将革命文化内容的范畴进行了划分：“其内容主要分为四个范畴：国家、政党、榜样和民族精神。国家范畴包含国旗、国歌、国土等；政党范畴包含革命领袖，如毛泽东、周恩来、朱德等；榜样范畴包含革命英雄、各行各业模范，如董存瑞、黄继光、邱少云、刘胡兰、狼牙山五壮士、张思德、雷锋等；民族精神范畴包含长征精神、井冈山精神、延安精神、西柏坡精神、雷锋精神、‘两弹一星’精神、航天精神等。”②

表 1-1 “革命文化主题阅读”的学习内容一览表

阅读学段	阅读内容	价值引领
义务教育全阶段（一至九年级）	老一辈无产阶级革命家和革命英雄人物的代表性作品及反映他们生平事迹的传记、故事等作品，反映党领导人民革命的伟大历程和重要事件的作品，有关革命传统人物、事件、节日、纪念日活动等方面的作品，阐发革命精神的作品，革命圣地、革命旧址与革命文物等	理想信念、爱国情怀、艰苦奋斗、无私奉献、顽强斗争和英勇无畏等革命精神
第一学段（一、二年级）	阅读并学习讲述革命领袖、革命英雄、爱国志士的童年故事	表达敬仰之情和向他们学习的愿望

① 中华人民共和国教育部. 义务教育语文课程标准（2022 年版）[S]. 北京：北京师范大学出版社，2022.

② 陈先云. 对统编小学语文教科书革命文化内容的基本认识[J]. 课程·教材·教法，2023，43(3)：89-95.

续表1-1

阅读学段	阅读内容	价值引领
第二学段（三、四年级）	阅读并讲述革命故事、爱国故事、历史人物故事	感受幸福生活来之不易，表达自己对美好生活的向往，以及对革命英雄、仁人志士的崇敬之情
第三学段（五、六年级）	阅读、欣赏革命领袖、革命先烈创作的文学作品，以及表现他们事迹的诗歌、小说、影视作品等	感受革命领袖、革命先烈伟大的精神世界和人格力量，认识生命的价值

1. 国家范畴

“国家范畴包含国旗、国歌、国土等。”这方面课文培养学生热爱祖国，根植国家认同感和归属感。比如，《我是中国人》引导学生阅读“我是中国人”“我是小学生”，《上学歌》帮助学生树立“爱学习，爱劳动，长大要为人民立功劳”的意识，在学业的起点就为小学生种下一颗为了中华民族伟大复兴而好好学习的种子。《升国旗》描绘了庄严、肃穆的升旗场景。《开国大典》报道了毛泽东主席在天安门城楼上向全世界庄严宣告：“中华人民共和国中央人民政府今天成立了！”中华人民共和国的成立，开辟了中国历史的新纪元①。这一篇篇展现国家符号的革命文化课文，有助于培养学生的国家意识、民族意识、主人翁意识。

2. 政党范畴

“政党范畴包含革命领袖，如毛泽东、周恩来、朱德等。”这方面课文都体现了国家党政领袖对祖国、对人民深厚的爱，以及坚定的革命信仰。毛泽东主席说：“到了1920年夏天，在理论上，而且在某种程度的行动上，我已成为一个马克思主义者了。”②语文教科书编选了相关材料，通过回顾毛主席的故事，引导学生明白为什么中国人民选择了马克思主义，选择了中国共产党，选择了社会主义道路。《八角楼上》描绘了毛泽东在艰苦的革命岁月中夜以继日忘我工作的情景，展现了他为领导中国革命夜以继日工作的精神。《吃水不忘挖井人》让学生懂得今天的幸福生活来之不易，要饮水思源，懂得珍惜。《为人民服

① 李新. 从“五四”到“四五”[J]. 社会科学战线，1979(2)：16-20.

② 毛泽东. 毛泽东选集[M]. 2版. 北京：人民出版社，1991.

务》等文章让学生对张思德等人的精神品质有了更深的理解和向往，也传达出了中国共产党人“一切为了人民”的价值追求。抗美援朝战争时期，毛泽东长子毛岸英第一批入朝参战，英勇牺牲在朝鲜战场。小学语文教科书选用的《青山处处埋忠骨》一文，叙写了毛泽东听闻长子毛岸英在抗美援朝战争中牺牲的噩耗后的痛苦与煎熬，让学生感受到他作为父亲的真实感情与身为党和国家领导人的伟大胸怀。

3. 榜样范畴

“榜样范畴包含革命英雄、各行各业模范，如董存瑞、黄继光、邱少云、刘胡兰、狼牙山五壮士、张思德、雷锋等。”比如《刘胡兰》讲述了刘胡兰宁死不屈、英勇就义的事迹，课文最后毛主席为纪念她而写的八个大字也深深镌刻在人们的脑海中：“生的伟大，死的光荣！”董存瑞炸暗堡的事迹家喻户晓，《董存瑞舍身炸暗堡》中塑造的董存瑞舍身忘己、大无畏的形象，永远屹立在中国人民的心间。《狼牙山五壮士》是《晋察冀日报》特派记者沈重创作的一篇通讯，这篇文章记叙了抗日战争时期，八路军某部的五个战士为了掩护群众和部队主力转移，奋勇抗击日寇，最后英勇跳崖的感人故事，表现了五壮士宁死不屈的革命精神和英雄气概。《小英雄雨来》的故事脍炙人口，雨来虽是管桦创作的中篇小说人物，却是抗日战争年代冀东少年儿童的缩影，成了一代代中国少年儿童心目中的小英雄。语文教科书中这些闪光的名字，虽然年纪不同，经历的革命时期也不一样，但其革命精神实质都是一致的，即都有着坚定的理想信念和崇高的人生境界。这些人物的事迹和光辉形象代代相传，已经变成民族灵魂，塑造着中国人的心灵和品格。

4. 民族精神范畴

“民族精神范畴包含长征精神、井冈山精神、延安精神、西柏坡精神、雷锋精神、‘两弹一星’精神、航天精神等。”比如对于“长征精神”，语文教科书就组织了多篇课文来全面展现长征这一惊天动地的革命壮举。1934 年 10 月至 1936 年 10 月，中国共产党领导红军第一、第二、第四方面军和第二十五军，血战湘江，四渡赤水，巧渡金沙江，强渡大渡河，飞夺泸定桥，鏖战独树镇，勇克包座，转战乌蒙山……《金色的鱼钩》中，“鱼钩”记录着长征时期红军过草地时一位老班长的英雄故事，闪耀着老班长金子般的思想光辉，展现了红军将士们面对困难和曲折时，忠于革命、舍己为人的崇高精神。在死亡的威胁下，他们选择把生的希望留给战友，体现出无比崇高的人生境界，闪耀着超越生死的人性光辉。《飞夺泸定桥》真实展现了枪林弹雨、炮火连天的激烈战斗，书写了红军将士冲锋陷阵、闯关夺隘的英雄壮举。毛泽东主席于红军长征胜利前夕写下的《七律·长征》，用凝练的语言描绘出红军在长征途中克服千难万险的壮丽画卷，表现了中国共产党和红军不畏艰险、英勇顽强的革命英雄主义和革命乐观主义精神。漫漫征途上，面对上百万敌军围追堵截，红军进行了600余次战役战斗，纵横十余省，长驱二万五千里，完成了震撼世界、彪炳史册的长征。

（三）社会主义先进文化——立志

“社会主义先进文化是在党领导人民推进中国特色社会主义伟大实践中，在马克思主义指导下形成的面向现代化、面向世界、面向未来的，民族的科学的大众的社会主义文化，代表着时代进步潮流和发展要求。”①小学时期是培育学生社会主义核心价值观的关键时期，2022版新课标在“指导思想”部分强调要“以习近平新时代中国特色社会主义思想为指导，全面贯彻党的教育方针，遵循教育教学规律，落实立德树人根本任务，发展素质教育”②。社会主义先进文化作为2022版新课标强调的三大文化之一，是语文课程内容的主题和载体形式（表1-2），要“围绕社会主义核心价值观，确定社会主义先进文化内容主题，突出爱党、爱国、爱社会主义相统一”③。语文教科书中有着丰富的社会主义先进文化教育的阅读材料，蕴含着社会主义核心价值观的培育内容。教师应积极发掘课文中蕴含的社会主义先进文化，帮助他们早立志、立大志、立长志，将自己的志向与民族复兴、国家富强联系在一起。

（1）反映社会主义建设事业中取得的重大成就、涌现出来的模范人物与先进事迹的作品。比如，《雷锋叔叔，你在哪里》以雷锋这一模范人物为抓手展开叙述，表现了雷锋叔叔无私奉献、乐于助人的优秀品质。整首诗歌带领学生沿着小溪、顺着小路、乘着春风找寻雷锋的足迹，了解雷锋事迹，感受雷锋形象，体会代代相传的雷锋精神。“哪里需要献出爱心，雷锋叔叔就出现在哪里”是文

---

① 汤玲. 中华优秀传统文化、革命文化和社会主义先进文化的关系[J]. 红旗文稿，2019(19)：31-32.

②③中华人民共和国教育部. 义务教育语文课程标准(2022年版)[S]. 北京：北京师范大学出版社，2022.

章的点睛之笔，虽然雷锋已离我们远去，但这些活雷锋身上最质朴的情感、价值观始终没有改变。同时，我们每个人也都要积极地学雷锋、做雷锋，让互相关心、互相关爱在社会上蔚然成风。

表 1-2　社会主义先进文化的内容主题与载体以及相关课文一览表①

主题	载体	相关课文
围绕社会主义核心价值观：突出爱党、爱国、爱社会主义相统一	(1)反映社会主义建设事业中取得的重大成就、涌现出来的模范人物与先进事迹的作品 (2)反映当代中国从站起来、富起来到强起来的奋斗历程和重大事件，以及体现中国式现代化新道路和人类文明新形态的相关作品 (3)反映和谐互助、共同富裕、改革创新、劳动创造美好生活等方面的作品	《升国旗》《我多想去看看》《葡萄沟》《难忘的泼水节》《邓小平爷爷植树》《雷锋叔叔，你在哪里》《千人糕》《一株紫丁香》《神州谣》《大青树下的小学》《富饶的西沙群岛》《海滨小城》《美丽的小兴安岭》《延安，我把你追寻》《乡下人家》《纳米技术就在我们身边》《千年梦圆在今朝》《七月的天山》《祖国，我终于回来了》《挑山工》《搭石》《小岛》《鸟的天堂》《青山处处埋忠骨》《草原》《开国大典》《小站》《青山不老》《三黑和土地》《在希望的田野上》《春天的故事》《综合性学习：奋斗的历程》

(2)反映当代中国从站起来、富起来到强起来的奋斗历程和重大事件，以及体现中国式现代化新道路和人类文明新形态的相关作品。比如《千年梦圆在今朝》是四年级下册第二单元的一篇略读课文，通过时间顺序呈现了中华民族千年的飞天梦逐步实现的发展历程，字里行间讴歌了“特别能吃苦、特别能战斗、特别能攻关、特别能奉献”的航天精神，让学生在阅读中体会科技发展对社会生活的深远影响，体悟社会主义文化的先进性——我国的文化是面向现代、面向世界、面向未来的，是民族的科学的大众的，激发学生强烈的爱国之情和民族自豪感，深切体会到学习知识和勇于创新的重要性，从而好好学习，去展望与开拓未来。

(3)反映和谐互助、共同富裕、改革创新、劳动创造美好生活等方面的作品。教材里此类课文也很典型，比如《青山不老》《三黑和土地》《在希望的田野

① 黄国才.语文课程社会主义先进文化教育的核心要素、基本原则与关键策略[J].福建教育，2024(1)：34-37.

上》，青山、土地、田野不仅是农民赖以生存和发展的基础，也是他们的精神寄托。《三黑和土地》表达了土地改革后，翻身农民拥有自己的土地，成为土地的主人后那种无比喜悦的心情。诗中所写的三黑，正是千千万万翻身农民的典型代表；他的喜悦，就是千千万万翻身农民的喜悦。《青山不老》讲述了一位可亲可敬的老人，为了让一片荒芜之地成为茂密的森林，他一个人坚持了15年，每天种树，绿化了8条沟，造了7条防风林带、3700亩林网的故事。他默默奉献、坚持不懈、不怕困难，最终实现了自己的人生价值，造福于后代。这让学生感受到我国劳动人民保护自然、改造山林、绿化家园的坚定决心。

如此，再以教材篇目联结相关主题的讯息、文章或图书，去努力满足社会主义先进文化价值培育的需求，让“强国有我”在学生阅读时扎下根，让“爱党、爱国、爱社会主义”思想生长无痕，让学生“明确人生发展方向，追求美好生活，能够将个人追求融入国家富强、民族复兴、人民幸福的伟大梦想之中”①。

(四)其他优秀主题——开来

其他优秀主题包括反映世界文明优秀成果、科技进步、日常生活特别是儿童生活等方面的主题，主要载体为外国文学名著、科普科幻作品、实用性文章、中外优秀儿童文学作品等。语文教科书里有丰富的多元主题。

1. 关心日常生活

2022版新课标的【教学提示】特别提出第一、第二学段“实用性阅读与交流”任务群可以围绕“我爱我家”“我爱上学”“文明的公共生活”等主题设计学习任务，帮助学生建立健全价值观。《大还是小》《夜色》《一封信》《妈妈睡了》等课文，帮助孩子思考如何成为独立的自己。《玲玲的画》《大青树下的小学》引领儿童更好地跟他人相处。《盼》《忆读书》《竹节人》指向的是儿童的成长经历。《慈母情深》《父爱之舟》则是引导学生体会父母之爱。

2. 留心自然世界

2022版新课标的【教学提示】特别提出第三、第四学段“实用性阅读与交流”任务群可以围绕“拥抱大千世界”“创造美好生活”等主题设计学习任务，引导学生关注大千世界，帮助学生建立自己与环境的关系。《明天要远足》初次引

---

① 中华人民共和国教育部. 义务教育课程方案(2022年版)[S]. 北京：北京师范大学出版社，2022.

导学生对海产生兴趣，感知自然与“我”的关系。《读不完的大书》《搭船的鸟》《荷花》《海底世界》《海滨小城》《观潮》进一步领着学生去感知周边世界的一花一鸟一草一木。《爬天都峰》《桂花雨》《夏天里的成长》以情景交融的表达方式，让学生感受到人、事都处于情景之中，从而感受到人与自然生活密切的关系与情感。

3. 关注科技进步

2022 版新课标的【教学提示】特别提出第三、第四学段“实用性阅读与交流”任务群还可以围绕“科学家的故事”“数字时代的生活”等主题开展阅读与探究活动，引导学生感受当今世界科技进步带给生活的巨大变化。《呼风唤雨的世纪》展现了 20 世纪科技飞速发展的历程，展开了科技改变人类生活的一幅幅美好图景。《纳米技术就在我们身边》为学生介绍了纳米技术的神奇，展示了纳米技术在应用上的美妙前景。这些课文旨在培养学生留心前沿科技的发展，拓宽他们的科学视野，激发他们从小爱科学、学科学、创科学的兴趣。

4. 放眼世界成果

“从小观世界，方有世界观。”从小让儿童接触多元的世界优秀文化成果，开阔孩子的眼界，将有利于他们建立正确的世界观。在《灰雀》中去感受列宁同志对少年儿童的尊重；在“足下万里，移步换景，寰宇纷呈万花筒”中去阅读美国著名作家马克·吐温的《威尼斯的小艇》、捷克著名作家卡雷尔·恰佩克的《牧场之国》，介绍四大文明古国之一古埃及古建筑的《金字塔夕照》《不可思议的金字塔》。《蜜蜂》《蟋蟀的住宅》等篇目则是用法布尔先生的“眼睛”去观察科学的秘密。当然，也不乏打开国外艺术视角的篇目，如《巨人的花园》《海的女儿》《鲁滨逊漂流记（节选）》等优秀文学作品。《月光曲》等篇目则展现了外国艺术家对待艺术的执着与专业。

如此，中华优秀传统文化、革命文化、社会主义先进文化“汇聚成当代中国文化的主流，构成当代中国文化优势的三大支点，共同构筑了当代中华儿女的文化自信”①。在此共识上引导学生回顾博大精深的历史文化，坚定我们的来时路，全面体会到身在社会主义新中国的幸福感、自豪感，从而“理解和践行社会主义核心价值观，逐步领会改革创新的时代精神。懂得坚持走中国特色社会主义

① 汤玲. 中华优秀传统文化、革命文化和社会主义先进文化的关系［J］. 红旗文稿，2019（19）：31–32.

道路的道理，初步树立共产主义远大理想和中国特色社会主义共同理想”①。

二、学习经历是阅读价值的发展要求

儿童的学习经历是影响阅读价值产生的内在动力。特别针对小学生不同年龄阶段的认知特点，无论是拥有的知识背景，还是掌握的阅读理解策略与认知发展水平，都影响着阅读目的和动机。要知道，“个体的阅读素养越高，拥有的背景知识越为丰富和深刻，也越能够灵活地使用多种阅读理解策略，认知发展也处于一个相对较高的水平，更愿意积极、主动地投入到阅读过程中去，并且能够享受到阅读带给自己的快乐。相反，儿童的阅读素养越低，自身掌握的背景知识和阅读理解策略也越是贫乏，也不太乐意更多地投入到阅读中去”②。因此，教师要解决学习动机问题，不仅仅是激发学生的学习兴趣，更重要的是解决源头的问题——尊重科学的阅读认知发展规律，培养学生相应的阅读态度、阅读知能、阅读审美、阅读积累，让学生的学习经历推动阅读水平逐渐进阶，使学生积极主动地提升自我的阅读素养。

课程与教材都强调“学会运用多种阅读方法，具有独立阅读能力”，不仅回应了儿童阅读发展的三大阶段的要求，还做了螺旋上升式的阅读学习历程（阅读情意、阅读知能、阅读鉴赏、阅读积累）的规划与安排。

（一）阅读态度经历

2022版新课标对于三个学段“阅读态度”的长线培养要求，非常清晰地呈现出由被动到主动的过程——感受乐趣—乐于交流—积极推荐（表1-3）。第一学段引导学生“喜欢阅读，感受阅读的乐趣”，此时的儿童处在阅读启蒙阶段——基本上处于“零阅读经验”“零阅读感受”的字词识别过程中。正因为如此，一、二年级教材中大多是贴合儿童生活与认知水平的文本材料，教师要想方设法建立起阅读材料和生活经验之间的桥梁，帮助学生发现阅读的美妙，感受到阅读所带来的快乐和智慧。第二学段的“阅读态度”是建立在第一学段的“喜欢”基础之上的。所表述的“阅读态度”要求如盐融水般地化入各项阅读知能培养的过程中，引导学生积极投入阅读，并乐于分享阅读心得。其转化为

---

① 中华人民共和国教育部.义务教育课程方案（2022年版）[S].北京：北京师范大学出版社，2022.

② 黄志军.阅读策略教学：教师观念、行为与环境的互动[M].天津：天津教育出版社，2021.

“投入”输入到“乐于”输出。第三学段对于“阅读态度”的要求，从“乐于”进阶为“敢于提出看法”和“积极推荐”，阅读成为自动转化的过程，也可以以输出倒逼阅读的深度发生——“在交流和讨论中，敢于提出看法，作出自己的判断”“阅读整本书，把握文本的主要内容，积极向同学推荐并说明理由”。从整个阅读态度的发展过程中，清晰可见从“被动阅读者”到“阅读输出者”的动机的明显变化。

表 1-3　2022 版新课标【阅读与鉴赏】学段要求“阅读态度”一览表

第一学段（一、二年级）	第二学段（三、四年级）	第三学段（五、六年级）
喜欢阅读，感受阅读的乐趣	(1)能对课文中不理解的地方提出疑问，乐于与他人讨论交流 (2)主动和同学分享自己的阅读感受 (3)养成读书看报的习惯，收藏图书资料，乐于与同学交流	(1)在交流和讨论中，敢于提出看法，作出自己的判断 (2)阅读整本书，把握文本的主要内容，积极向同学推荐并说明理由

（二）阅读知能经历（表 1-4）

表 1-4　2022 版新课标【阅读与鉴赏】学段要求“阅读知能”一览表

知能	第一学段（一、二年级）	第二学段（三、四年级）	第三学段（五、六年级）
读过	学习用普通话正确、流利、有感情地朗读课文。学习默读	用普通话正确、流利、有感情地朗读课文。初步学会默读，做到不出声，不指读。学习略读，粗知文章大意	熟练地用普通话正确、流利、有感情地朗读课文。默读有一定的速度，默读一般读物每分钟不少于300字。学习浏览，扩大知识面，根据需要搜集信息
读懂	(1)结合上下文和生活实际了解课文中词句的意思，在阅读中积累词语 (2)借助读物中的图画阅读	(1)能联系上下文，理解词句的意思，体会课文中关键词句表达情意的作用。能借助字典、词典和生活积累，理解生词的意义 (2)能初步把握文章的主要内容，体会文章表达的思想感情	(1)能联系上下文和自己的积累，推想课文中有关词句的意思，辨别词语的感情色彩，体会其表达效果 (2)在阅读中了解文章的表达顺序，体会作者的思想感情，初步领悟文章的基本表达方法

续表1-4

知能	第一学段(一、二年级)	第二学段(三、四年级)	第三学段(五、六年级)
读出想法	(1)阅读浅近的童话、寓言、故事，向往美好的情境，关心自然和生命，对感兴趣的人物和事件有自己的感受和想法，并乐于与他人交流。诵读儿歌、儿童诗和浅近的古诗，展开想象，获得初步的情感体验，感受语言的优美 (2)尝试阅读整本书，用自己喜欢的方式向他人介绍读过的书	(1)能对课文中不理解的地方提出疑问，乐于与他人讨论交流 (2)能复述叙事性作品的大意，初步感受作品中生动的形象和优美的语言，关心作品中人物的命运和喜怒哀乐，与他人交流自己的阅读感受。诵读优秀诗文，注意在诵读过程中体验情感，展开想象，领悟诗文大意 (3)阅读整本书，初步理解主要内容，主动和同学分享自己的阅读感受	(1)在交流和讨论中，敢于提出看法，作出自己的判断 (2)阅读叙事性作品，了解事件梗概，能简单描述印象最深的场景、人物、细节，说出自己的喜爱、憎恶、崇敬、向往、同情等感受；阅读诗歌，大体把握诗意，想象诗歌描述的情境，体会作品的情感。受到优秀作品的感染和激励，向往和追求美好的理想 (3)阅读说明性文章，能抓住要点，了解文章的基本说明方法。阅读简单的非连续性文本，能从图文等组合材料中找出有价值的信息。尝试使用多种媒介阅读 (4)阅读整本书，把握文本的主要内容，积极向同学推荐并说明理由

由表1-4可知，2022版新课标在学段要求中对阅读知能提出不断进阶的任务要求，引导小学生去逐步实现完整的认知目标：认知输入(读过)—认知加工(读懂)—认知输出(读出想法)。

1. 以“整体输入”为目标的“读过”

三个学段所提到的朗读、默读、略读、浏览等阅读方法都指向读者在阅读时对文章的整体性输入，“着眼在醒豁全篇大旨与特色”①，对文本形成初步的印象；但阅读的目的不同，读者所选择的阅读方法就不同。

朗读，针对语感的形成，是每个学段课文教学的基本要求。“如果是要学习课文语言，培养规范的语言习惯，那就非朗读不可，而且必须反复读、读得

① 朱光潜. 谈读书[M]. 南京：译林出版社，2020.

滚瓜烂熟，才能真正将课文语言转变成自己的语言，才能形成语感。”[①]2022 版新课标的“用普通话正确、流利、有感情地朗读课文”的进阶式三次要求为：在第一学段，其重在“学习”二字，强调从“正确、流利”认读实践到“有感情”朗读实践的学习过程；第二学段直接表述为“用普通话正确、流利、有感情地朗读课文”，指向的是学生通过第一学段的学习，在第二学段能将文字符号转变成意义理解，达到“正确、流利”的基本要求，并且能在朗读时表达出自己的情感体验，指向“有感情”的朗读；在第三学段，其关键词在于“熟练”二字，指向的是学生语感的形成，在意义转换中能即时判断情感色彩，读音正确，过程流畅，能传递情感。

默读，针对思考的发生，也是每个学段课文教学的基本要求。“无声视读法，是汉文快读最根本、最重要的一种读书方法”；“默读省去了口、耳的参与，眼和脑直接相通，省时快捷，并且有利于思考”[②]。第一学段，儿童识字与阅读经验都不足，尚未能在朗读时把文字符号转变成意义理解，大多数不可能在默读时完成眼和脑的直接相通。因此，应随着学生的识字量增大，而渐进地学习默读。第二学段，随着儿童有了一定的识字量、阅读积累，语感经验逐渐形成，在朗读中能做到文从字顺，就具备了默读的能力。特别强调“不指读”，同时强调“不出声”，促进眼睛和脑的共同参与、共同作用，加快阅读速度，形成完整意义。第三学段的要求是“默读有一定的速度，默读一般读物每分钟不少于 300 字”，进一步体现默读的意义——让“省时高效”真实发生，让“促进思考”得以更好地落实的要求。

略读与浏览所针对的阅读目的不同。第二学段的阅读方法中增加了“略读”，它指的是快速阅读文章以了解其内容大意。“略”字，可见读者在阅读时可以重点关注文章的主要部分，或者抓住以主人公为线索的部分，忽略不重要的部分，以最快的速度粗知文章大意。可见，2022 版新课标在第二学段阅读能力的养成中，旨在培养学生重要的阅读能力——在尽量短的时间“读过”后知道文章说了什么。浏览似乎与略读无异——都指向快速地扫读，提取大意。确实也有把略读称为跳读或浏览的，实际上二者的阅读目标是不一样的。在第三学段关于“浏览”的表述是“学习浏览，扩大知识面，根据需要收集信息”。由此可

① 吴忠豪. 统编教材中年段语文要素解读[J]. 语文建设，2021(6)：51-55.

② 曾祥芹. 阅读学新论[M]. 北京：语文出版社，1999.

见，浏览的阅读目的并不局限为“粗知文章大意”，还包括在快速扫读中，有意或无意地多读一些，增加单位时间内的知识获取量；此外，如果是有目的地浏览，那目标指向的就不是“文章大意”，而是读者所需要的某个特定信息。

从上文的阐释和对比中，我们发现2022版新课标关于阅读方法的螺旋式安排是为小学生真实展开阅读旅程着想的：低年级儿童的形象思维丰富，便从“朗读”开始培养语感；当识字量增加了，同时阅读经验也增加了，便指挥脑开始工作，专心致志地开始“默读”；文章能顺利地读下来，就需要了解大意，便指导学生开始“略读”；为了指导孩子在有限的时间内多读一点或者快速找到自己需要的信息，便培养学生“浏览”。由此，阅读方法才能真正为儿童的阅读目的服务。

2. 以“解码语意”为目标的“读懂”

2022版新课标所指向的第二层级的阅读经历是“读懂”，可以理解成认知过程中的“加工”。从课程标准的学段要求中可知，这一过程包括着眼于词句和全文两个层级的解码。

①词句的解码。其主要表现为“联系上下文理解词句”的意思，贯穿于小学全学段，这是理解词句意思的基础。让学生明白文章情境是词句的意义之源。一旦失去了语言情境，这些词句就成了无源之水，从而失去存在的意义，或者容易断章取义，造成歧义。所有的词句都要放到文本中去联系上下文进行理解。随着年级升高，“联系上下文理解词句”的水平也是螺旋上升的。

第一学段，不但要求学生结合上下文，还要求结合生活实际了解课文中词句的意思。如前文所述，低年级儿童尚未形成他们的阅读心理词典，结合上下文理解词语的意思是有难度的。低年级所选的课文大多来源于实际生活，因此联系生活实际，让孩子将文本与生活建立联系，再结合上下文，就能更好地理解词句所表达的意思了。

第二学段，理解词语的方法着眼于“联系上下文”理解课文中的词句意思——此时孩子们的心理词典已经初见模型，课文中的情境大多是司空见惯的身边的事物，通过“联系上下文”的方式就可以大体理解词句的意思。对于此阶段出现的“生词”，课标依旧提倡基于“生活”来理解，由“生活实际”转向“生活积累”。因为此阶段的课文，表现的不仅仅是当下发生的事，更多的是与生活相关的事，因此要调动“生活积累”来触类旁通。此外，增加了理解生词的方法，鼓励学生借助字典和词典，学习用工具来逐步达到科学理解的目的。

第三学段，除了“联系上下文”和“自己的积累”，把积累的向度打开了，不但利用生活经验，也启动阅读经验、学习经验。从“读懂词句”达到的认知程度来看，随着学段的升高，理解更有深度——理解词句的深度从了解到理解，再到推理和辨别。情感体验也更加丰富——从仅仅理解词句的意思，到体会表情达意，再到辨别情感色彩，体会表达效果。在阅读时逐渐深入、沉浸其中，知晓词句不但可以还原现实，还可以表达作者自身的情感体验，传递其内心的想法。

②全文的解码。这是建立在理解词句意思的基础上的，是指能通篇把握文章的主要内容和思想感情。第一学段，学生是以形象思维为主，借助读物中的图画将文字形象化，以理解全文意思。第二学段，随着阅读心理词典的丰富，学生进入把握文章主要内容的初步学习阶段，此时应引导学生体会文章表达的思想感情，让学生初步感知文章是表情达意的载体。第三学段，课标提出了三个新的要求，即“在阅读中了解文章的表达顺序”“体会作者的思想感情”“初步领悟文章的基本表达方法”，让阅读和表达互动统一起来。写文章是用来表达“我”的感情，通过一定的“表达顺序”才能把内容表达清楚，把情感传递出来；再运用一些“基本表达方法”，才能把文章内容写得更生动具体，才能让读者产生情感上的共鸣。

3. 以“情境运用”为目标的“读出想法”

2022 版新课标提出学业质量的标准：“按照日常生活、文学体验、跨学科学习三类语言文字运用情境，整合识字与写字、阅读与鉴赏、表达与交流、梳理与探究等语文实践活动，描述学生语文学业成就的关键表现，体现学段结束时学生核心素养应达到的水平。”[①]可见，以语文实践为中心，真实情境下的语文关键能力的运用是核心素养导向下义务教育阶段语文学科课程的发展要求。

常见的是反映“日常生活”和“文学体验”的两类文本阅读：反映“日常生活”的文本指向的是“知识类文本”（或称实用类文本），反映“文学体验”的文本指向的是“文学类文本”。这两类文本都为儿童所喜闻乐见。小学阶段儿童的认知特征表现为对新的事物充满了好奇，他们有强烈的认识事物、了解世界的

---

① 中华人民共和国教育部. 义务教育语文课程标准（2022 年版）[S]. 北京：北京师范大学出版社，2022.

需要，对正在传递信息的知识类文本(如科普类读物)怀有强烈的好奇心和求知欲。儿童也特别喜欢符合他们年龄特征的儿童文学作品，这些作品充满了神奇的幻想和想象，容易延伸并刺激儿童的知识与经验。

从阅读的取向来看，知识类文本和文学类文本都是儿童的知情成长所需要的。知识类文本指向提取信息，满足生活的输出取向——阅读的目的更多的是提取信息，了解资讯。而文学类文本指向的是代入个人经验，产生审美体验的审美取向——阅读的目的更多的是“唤醒与反应”①。正如谢锡金在《儿童阅读能力进展——香港与国际比较》一书中所指出的，知识类文本的阅读大多是为了获取资讯，读者所投入的并非幻想的世界，而是真实的日常生活，而文学类文本阅读的主要目的是享受乐趣、满足生活经验与读者需要，把个人的经验及感受投入充满想象的世界里。② 2022版新课标对文学体验类和日常生活类文本都有具体的学段阅读要求。其中文学体验阅读贯穿于整个小学阶段。阅读叙事性文学作品，低年级时应从感性层面上引导唤醒学生向往、关心自然和生命，到中年级时学生能复述大意、感受语言、关心人物，再到高年级时学生能了解梗概、描述印象深刻的“场景、人物、细节”。整本书阅读则从喜欢的方式、阅读感受、推荐理由三个层级的要求，来指导孩子们在阅读时要关注自己产生的想法，从而明白读书要与自己的经验与喜好相结合，才能读出“自己的书”。特别重要的是，无论哪一个学习阶段，都强调交流与分享自己的阅读感受——产生体验的审美取向。实用性阅读则主要体现在第三学段，对于说明性的文字，要抓住要点，了解说明方法，既知道说明文写清楚了什么，也明白文章是怎么把事物说清楚的。关于非连续性文本的阅读要求也体现了该类文本的阅读价值，即能从图、文等组合的材料中找出有价值的信息，并且能在现实的真实多媒介情境中展开阅读——满足生活的输出取向。

当然，在现实世界的真实情境中，运用的特质不可能非“知识”便“审美”。这也就涉及“跨学科阅读”的概念。正如2022版新课标所说，语文课程致力于全体学生核心素养的形成与发展，为学生学好其他学科打下基础。所以，为真实情境运用所开展的阅读活动，会跟随文本的情境变化，有多种阅读向度、阅读目的的转换和发生。例如一年级课文《雪地里的小画家》，可能老师首先会带

① 黄志军.阅读策略教学：教师观念、行为与环境的互动[M].天津：天津教育出版社，2021.

② 谢锡金.儿童阅读能力进展——香港与国际比较[M].香港：香港大学出版社，2005.

着学生感受节奏的美感“小鸡画竹叶，小狗画梅花，小鸭画枫叶，小马画月牙”与拟人化、问答式的表达带给诗歌本身的趣味性和生动性。接着可能就转向从书本上小动物脚印的形状拓展迁移了解其他小动物脚印的形状，以及“青蛙为什么没参加”的冬眠知识，拓展关于其他冬眠小动物的科普知识。最后可能又会转向想象其他小动物“会画什么”，还有“谁没参加”的“读写融合”的沉浸式文学审美活动。这样在阅读的过程中，学生不但完成了新的知识输入，还调动已有的背景知识，唤醒自己的审美体验，来提升认知和审美能力。

三、策略活动是阅读价值的实践路径

阅读并不是读着读着就会读了，而是要能够在阅读中理解，进而建构自己的意义，这就需要阅读策略的援助。“阅读策略是读者在面对比较复杂或者具有一定挑战的文本和任务时，为了帮助自己理解有目的地灵活使用的一系列心智程序。”阅读研究理论“马太效应”指出：“当儿童阅读素养落后于同侪的时候，如果不施加援助，落后的儿童永远只会更加落后，以为他们会随年岁增长而自然赶上只是一厢情愿的妄想。”[①]我们认为这里有效地施加援助，就是教给学生阅读的心智程序。教师结合小学阶段阅读课程的序列安排，教给学生适应不同类型的文本情境的阅读策略，促进其自动化阅读技能的形成，使其成为阅读循环中心点的“有意义”的阅读者。

（一）发现教材中阅读策略单元的编排意义——发展“成熟而独立的阅读者”

“阅读策略建立在阅读方法之上，不是方法的简单累加，而是根据任务要求、文本特征、先前知识等因素，综合运用多种阅读方法。针对很多学生在阅读中不能自发地形成有效的阅读策略、阅读效率低下的问题，统编教科书选取了 4 种最基本的阅读策略，编排了以帮助学生掌握阅读策略为主要目标的单元：预测（三年级上册），提问（四年级上册），提高阅读速度（五年级上册），有目的地阅读（六年级上册）。”[②]（表 1-5）

---

① 谢锡金. 儿童阅读能力进展——香港与国际比较［M］. 香港：香港大学出版社，2005.

② 陈先云. 统编小学语文教科书的主要特点及创新点［J］. 小学语文，2023（6）：22-27.

表 1-5　小学语文教科书“策略单元”训练侧重表

策略	不同的侧重点
预测	提高阅读者在阅读中的参与度，促进其对文本的深入理解
提问	
提高阅读速度	根据阅读需要，在理解的基础上提高阅读的速度
有目的地阅读	根据阅读目的，收集资料，选择材料，综合运用学过的方法完成阅读任务的过程

正如陈先云主编所说：“以阅读策略为主线组织单元内容是统编教科书的创新编排之一。”这些策略阶梯上升的编排及结构所传递出的丰富用心，正是在搭建支架帮助儿童逐渐发展成有独立选择力、监控力、发展力的阅读者。

目前，国际阅读学界通常把阅读者的发展分成三大阶段：第一个阶段是学习如何阅读（learning to read），解决字词识别和兴趣培养问题；第二个阶段是通过阅读来学习（reading to lead），解决如何通过文本来获取信息；第三个阶段就是通过阅读来实践（reading to do），开始超越文本本身，超越阅读，让孩子发展合作意识、创造性、批判性等素质。[①] 这与课程培养目标是一致的。

1. 成为“独立的阅读者”

三、四年级的“预测”“提问”策略对应培养的是“学习如何阅读（learning to read）”能力，引导和提高学生阅读的参与度，促进学生对文本的深入理解。

“预测”，贴合学生的好奇心理，是最能勾连学生认知经验、引发学生阅读期待、激发学生阅读兴趣的阅读策略。它能实现“参与创作式”的阅读目的：“在阅读过程中，学生运用相关背景知识，不断对阅读内容进行猜测和验证，通过‘猜测—验证’建构意义，推进阅读的开展，实现与文本之间的积极相互作用。”[②]“提问”，则更多的是指向产生阅读意向、发生阅读探究、提升思维品质的阅读策略，如汪潮教授所说：“真正的语文学习是以‘问题’为载体而形成的

① 伍新春. 部编小学语文教材阅读策略的价值与实施[J]. 小学语文，2018(9)：4-12.

② 徐轶. 创新编排体例，学习阅读策略——统编教科书预测策略单元编排思路解析[J]. 福建教育，2018(45)：36-38.

一个发现问题、表述问题、分析问题和解决问题的思维过程。”①“提问”策略适用的主体是学生，在发现问题的驱动下，激发阅读求知欲，产生积极主动的阅读意向；在探究问题的过程中，实现深度阅读；通过分析问题、解决问题，形成阅读思维路径，提高阅读思维品质。“预测”和“提问”都促进了学生参与文本意义的建构，前者引导学生以“创作者”身份，在“猜测—验证”中实现与作者的“伴随式”对话；后者引导学生以“探究者”身份，在“发现问题—分析问题—解决问题”中实现对文本的深度理解。在这一促成阅读过程的充分展开中，学生有了自觉的阅读行动，获得“为我而读”的自我实现和自我满足感。

2. 成为“成熟的阅读者”

五、六年级的“提高阅读速度”“有目的地阅读”培养的是“通过阅读来学习（reading to lead）”的能力，主要引导学生根据阅读需要来提高阅读的速度，灵活运用学过的阅读方法，达成自身的阅读目的。

提高阅读速度是为了适应信息化时代的需求。在大量信息涌入的当下，学生需要具备在一定的阅读速度下做到阅读理解的能力。鼓励“全神贯注”“连滚带爬”地读，在一定时间内更快地获取更多的信息，扩大阅读的面、量、质，提高阅读效率，获得阅读能力。有目的地阅读是建立在元认知上的读者、文本和阅读活动发生社会关系的过程。这一过程中，学生必须牢记自己的阅读目的，运用自己的阅读方法，监控自己的阅读过程，从而促进阅读素养的全面发展。“提高阅读速度”和“有目的地阅读”都指向学生从独立阅读者向一个有目的甚至多目的的成熟阅读者转型。在这样的阅读策略中，阅读不是无目的的休闲行为，而是由不同阅读的目的来决定自身阅读的不同形态和姿态。这就要求学生深知自己的阅读需求，准确把握自己阅读的速度，熟练地基于阅读目的对内容和方法进行组合，知道“我”要读什么、为什么读、如何通过阅读达成自己的目的。由此，实现有效的自我监控、自我评价、自我调整、自我完善，推动“我的阅读”的高质量和可持续发展。

（二）支持学生阅读策略发展

教师是课程的参与者，是教材的使用者，只有捋清小学阶段教科书所编排

① 汪潮. 有问题的阅读——兼谈统编本教材四上“提问策略”的教学[J]. 小学语文教学，2020(28)：4-8.

的阅读策略的“应教与应会”“预备与发展”，才能因材而教，有的放矢地构建学生的阅读认知过程，才能有助于学生获得更全面、更有意义的阅读经验，有效实现课程教学目标。

1. 落实四种策略的应教与应会

预测。三年级上册第四单元有一篇精读课文《总也倒不了的老屋》，两篇略读课文《胡萝卜先生的长胡子》《小狗学叫》，以及口语交际《名字里的故事》和习作《续写故事》，三篇课文选用的都是反复结构的故事文本。教材所编排的教学生“预测”的过程，就是带着学生从学到用的语言实践过程：教给预测方法——“借助题目、图画或故事内容预测”，在预测实践中发现“预测要有一定的依据（内容）”，体会预测运用“重要的不是对错，而是要在过程中不断修正”，在交际和习作中迁移运用预测。在这一过程中，教师要鼓励学生基于一定依据大胆预测，注意把握预测的内容与课文内容不一致的情况。如《总也倒不了的老屋》中，当老母鸡向老屋发出请求时，旁注的“我想老屋可能会不耐烦了”就是较为符合故事发展的预测。老师要鼓励学生大胆表达自己的想法：如果所预测的故事的发展和故事内容一样，将会获得阅读成就感，学生将越读越有兴趣；如果预测的故事的发展和故事内容不一致，则在对比自己和作者的想法中，学生会收获前所未有的刺激和期待，从而对下一次预测更加充满期待。

提问。四年级上册第二单元有三篇精读课文《一个豆荚里的五粒豆》《夜间飞行的秘密》《呼风唤雨的世纪》和一篇略读课文《蝴蝶的家》，构建了很好的“提问”策略链：提问题→写问题→分析问题→筛选问题→解决问题，其中蕴含着尝试从“不同角度”去提问的教学目标，也就是在培养儿童发散性思维的广度和深度。例如《一个豆荚里的五粒豆》，先是鼓励学生自由地“提问题”，列清单“写问题”，再在梳理过程中提醒大家：有的是针对课文一部分提出的，有的是针对全文提出的，从而让学生获得从“不同角度”去提问的一种办法。《夜间飞行的秘密雷达》《呼风唤雨的世纪》两篇课文，都使用了批注的方式，让思维可视化——把自己的问题写出来，关注“问题”的联系，促进对“提问”的深入思考。到了略读课文《蝴蝶的家》，则是让学生有目的、有意识地运用提问策略，感受以“发现问题”促进“解决问题”的价值感和意义感，自然地养成“乐于提问”“善于提问”的阅读习惯。

提高阅读速度。五年级上册第二单元收录了四篇长文：《搭石》《将相和》

《什么比猎豹的速度更快》《冀中的地道战》，课后练习“你读这篇课文用了几分钟？了解了哪些内容？和同学交流自己的阅读体会”所要求的是“提高阅读速度”与“理解内容”双线并行——不但要提速，还要读懂内容，指向提高单位时间内阅读的效率。教材对于“提速”训练分两步，从“集中注意力来提速”到“使用阅读方法提质”。课文《搭石》是“提速”的起点，用来唤醒学生的元认知，进行自我监控，让学生做到“集中注意力”“不回读”，为提高阅读速度打下基础。《将相和》要求“尽量连词成句”地读，让学生在阅读时扩大视觉范围，进行整体式的认知输入，从而提高阅读速度；《什么比猎豹的速度更快》借助文章的结构特点，让学生抓住关键词句快速提取文章不同方面的信息，从而提高阅读速度；《冀中的地道战》是要求学生带着关键性问题用较快的速度读课文，运用“抓关键词句”快速捕捉自己需要的信息。这样在层层递进的策略支架搭建中，让学生的“提速”“提质”更有抓手，学生便能充分感受到“提高阅读速度”的好处，从而主动地使用“提高阅读速度”的阅读策略，推进自我高质量的阅读发展。

有目的地阅读。六年级上册第三单元所安排的三篇课文分别承载不同的能力点，所有内容是一个不可割裂的整体。文学文本《竹节人》安排了三个不同的阅读任务，旨在让学生初步产生有目的地阅读的感受——“阅读的目的不同，关注的内容、所采用的阅读方法也会有所不同”。科学文本《宇宙生命之谜》通过旁批呈现了阅读伙伴“根据相同的阅读目的，选择不同阅读方法”的思维过程，进一步体会什么是“有目的地阅读”。最后一篇非连续性文本《故宫博物院》，提供多样性的文本内容，让学生“根据不同阅读目的，选择恰当的阅读方法”的经历更加丰富、更加完整。在本单元教学中，教师应放手让学生运用之前学习的阅读方法去经历实践过程——因为在真实状态下，每个学生的阅读兴趣是不同的，阅读的目的和内容也是不同的。教师要“给其自由，任其选择”，鼓励学生根据感兴趣的内容，回归到真实的、自然的阅读常态中去，让阅读策略真正为读者的需求服务，逐渐完善学生的阅读经验，提升阅读意义。

2. 联结四种基本策略的预备与发展

阅读策略，是学生基于阅读目的对阅读方法的综合使用。培养学生的阅读策略并不能靠一个单元一蹴而就。就阅读策略培养的需要，教师要瞻前顾后地研究教材，了解某种相关阅读方法的长线预备及后期的发展。

就比如《竹节人》，其中一项阅读目的是“体会传统玩具给人们带来的乐趣”，属于体会文章思想感情的维度。2022 版新课标第二学段“阅读目标”提出“能初步把握文章的主要内容，体会文章表达的思想感情”，“第三学段”的有关表述是“在阅读中了解文章的表达顺序，体会作者的思想感情……”教材从四年级下册第一单元开始出现了“抓住关键语句，初步体会课文表达的思想感情”这一语文要素。到了五、六年级，教材所编排的体会文章思想感情的语文要素聚合性出现：五年级上册第四单元为“结合资料，体会课文表达的思想感情”；五年级上册第六单元为“体会作者描写的场景、细节中蕴含的感情”；五年级下册第一单元为“体会课文表达的思想感情”；六年级上册第五单元为“体会文章是怎样围绕中心意思来写的”；六年级上册第六单元为“抓住关键句，把握文章的主要观点”，等等。由此，体会文章思想感情这一阅读任务，可具体理解为体会“关键词句”“资料”“场景”等“表达了什么思想感情”，从而在学习《竹节人》时，能借助关键词句，体会玩竹节人的乐趣，进而学习文本是怎样表达思想感情的——推着学生知道“写了什么”，还要知道“为什么写”“怎样写出来的”，以此监控自我的思维过程，促进元认知的发展。

概括故事属于把握文章主要内容的维度，这是小学阶段所要培养的学生阅读的核心能力。2022 版新课标第二学段“阅读目标”提出“能初步把握文章的主要内容”，第三学段提出“阅读叙事性作品，了解事件梗概……阅读诗歌，大体把握诗意”。这一要素在语文教科书中亦有螺旋上升的安排：三年级下册第八单元为“了解故事的主要内容，复述故事”；四年级上册第四单元为“了解故事的起因、经过、结果，学习把握文章的主要内容”；四年级上册第七单元为“关注主要人物和事件，学习把握文章的主要内容”；四年级上册第八单元为“了解故事情节，简要复述课文”；四年级下册第六单元为“学习把握长文章的主要内容”；五年级上册第三单元为“了解课文内容，创造性地复述故事”；六年级上册第八单元为“借助相关资料，理解课文主要内容”；六年级下册第二单元为“借助作品梗概，了解名著的主要内容”。不难发现，学生把握文章主要内容是从“了解”到“把握”“理解”。概括的资源，也由故事本身的信息，到借助资料、作品梗概等不断拓宽理解故事的渠道，从而把握文章主要内容更加精准。阅读文章的长度，也由常规文，到长文，到整本书。同时概括的表现，由“复述”到“简要复述”，再到“创造性地复述”。如此依序训练下来，学生在综合运用阅读策略时，就可以根据阅读需要和表达需要来选择适当的概括方法。

在教学阅读策略时，既知道已会，也知道发展，就可以有条不紊地联结并落实，切实帮助学生成为策略的学习者、反思者和使用者。

（三）实现阅读策略在课外阅读中的优质转化

阅读策略单元引导学生掌握阅读策略，使他们成为积极的阅读者。但不能期望学生通过一个单元的学习就完全掌握相应的阅读策略，而是应通过策略单元的学习，培养学生运用阅读策略的意识和基本能力。在之后的语文学习中，只有不断进行迁移运用，才能具备熟练运用阅读策略的能力。整本书阅读，恰是熟练运用阅读策略的跑马场。

2022 版新课标特设“整本书阅读”学习任务群，“旨在引导学生在语文实践活动中，根据阅读目的和兴趣选择合适的图书，制订阅读计划，综合运用多种方法阅读整本书；借助多种方式分享阅读心得，交流研讨阅读中的问题，积累整本书阅读经验，养成良好阅读习惯，提高整体认知能力，丰富精神世界”。它强调了阅读整本书的两条实践路径：一是“综合运用多种方法阅读整本书”的“输入”；二是“借助多种方式分享阅读心得”的“输出”。小学语文教科书每个年级“快乐读书吧”所对应的整本书阅读要素是不同的，教师要注意将阅读建议和阅读策略单元训练点二者结合起来，整体设计并落实“这一年级”“这一类书”的阅读策略，关注阅读过程中这一册书与下一册书、这一阶段与下一阶段的水平进阶，建立起“这一年级”“这一类书”的阅读结构关联，不断推进学生认知结构完善，能力逐步稳固，最终实现内化。

前文谈到把握文章主要内容是小学阶段所要培养的学生阅读的核心能力，其重点落实是在“第二学段”，成熟与完善是在“第三学段”，进而实现在“有目的地阅读”时，熟练调配把握主要内容的阅读技能。其实，在二年级已经开始尝试概括文章主要内容——讲故事是低年级单篇学习课文的训练重点，课后习题指向讲述或复述文章内容的课文有 24 篇，其中二年级就有 20 篇。这些篇目大多是故事性的文本。统观该年级“快乐读书吧”的课外阅读书目，也大多数是童话故事选集（二年级上册《小鲤鱼跳龙门》《孤独的小螃蟹》《“歪脑袋”木头桩》《一只想飞的猫》《小狗的小房子》，二年级下册《神笔马良》《七色花》《一起长大的玩具》《愿望的实现》《大头儿子和小头爸爸》）。教师在推进整本书阅读的时候应当充分考虑课内外阅读培养能力迁移，将语文教科书中讲故事的任务继续延伸到整本书阅读当中去，制定“能提取关键信息，复述故事或其他内容”

的核心策略目标。让学生在阅读故事的过程中，不断使用提取关键信息讲故事的策略，初步形成印象，提高策略落实的针对性和技能掌握的稳定性。

学生唯有对故事的内容、人物、观点有所认识，才能读出自己的想法，才能把书读活；根据自己的心意来“有目的地阅读”，才能读出“自己的想法”。因此，在低年级，教师不但要带着孩子去提取文章的主要信息，形成故事的初级印象，更重要的是领着学生去跟故事以及故事里的人物对话，让学生形成自己的阅读认识，丰富学生的精神世界。二年级“快乐读书吧”的大多数故事塑造了鲜明的人物形象以及蕴含着真善美的故事内涵，如《小狗的小房子》中小猫和小狗这一对好朋友，看似小猫懒惰、小狗勤劳，但在小狗摔晕之后，小猫却想尽办法把小狗送回了家。教师就可以用“两个小伙伴都太棒了！快来夸夸他们吧！”的评价语，引导学生写一写自己喜欢的人物及理由；根据故事中人物的表现，续写“以后还会发生怎样的故事呢”，再发展到“你在生活中是否有这样的好朋友”。这样，从客观地判断人物的行动得失到主观地积极建构“我心中的故事”，并把学生的目光吸引回真实的世界中，发现“故事里的人物，就是生活中人物的缩影；故事里的情节，就是生活的艺术加工”，从策略意义、阅读意义发展为生活意义。

林海音说：“我们是吃饭长大的，也是读书长大的。”教师培养学生读书的过程，就是伴随儿童精神发育和生长的过程。教师要努力让自己成为那个有能力协助儿童进入“阅读意义中心”的大人，提供有价值的阅读材料，让阅读过程促进策略及智能发展，满足情感与审美需求，引导学生认识和承担社会责任、体认自我价值，使学生成为自我意义建构和理解的阅读者。

第二章

发展素养：儿童阅读的践行路径

义务教育语文课程培养的核心素养(文化自信、语言运用、思维能力、审美创造)，是语文课程育人价值的综合体现，为学生提供了通过语文课程学习获得正确价值观、必备品格和关键能力的践行路径。

内容选择：文本与生本沟通

教学内容的选择是开展教学活动的前提。做好文本、生本两个维度与教材系统的沟通，是教师用好教科书、选择好教学内容的前提条件。语文教学应让学生在积极主动的学习状态下，自觉地建构起文本和经验的关系，追求用文本实现知识与能力、过程与方法、情感态度价值观的三维教学目标，从而发挥文本的最大价值。从这个层面来看，“教什么”比“怎么教”更重要。正如小学语文统编教科书执行主编陈先云所说：“教学内容的选择要遵循‘基于教科书，因文而异，突出重点’的原则。”[①]教师只有正确把握教材，把教学的注意力集中在文本、生本和教材系统的沟通上，才能确定这一篇的“不教”与“当教”，正确灵活掌握教材，匹配适切教学策略，实现“让学习真正发生”。

《宝葫芦的秘密（节选）》是语文教科书四年级下册第八单元的一篇课文。对于这篇课文的教学，不少教师可能存在着两个方面的困惑：一是对“王葆”这一人物形象的体会。因为体会（感受到）人物真善美的形象既是本单元的阅读要素，又是“交流平台”进行策略指导的内容，所以体会人物形象显然是本单元的阅读训练重点。但《宝葫芦的秘密（节选）》中所展现的人物形象为“普通孩子”的形象——“淘气”“爱幻想”，对于即将升入五年级的学生来说并不难理解。二是课后练习第二题“奶奶给王葆讲了哪些故事？选一个，根据已有内容创编故事，讲给同学听”的教学。本单元的习作要素是“故事新编”，但是怎样编好故事在单元导读和课后练习中都并无要求，如果让学生随心所欲地“编”，是否就失去了“编”的意义呢？是否变成了教学的伪命题呢？

一、以文本和生本的沟通为原则，运用对比解读策略，考量“教什么”

把握“教什么”，应先准确认识一篇课文的角色定位与所承载的教学功能。因此，可以将《宝葫芦的秘密（节选）》置于语文教科书故事单元的“读写要素”

---

① 陈先云. 语文教学应当轻装前行——统编教科书使用中应注意的几个问题[J]. 小学语文，2020(3)：4-12.

系统(表1-6)以及所在单元(表1-7)去考量其文本价值。

表1-6　语文教科书故事单元的“读写要素”系统

单元	人文主题	阅读要素	习作要素
三年级上册第三单元	童话世界	感受童话丰富的想象	试着自己编童话，写童话
三年级上册第四单元	预测(童话故事)	一边读一边预测，顺着故事情节去猜想	尝试续编故事
三年级下册第八单元	有趣的故事	了解故事的主要内容，复述故事	根据提示，展开想象，尝试编童话故事
四年级上册第四单元	神话故事	(1)了解故事的起因、经过、结果，学习把握文章的主要内容 (2)感受神话中神奇的想象和鲜明的人物形象	展开想象，写一个故事
四年级下册第八单元	中外经典童话故事	感受童话的奇妙，体会人物真善美的形象	按自己的想法新编故事

表1-7　语文教科书四年级下册第八单元语文内容列表

课文	课后练习/导读提示
26.《宝葫芦的秘密(节选)》	(1)默读课文，说一说王葆为什么想得到一个宝葫芦 (2)奶奶给王葆讲了哪些故事？选一个，根据已有的内容创编故事，讲给同学听 (3)选做。当王葆真的得到了一个宝葫芦时，他逐渐认识到靠宝葫芦不劳而获，带给他的不是幸福，而是烦恼。这是怎么回事呢？感兴趣的同学可以读读《宝葫芦的秘密》这本书
27.《巨人的花园》	(1)朗读课文，边读边想象画面 (2)说说巨人的花园发生了哪些变化，巨人又有什么转变 (3)小练笔。发挥想象，把孩子们在巨人的花园里尽情玩耍的情景写下来
28.《海的女儿》	这篇课文是著名童话《海的女儿》的开头部分。用较快的速度读一读，说说你觉得奇妙的地方，再和同学交流那位最小的公主给你留下的印象。感兴趣的同学可以完整地读读这篇童话，说说你对最小的公主有了哪些新的了解

对比表 1-6 和表 1-7，可以基本确定教学内容的不教与应教的部分。

（一）不教

1. 已知已会的不教

这一单元主题为"童话"，习作要素是"按自己的想法新编故事"。此前，语文教科书已经安排了四次编童话故事训练，让学生逐步体验"自己编—尝试续编—根据提示尝试编—展开想象写—按自己的想法编"的创作过程，为学生搭建了编童话的思维脚手架。儿童热衷幻想、富有游戏精神，追求新鲜、变化、开放的审美心理，使他们每一次编的故事都比教师预想的情节更曲折、更开放。因此，"按自己的想法新编故事"这一点在这篇课文的教学中不必花费太多精力去引导和训练。

2. 无关文本教学价值的不教

这一单元的阅读要素之一为"体会人物真善美的形象"。不难发现，《巨人的花园》《海的女儿》都是作家通过塑造丰满立体的经典人物，表达美好主旨的文本。相较而言，《宝葫芦的秘密（节选）》重在描述"宝葫芦要什么就有什么"的神奇之处。此课不能在有限的教学时间里体现"人物形象"学习的最大价值。

（二）应教

1. 与文本贴近的文体要素应当作为教学内容

除了"体会人物真善美的形象"，四年级下册第八单元语文要素首先是"感受童话的奇妙"。这是在三年级上册"童话世界"单元提出"感受童话丰富的想象"的基础上，进一步贴近中年级学生对童话阅读的期待，旨在引导他们发现童话的文体特点，建构更具感受力的童话阅读思维。这一单元的三篇课文都足够"奇妙"：《巨人的花园》景随心变、物以人迁；《海的女儿》中瑰丽浪漫的海底宫殿，向往人类世界的人鱼公主；《宝葫芦的秘密（节选）》更是沿袭了中外传统民间故事"聚宝盆""阿拉丁神灯""打火匣"的神奇——"要什么就有什么"。"奇妙"以儿童语言进入童话世界，呈现出"与小孩子的天性相适应的、与文学的自由精神相适应的，令人迷醉的美学意味”①，既与《宝葫芦的秘密（节选）》的特点契合，又促进了学生童话深度学习的发展，应当作为教学内容。

2. 有利于学生长线阅读素养培育的内容应当作为教学内容

从表 1-7 中我们可以看到，《宝葫芦的秘密（节选）》《海的女儿》课文导读或课后练习都谈到读整本、读整篇，而这一单元“交流平台”中同样提到用课文学习的方法读其他童话。整本书阅读的重要性与意义如今已经成为共识，就语文教科书而言，单单一至六年级 12 个“快乐读书吧”（不包括课后）推荐的书目就有 40 多本，总字数超过 400 万字。因此，教师应积极建立《宝葫芦的秘密（节选）》与整本书之间的桥梁，激发学生读整本书的兴趣，并指导阅读整本书的方法，在发展学生思维、丰富学生情感、培养学生审美的同时，促进学生阅读策略的熟练运用，助力整本书阅读。

二、以文本和生本的沟通为原则，运用追问解读策略，明确“教什么”

对比分析可以帮助教师初步确定《宝葫芦的秘密（节选）》这篇课文的教学内容：一是感受童话的“奇妙”；二是建立起节选部分和整本书之间的关系。但是，单单这两项教学内容显然是不够的。从文本来看，它们必然有独特的价值值得学习；从生本来看，这些内容并不符合即将升入五年级的学生学情，不足以让学生“吃饱”，也就不能满足素质发展需求。那么，这篇课文还需要教什么呢？教师可以继续从文本、生本出发，展开追问，进一步明确教学内容。

（一）从文本出发：课后问题的编排意图

语文教科书的课后练习往往直指该课的教学重点，指向明确的培养目标。《宝葫芦的秘密（节选）》安排了两道必做题和一道选做题：第一题指向童话的“奇妙”，正是因为“宝葫芦”的奇妙，王葆在遇见困难时才会想拥有它，这是文章的核心内容，又是整个故事的起因；第二题意在让学生在创编的过程中进入“宝葫芦”的奇妙境遇，获得积极主动的“奇妙”阅读体验；选做题是在前两题的基础上，提供了与课文不一样的情感体验、情节发展，造成悬念，促成预测，推进期待，从而让学生完成整本书的阅读。这一编排以“奇妙”为线索，让“读故

① 汤锐. 现代儿童文学本体论［M］. 南京：江苏少年儿童出版社，1995.

事—编故事—讲故事—读整本书”的语言活动逐一落实，因而可以将其作为教学内容。

但每一部分“教什么”的指向仍是模糊的。比如，“讲故事”从二年级上册第一课《小蝌蚪找妈妈》就开始训练，本课的“讲故事”是否有新的要求呢？比如，前文已经阐述“编故事”的内容不必教，但是联系单元教材编排来看，《宝葫芦的秘密（节选）》《巨人的花园》中安排了两次创编故事的小练笔，分别指向“根据已有内容创编故事”“发挥想象，把孩子们在巨人的花园里尽情玩耍的情景写下来”，而单元习作是《故事新编》，可见两次小练笔无疑是给学生完成单元习作搭建更高级的脚手架——情节、场景可以让故事更丰满。因此，教师应关注可以教给学生哪些“编故事”的“新”能力，否则就不能称为“教”“学”。

（二）从生本出发：学生应从这篇童话中学什么

当我们从教材视角解读文本时可能会陷入瓶颈，因而我们还需从生本角度进行思考，作为补充：学生应从这篇童话中学到什么？是对阅读童话形成新的思维，还是掌握讲、编童话的新本领？由此，便能找到文本的独特教学价值。《宝葫芦的秘密（节选）》的作者张天翼以“人物在身边”“故事对你讲”的写作手法，密切联系学生的经验世界和想象世界，使得“宝葫芦”格外真实，能够有效激发学生的阅读兴趣和创造力。我们不妨从如下几个方面具体分析。

从内容来看，人物在身边。张天翼笔下的王葆显得非常真实，展现的就是在身边的儿童形象，就像我们身边的小伙伴，节选的故事讲的也像会真实发生在我们身边的事情。张天翼曾经在《再版给小读者的信》中提道：“宝葫芦的故事当然不是真的，可是像王葆这一号孩子，是真有的。”通篇文章，王葆不断向“你”（学生）声明他的身份和“你”是一样的，在怕洗脚、怕做题、想要最好的向日葵等事件中折射出的儿童心理、儿童情感、儿童态度，也和“你”是一样的。

从形式来看，故事对你讲。张天翼的童话写作方式就像拉家常，就像是好朋友在对你讲。在课文第一部分短短 145 个字中，就出现了 12 个“我”、5 个“你们”。这样的表达方式正是课文乃至整本书的表达特色，一下子就拉近了读者和文本之间的距离，吸引着读者不断地往下读。同时，这样的写作技巧也增加了文章的真实性，让人感到似乎确有其人、有其事、有其物。这一方面的“知识”是学生在之前的学习中从未接触到的，也是在之后的两篇童话中所不能学到的，因而属于这篇课文的文本个性。这一“知识”贴近学生学习的“最近发展区”，却不是学生自己能够读出来的，所以教师可以稍做点拨，重在引导学生将其用到自己讲故事、编故事中去，从而习得讲得真、编得真的新技能，凸显教学内容的有效性，让编童话的训练往前走一步，实现真“教”、真“学”。

思考至此，这篇课文教什么就呼之欲出了：引导学生读故事，发现“人物在身边”“故事对你讲”的写作技巧，体会“富有真实性”的好处；讲故事时，强调“在身边”的身份、“对你讲”的语气；编故事时，运用“在身边”“对你讲”的语言；带着“在身边”“很奇妙”的期待阅读整本书。这样，既能让学生从元认知上逐层感受、学习、内化应用新的本领，又能让学生沉浸于“宝葫芦”的童话环境中，感受“奇妙”，让课堂基于对教材的“灵活掌握”，实现“真正学习”。

如何用好教材，上好语文课呢？陈先云认为基本要求是“钻研教材，领会教材编写理念，理解教材编排意图，把握好教材内容与教学内容之间的联系与区别；要根据学生的学习状况、认知水平和发展需要，把教材中对学生来说最有价值的学习内容提炼出来，精准定位教学目标”①。当我们在“对比”和“追问”中做好文本、生本和教材系统的沟通时，便能确定这一篇课文的“不教”与“应教”，这也正是灵活掌握教材、科学选择教学内容的应然。

① 陈先云. 小学语文要重视教什么[J]. 小学语文，2020(3)：1.

特设情境：支持阅读的理解

阅读理解的前提是“创建学习情境”——这确实是一个值得探讨的话题。使用统编教科书的这几年，不少师生反映有些课文“有些难”，具体表现为难进入、难理解、难深入、难应用。如何基于学生的真实学情，帮助他们理解课文呢？关键有二点：一是阅读要源于真实需求；二是教师能基于学生解决真实阅读问题的策略。正如2022版新课标所指出的，要“创建真实而富有意义的学习情境，凸显语文学习的实践性……源于生活中语言文字运用的真实需求，服务于解决现实生活的真实问题”①。因此，“特设”是学习情境的创建前提，并特别注意两个方面：一方面，“特”是前提，即根据具体课文的特点与学生的实际学习难点，明确该篇课文的教学价值，让学生“想”读；另一方面，“设”是路径，要设计接近学生“最近发展区”的教学情境，使他们在情境中产生学习难课文的需求和主动性，从而帮助学生理解难课文，让学生“会”读。下面将针对“难进入”“难理解”“难深入”“难应用”来特设几种学习情境。

一、针对“难进入”，特设统整资料学习情境

大部分参与调查的学生反映，对写作年代久远的文章存在着陌生感、隔阂感，认为在阅读这种文章时不太好“进入”。教材以搜集资料的方式帮助学生了解这类难课文的写作背景，在五年级上册第四单元、六年级上册第八单元、六年级下册第四单元作了具体编排。2022版新课标中多次出现了“搜集资料”，以强调这一学习能力对于理解文本的重要意义。但在日常教学中，却存在不少为了搜集而搜集的现象：教师罗列出作者的生平事迹，让学生读一遍，之后在课堂上就不再使用这些资料。这对难课文的教学并无帮助。教师只有做到以下三点，才能真正有效开展难课文的教学。第一，搜集整合。教师要做好案头工作，搜集整理出特定的资料，务必对“这一节课”“这篇课文”“这个自然段”有

① 中华人民共和国教育部. 义务教育语文课程标准(2022年版)[S]. 北京：北京师范大学出版社，2022.

打开文境、辅助理解、升华认知的作用。第二，特设情境。教学前应当对学生在哪个环节需要哪些背景资料作充分的了解、分析和设计，让每次的资料使用起到铺桥搭路、释疑解惑、激发兴趣、拓展思考的作用，让资料成为学生走进难课文的向导。第三，续点搜集。课文教学的结束不是学习的终点，而是更好地发展情感、习得方法的起点。当学生对课文尤其是写作背景与现实生活差距较大的课文产生兴趣时，教师应引导他们随着课堂学习的焦点，按照教师示范的资料整合步骤自主搜集资料，打开对课文作者、写作背景的认知视野，将被动搜集转化成主动希望了解更多信息的真实需求。

《观书有感(其一)》是朱熹所作的哲理诗，其中的“问渠那得清如许？为有源头活水来”脍炙人口，但对于小学生来说，“源头活水”是较难理解的。在《观书有感(其一)》的教学伊始，教师应统整朱熹在武夷山做学问的相关资料，让学生在产生亲近、敬佩之情的同时，思考“朱熹是怎么通过读书成为一代名家的？他在读书的时候有怎样的心得？”借此自然而然地走进诗中，寻找朱熹读书的“源头活水”。在理解诗句以后，教师可进一步补充朱熹从小到临终前，都在读《四书》、疑《四书》、编《四书》、出版修订《四书》的相关资料。这样的资料是对“源头活水”的证明，使学生明白朱熹正是凭着努力做到正心诚意，通过读书涵养自己，才成为理学集大成者的。这样有助于增强他们对“朱熹读书观”的认识。统整资料，适时补充，不仅仅是堆积背景资料，而是引导学生通过情感体验去亲近难懂的诗文。

二、针对“难理解”，特设实践运用学习情境

有些课文的内容与现实生活距离较远，导致学生较难理解课文内容，不能形成阅读体验与认知经验。对于这类课文，教师往往会采用联系生活的方式教学，以帮助学生把陌生的知识转化成熟悉的生活经验。但是，如果遇见学生较为陌生的语境就很难转化成功，甚至变成生硬的联系，学生依旧不能理解课文。2022 版新课标强调实践的重要性，提出：“应建立语文学习、社会生活和学生经验之间的关联……应整合关键的语文知识和语文能力，体现运用语文解决典型问题的过程和方法。”①基于此，教师可分三步解决课文“难理解”的问

① 中华人民共和国教育部. 义务教育语文课程标准(2022 年版)[S]. 北京：北京师范大学出版社，2022.

题。第一，了解语文知识。教师先要指导学生疏通文字，知道文章讲了哪些内容，同时，了解新知、旧知、经验之间的联系。第二，创设学习情境。让学生在可视、可感的真实语言运用情境中积极实践。第三，理解语文知识。此时，再让学生回过头来看课文，他们便能凭借真实的经验理解课文内容。

五年级上册第八单元安排了以“读书”为主题的课文。不少学生反映，在学习《古人谈读书》中的朱熹谈“读书有三到”时遇到了困难，不能对文中的层层推论（心到—眼到—口到—记能久）产生切实的感受。此时，教师让学生死记硬背“三到”读书法是无效的，无法将知识转化成读书方法；让学生联系生活谈感受也是无效的，因为学生此时刚开始学习读书方法，还无法进行有效联结。教师不妨在课堂上特设实践运用学习情境，先领着学生用“三到”读书法，把“为什么心到最重要”的理由说清楚，验证“心和眼睛一起思考文章的意思，口就能把道理表达完整”的看法，再用“三到”读书法读背全文，进一步验证“心既到矣，眼口岂不到乎”的看法。这样，学生就能在教师的指导下自己运用“三到”读书法读懂、背诵课文，并且认同朱熹读书法的智慧，将朱熹的读书法转化为自己的读书之道。如此，每当学生读书时，都会“就自己分上体当出来，庶几得力耳”，经年累月，就会产生启智增慧的效果。

三、针对“难深入”，特设表达交流学习情境

随着年级的升高，语文教科书要求学生进行更深入的阅读，这对于学生来说是有难度的。比如六年级下册第四单元的语文要素是“关注外貌、神态、言行的描写，体会人物品质”。同样是关于人物品质，四年级下册第七单元只要求“感受”，即能受到人物优秀品质的感染和影响。“体会人物品质”，即学生要能结合文本语言，体认人物内心，品味与揣摩人物的语言、行为等，并能够将人物的优秀品质内化，从而提升自己的品质。然而，部分课文里的人物离学生的现实生活较远，要求学生“体会”人物品质是比较困难的。因此，在目前的教学中普遍存在着朗读缺“真情”、品读缺“真实”、交流缺“真话”等现象。

2022 版新课标中的发展型学习任务群指向阅读与表达，将阅读、思考、表达三者融通，引导学生发表对文本的看法，尝试表达自己的观点，从文本中寻找证据支持自己的观点，强调把表达作为语文实践活动的主要任务。表达是对阅读和思考的展现，学生到底有没有读进去、有没有想明白，都可通过能否清晰表达进行检测。“用途（功能）转化”改变的是知识本身，知识的形态和内

涵发生了变化，知识变成了作品或产生了新的知识。相对而言，这种转化是难度最大的一种表达，是一种加工程度最高的学习。如此看来，开展以功能转化的表达活动为目的的逆向学习任务，有助于学生深入地理解文本。在操作上，关键有四点：第一，表达任务先行。教师依据阅读要素，统整“写”的结果，让学生一开始就明确学习目标，更有目的地深度阅读。第二，逆向设计“写”的支架。指导学生整体观照某类、某篇阅读材料，搭建写作支架，促进读写思维的协同发展。第三，聚焦阅读核心。教师指导学生以写作驱动阅读，通过写作任务使学生有目的、有重点地在阅读中提炼文本内容。第四，借助经验建构新意义。教师组织学生结合“写”的意旨，琢磨如何运用“写”的经验主动建构阅读某类、某篇文章的新意义。

四、针对“难应用”，特设结构推进学习情境

“深入”的前方是“应用”，即在新的、不同的、现实的情境中有效地使用知识①。语文教科书具有结构化推进、螺旋式上升的编排序列，有助于学生掌握知识，培养能力。从“读懂人物”的知识编排序列来看，语文教科书始终围绕品读人物的基本方法（语言、动作、神态），指导学生基于认知大概念由表及里地理解人物心情（四年级上册）—感受品质（四年级下册）—体会内心（五年级下册）—体会品质（六年级下册）。这样的编排形式有助于学生清晰地感受语文要素，在真实情境中从学习走向应用，进而形成语文素养。

但在日常教学中，建立结构化的知识体系对于学生来说是较为困难的。从语文教科书的单元编排特点来看，虽然学习内容大都围绕同一语文要素编排，但看起来比较零散。比如六年级下册第四单元穿插编排了诗歌、议论文、记叙文等，与单元语文要素“关注神态、外貌、言行的描写，体会人物品质”的联系看起来不算紧密。如果教师仅按照传统习惯逐篇教学阅读材料，就必然无法实现结构化知识的迁移应用，更不能使学生形成语文素养。为此，教师可特设结构推进学习情境。第一，大概念统整。打破单篇课文按序教学的模式，统整大概念下的课文学习内容，拓展相关课外阅读文本，融合课内与课外资源。第二，结构化推进。教师帮助学生总结“进入”“理解”“深入”单篇文章时的经验，提炼出某类课文的阅读思维支架，并让他们应用于相似的新情境中，努力建构

① 余文森. 论阅读、思考、表达的教学意义[J]. 全球教育展望，2021，50(8)：25-43.

阅读某类课文的基本图示。第三，监控评估。与结构化推进相匹配的评价机制应贯穿教学过程始终，持续激发学生学习需求，让他们自主阅读、反思调控、形成结构化的知识体系，在“会读”中增强阅读自信与兴趣，充分了解某类课文的学习价值，进而越来越热爱阅读。

比如六年级下册第四单元综合性学习的任务之一是“开展阅读分享会”，教师应将“缅怀革命英雄，征集致敬词”的活动贯穿整个单元的教学。首先，分析文本，《十六年前的回忆》《毛主席在花山》《十里长街送总理》《飞夺泸定桥》《狱中联欢》都是以伟人或者革命先烈的典型事例来反映理想信念、爱国情怀、艰苦奋斗、无私奉献、顽强斗争和英勇无畏等革命传统。前两篇侧重引导学生关注外貌、神态、言行的描写，体会人物的内心和品质，后三篇侧重让学生体会场景、细节描写蕴含的感情。其次，以《董存瑞舍身炸暗堡》为例，指导学生提炼此类文章的阅读方法，并迁移运用到以上五篇文章的学习中，形成以“非常之人，非常之事，非常之举动，非常之精神”体会革命文化类课文的阅读思维。最后，回到评选“致敬词”的大情境任务中，借助阅读支架“事件背景、人物肖像、感人事件、革命精神”，在小组辨析、全班交流评价中运用阅读思维，练习语言表达，生发审美体验，增强文化自信。

当学生能在情境中生发出学习的需求、期待时，他们就能逐渐读得懂、读得进去，进而从课文中读出方法、读出联系，实现“理解”的阅读价值。

让学于生：激活阅读的思维

有意义的阅读活动，是思考的过程，是情志活动的过程，是创造的过程——这些都来源于学生个性化的思维活动，又促进了思维能力、思维水平、思维品质的发展。教学的对象是学生，阅读的主体也是学生，教学必须“让学于生”。教师要想方设法让激活思维走在阅读教学活动的最前端，并持续伴随整个学习过程，让学生思考有动力、有路径、有产出。在观摩台湾名师李玉贵在教学《蝙蝠和雷达》（现行教材的篇名为《夜间飞行的秘密》）时发现，她设计的一个个看似矛盾的高阶阅读任务，却能循序渐进地引导学生自主深入阅读，实现学生思维的进阶。

一、挑战教材，培养阅读思维的独立性

上课初始，李玉贵老师就领着学生挑战教材：“你认为《蝙蝠和雷达》的内容科学吗？”她要求学生边读课文边找出相关理由，思考“什么是科学”。对于习惯于被动接受文本内容的学生来说，这就是阅读思维的突破。

语文教科书作为一种知识载体，是几代教材编写人不断思考、试验、改革的结晶。教师大都通过文本解读，努力让学生相信教材，汲取、接受、吸纳语文教科书呈现的知识。这样获取的知识经验，只是没有经过学生思维加工形成的、被动接受的方块字。它缺少原有知识与新鲜知识间的主动链接，缺少对文字知识与实践经验的重要探索，更缺少对教材本身观点的分析、思辨。这样的语文教学最终培养的是没有阅读辨别力的学生，培养的是缺乏独立思考意识的学生。

古人云：“尽信书，不如无书。”李老师挑出科学说明文的关键词“科学”二字，并大胆地对其进行假设性的质疑，就是打破了学生的常规阅读思维定式。在反复阅读、辨析、交流中，李老师以一丝不苟、严谨求真的阅读态度，引导学生突破“唯课文”的心理，形成独立思辨的阅读品质。

二、大胆提问，培养阅读思维的延展性

爱因斯坦说：“我们生存的世界是思考问题的结果。”人类走向文明的历程是不断发现问题、提出问题、解决问题的过程。当今我国教育最大的问题应该就是“学生大都没有问题”。学生满足于纸面上获得的有限的信息，阅读思维停留在提取信息、理解内容、获得体验的层面，没有向质疑、评价、创新等高阶思维延伸。

李老师非常注重对学生提问能力的培养。在教学《蝙蝠和雷达》一课时，她领着学生用提问的方法，不断激起学生的求知欲望。

首先是激发提问。李老师鼓励学生发问：“我们还要学什么？怎样才能把文章读得更清楚？”其次是示范提问。学生不会问，教师便示范怎样提问。李老师以课文第1自然段的一个不起眼的细节为例，向学生发问：“两个亮点”是什么？飞机的“两盏灯”都是“一红一绿”吗？再次是介绍提问方式。李老师进一步向学生介绍提问的方式：疑问（有疑而问）—询问（为解决问题而询求答案——问题会更具体）—反问（对答案进行反思——真是这样吗）—追问（继续拓展，还有什么可能）。最后是自由提问。学生通过前面的教学环节的引导，再次练习提问，渐渐地，不少好问题涌现出来：蝙蝠眼睛真的没用吗？超声波能传多远？超声波能反弹回来是怎样证明的？科学家说的就正确吗？……“提问”这一教学环节，是以李老师终止学生提问结束的：“让你们问不完，就是我的目的。”的确如此，教育的本源就是唤醒，包括唤醒学生的提问意识，把薄薄的一页课文，读成无数个大大小小的问号，再拉成感叹号，知识的厚度与思考力的独立性都在其中显现出来。

三、教给方法，培养阅读思维的逻辑性

在《蝙蝠和雷达》的具体教学中，李老师则关注如何教给学生阅读方法，让学生有层次地“读懂科学原理”：问题的意思—读懂原理—读图/批注—其他段落的作用—多读一篇—群文阅读。

（一）聚焦题目，换词理解，探究“模仿”关系

李老师请学生解说原标题中“和”的意思。她以“陶罐和铁罐”“狮子和鹿”为例，说明此时的“和”不能简单地用“与”“跟”来替代，并举例说明“狮子和

鹿”可以说成“狮子追鹿”“狮子猎捕鹿”等。此时，李老师再让学生重读文章，找到表示蝙蝠和雷达关系的词语，来替换“和”字，使题目的语义更清晰。在这一过程中，李老师一边观察学生读课文，一边引导学生由关注重要句子到关注重要词语。学生的阅读越来越细致，思维越来越缜密，最终关注到实验成功的秘密——“模仿”，切入本篇课文的核心内容。

(二)搜索关键词，做图示笔记，解说“模仿”原理

在重点的第7、8自然段的教学中，李老师教给学生的是搜寻关键词语、练习用图示概括原理的阅读方法。她采用的是放扶结合、详略相携的教学方式。教学第7自然段时，李老师请学生反反复复地读课文，圈出能概括蝙蝠的飞行秘密的三个词语。在全班交流和反复甄别中，学生发现“耳”“口”“障碍物”是与蝙蝠飞行相关的重要的词语。李老师让学生根据这三个词语，以图示的方式做笔记。“蝙蝠的飞行秘密”的答案就简单明了地呈现出来。而到了第8自然段，李老师让学生独立画关键词、做图示笔记，把“蝙蝠飞行”与“飞机夜行”图示笔记放在一起，将思维过程可视化。之后，李老师请学生同桌之间交流图示笔记与文字笔记的变化，并请学生根据笔记解说“雷达模仿蝙蝠”的原理。这样的阅读笔记，是经过学生深思熟虑的，是创造性的阅读行为。学生虽然记的是简单的文字、简单的图画，却能清晰明了地表现文章的主要内容。

(三)整合资料，修改笔记，深化“模仿”原理

为了深化对“模仿”的理解，李老师还很认真地引导学生阅读、思考、整合课外阅读资料。她提供的课外资料，都是与“模仿”原理相关联的图示：超声波的图示、听觉的图示、荧光屏的工作图示……这些图示很专业，对于小学生来说是很难读懂的。但是，李老师让学生努力阅读，努力获取新鲜的信息，根据新的发现，用其他颜色的笔修正笔记，并轮流发表自己的发现。在整合交流中，学生发现了荧光屏的工作原理，发现超声波的波形是同心圆的；发现蝙蝠怎样靠超声波辨别方向和障碍物的大小……这样的阅读方式看似是教师在传授科学知识，其实是在开展更高阶的阅读思维训练活动。学生必须调动对课文已有的认识和理解，才能努力读懂一小部分由教师提供的课外资料；同时，学生又可以利用读懂的一小部分资料，更透彻地理解课文中“模仿”的原理。

(四)关注略写段，交流写作方法

“第7自然段讲蝙蝠夜间飞行的原理，第8自然段讲雷达的工作原理，其他自然段是不是可以不要?”李老师用这样一个巧妙的反问，引导学生关注略写段的重要性，以及作者是如何把它写明白的，进而带领学生关注写作方式。

这样的阅读指导，由表及里，再向深处漫溯，最终切中核心。由题到段，到重要词语，到图示笔记，到研读资料，到关注略写段，最终回归到对文体、文本的认识，教师层层深入地领着学生想得深一些，再深一些；学得明白一些，更明白一些。只有当学生的阅读思维的逻辑性培养成熟，才可能不断碰撞出创新的火花。

四、同中求异，培养阅读思维的开放性

回顾整节课，李老师未对阅读思考的结果进行总结，而是重在培养学生的思维过程，珍视每个学生不同的想法，强调学生要关注自己与同桌不同的阅读表现。如交流预习单时，李老师就提醒学生观察同伴的记录：“有没有发现，你和你同伴的笔记方法很不一样?”在组织讨论时，李老师引导学生学会倾听、甄别、吸纳：“有没有把别人的话听到心里去，当成‘养分’，再往下想?”在寻找关键词时，李老师让学生自由表达，尽管学生大都没有找准问题，但她始终没有粗暴地打断他们，而是尽量让学生说。整节课，我们看到的是李老师努力营造师生之间、生生之间思维碰撞的氛围，努力让学生在开放、宽松的阅读氛围中，开拓思维空间，从封闭性理解中解放出来，从而形成新的阅读思路和阅读方法。

以科学的辩证教学，适当的阅读方式、递进的阅读思路、大量的阅读补充，使学生从始至终经历头脑风暴，推动形成阅读思维逻辑体系，促进思维创新力的形成和不断提升。这或许正是培养阅读思维能力的关键所在。

品味音韵：陶冶阅读的审美

阅读，是美的召唤。《美学原理》告诉我们，“审美”属于阅读的艺术价值。在进行文学作品教学时，不但要学生读懂作品讲了什么，更重要的是使其获得情感的熏陶、审美的体验，感受到文学作品带给人的情趣、愉悦，唤醒学生对文学阅读的渴望、追求与热爱。

如何培养学生的审美创造呢？我们不妨以古诗文为例。中国古诗词的生命情感与文化血脉陶冶了一代又一代中国人，无疑是培养学生“具有初步的感受美、发现美和运用语言文字表现美、创造美的能力；涵养高雅情趣，具备健康的审美意识和正确的审美观念”的重要文学作品。像《乞巧》《嫦娥》这类以神话为主题的古诗词，就蕴含别具一格的中国传统文化美学。我们要沿着美的小径去寻找：美在何处？教在何处？如何读出来？下面将试作探究。

一、神话诗的美：美在何处

《乞巧》收录在《全唐诗》中。诗人林杰当时还是个孩子，生活得无忧无虑。他还是一个远近闻名的神童，六岁就能赋诗，下笔即成章，又精书法棋艺。这个人人称赞、事事顺心的孩子，满心满眼装着对未来美好的希冀，由此我们可以大致推断这首诗的基调是快乐的。“七夕今宵看碧霄，牵牛织女渡河桥”中，“今宵看碧霄”的初衷，是将目光引向万里星空，去寻找牵牛星、织女星。“家家乞巧望秋月，穿尽红丝几万条”的画面则从浪漫星空切回烟火凡俗。唐宋时，乞巧日，市上是人的海洋，“家家”“穿尽”“几万条”等词如泼墨般在我们眼前铺展开一幅无比盛大、热闹非凡的乞巧画面，适才平静的夜一下子就燃烧起来了。通看全篇，牵牛织女的故事在全首诗中起着至关重要的作用。乞巧节缘于世间的女孩子都期望如织女一般心灵手巧；普天同庆缘于牛郎织女再相聚的传说，愿相见、愿相聚、愿相守，赋予全诗幸福美好的意境。

据考证，《嫦娥》的描写对象为唐时的女道士。“云母屏风烛影深，长河渐落晓星沉”描写的是室里的陈设和夜不能寐的情态，“烛影深”“长河渐落”“晓星沉”暗示了时间推移至天将晓，让人不由得想：是什么人面对冷屏残烛、青天孤月终夜不眠呢？“嫦娥应悔偷灵药，碧海青天夜夜心”，由实境写到了虚境。嫦娥这个意象在李商隐的古诗里出现了十余次。“兔寒蟾冷桂花白，此夜姮娥应断肠”“不见姮娥影，清秋守月轮”“嫦娥应悔偷灵药，碧海青天夜夜心”，让人感觉到嫦娥的寂寞冷清。“应悔”作为女道士对嫦娥心境的揣度，便顺理成章地成了心境独白，由实到虚，过渡得不落痕迹。嫦娥偷灵药这一故事的引用，更显出青灯常伴的女道士与孤栖月宫的嫦娥仙凡相隔、身份相殊，却同样寂处幽居、心无所寄，使得诗的意境更加怅寥凄冷。

综上细读，两首诗作的文化审美元素是极为丰富的：①画面虚实相生。这里的“虚”便是神话与现实的无痕穿插，借典抒情，使诗更富情味。②白描意象叠加。“云母”“屏风”“烛影”“长河”“晓星”等物叠加，让人如临其境。③诗作情景交融。“家家乞巧望秋月”场景描写中抒发了诗人对美好未来的向往。④动静结合。《乞巧》先静后动，诗作的画面有了层次，从而更显丰富。⑤时间、空间转换。“今宵看碧霄”不但指向时间，还指向一个广袤碧蓝的开阔背景，把读者的视线由人间引到天上去，视界延展到无限深广之处。⑥民俗文化传承。乞巧节的由来、意义以及方式，有着传承中华民俗文化的积极意义。

二、神话诗的美：教在何处

仔细赏读审美价值后，哪一些更具有教学意义，值得在课堂上呈现呢？我们必须把文本放回到教材中去思考。因为教师不仅需要从本体语境中去欣赏言语本身的价值，更需要从学生出发，去思考弱水三千，取哪一瓢饮，才能立足儿童本位，促进儿童发展。

首先读教材编排。《乞巧》是语文教科书五年级上册“语文园地”中的积累篇目，单元导读中写道：“民间故事，口耳相传的经典，老百姓智慧的结晶。”学习该单元的精读课文《牛郎织女（一）》《牛郎织女（二）》，以及“快乐读书吧”推荐阅读故事田螺姑娘、梁山伯与祝英台、八仙过海和“日积月累”推荐背诵的《乞巧》后，我们可以清晰地知道编者的意图，即通过多种渠道的阅读，引发学生阅读神话、民间故事的兴趣，引导他们读更多的神话。要知道，牛郎织女作为中国古代民间四大爱情故事的代表，早在《诗经・小雅・大东》中就有记载，经过后世的不断丰富、创作，成为我国人民集体记忆的一部分。嫦娥奔月中的嫦娥是《山海经》中古天帝帝俊的女儿，偷药的故事最早记于秦代王家台秦墓竹简《归藏》中的《归妹》卦辞。两个神话故事都脍炙人口，既能让学生重温故事的神奇与美好，又可以让他们着迷于祖先们瑰丽的想象，浸润在祖先们真挚的寄寓中。

其次读诗文大意。2022 版新课标“第三学段”学习古诗的要求是“阅读诗歌，大体把握诗意，想象诗歌描述的情境，体会作品的情感”①。它指向三个关键词：诗意、诗境、情感，在《嫦娥》这首诗里，对应的三个重要审美因素为神话“戏景”、诗境“虚实相生”、情感“情景交融”。基于上述思考，将文本教学价值确定如下：在诵读中了解诗文大意，想象神话“戏景”，感受诗作的虚实相生，体验诗作的情景交融。

三、神话诗的美：如何读出来

如何帮助学生走进两首诗独特的审美境界呢？“重视朗读，借助语气语调、重音节奏等传递汉语声韵之美，在反复朗读中加深对文本内容的理解”，2022 版新课标为我们指明了走进其审美境界的好方法——“朗读”“借助语气语调、重音节奏等传递汉语声韵之美”。更重要的是，汉语是有音韵的，音韵蕴含的东西是“求神气而得之于音节”，音韵的逻辑，更是“情动而辞发”本身的逻辑。按照平长仄短朗读的时候，将调动情绪去不自觉地“见”到“美”。这个“见”即想象看见。因此，笔者在教学古诗时，就立足音韵的特点，引导学生朗读，以“见”审美境界。

（一）关注平长仄短，音韵“见”戏景

故事有两大要素：一是人物；二是情节。领着学生读出故事里的人物和情节，要关注“感人情境和形象的理解与审美体验”。在诗词创作中，音韵的平仄排列往往与人物的形象、情节的再现有着微妙的联系。音韵通过平长仄短读出来，人物便立在眼前，故事里的“戏景”也就可“见”了。例如“牵牛织女渡河桥”其中的人物牵牛和织女，其中“牵～牛～”是平声，拖长了读，再把声音沉下来，方显出一个沉稳的男子汉形象；“织^女^”中，“织”是入声，要读得轻且短，“女”是仄声，读得短促一些就好，更显女性的娇俏文雅。要“见”戏景，还要有情节。“渡^河～桥～”要怎么读呢？“渡^”是仄声，要读得又快又短，因为牛郎

① 中华人民共和国教育部. 义务教育语文课程标准（2022 年版）[S]. 北京：北京师范大学出版社，2022.

织女太久没有相见了，肯定想以最快的速度渡过河桥，跑向对方。“河～桥～”恰好是平声，故而要读得又长又缓，仿佛希望鹊桥长一点，再长一点，让他们一直一直都走不完，就可以永远不分离。这样平长仄短地读，可以帮助学生把文字和画面联系在一起，如此，牛郎织女相见的戏景之美就呈现在学生的言语表达中了。

（二）关注声调高低，音韵“见”画境

李商隐的诗大都晦涩难懂，《嫦娥》中嫦娥因思凡而愈显寂寞的心境，犹如中国画的独特美学意蕴——黑白之美，留给人无限的遐想，但从字面上很难加以联想。小学生怎能体会“云母屏风烛影深，长河渐落晓星沉”呢？所以，教学要降低难度，把古诗的大意直接以讲故事的方式告诉学生，引导他们结合诗句朗读的低声调展开想象，生成画境，体会感情。

于是，笔者以很低的声调讲故事：“这首诗描写的故事发生在唐朝，那时候有很多女孩子被迫出家，到道观里做了女道士。她们见不到自己的爸爸妈妈，见不到自己所有想见的人。一年又一年的孤单寂寞，在长长的夜里，思念亲人，总睡不着觉。她们整晚睡不着觉，就看着蜡烛的光线越来越暗，在一种叫云母的石头做的屏风上投下了浓浓的影子。”当讲到蜡烛的时候，就将光标移向“烛影”二字，就这样一边讲述一边配合着诗的语言感知。而后，笔者再让学生按照幻灯片上的平仄标记诵读，引导学生将想象和朗读时的声调相结合。然后提问：“为什么你会把‘深’读得这么低沉呢？”有的学生回答：“因为烛火越来越暗了，烛影越来越浓了，屋子也越来越黑了，女道士的心情肯定越来越不好了。所以要读得慢一点，沉一点。”此时，笔者再指导学生压低声调读诗，声调的直觉、思维的介入、言语的表达就共同促成陌生化的诗句成为可“见”的寂寞暗淡的画境。

（三）关注韵脚语气，音韵“见”心境

韵脚是流露诗词情绪的注脚，不同的韵脚传递着诗人作诗时的不同心境，这是诗歌创作的情感美。《乞巧》属于“萧”字韵，这是一个开口韵。单看“碧霄”“河桥”“几万条”，只能看出词的含义，很难与心境的表达联系起来。可是读“看碧霄～”“过河桥～”“几万条～”的时候，便会发现此时学生的嘴是张大、上扬的，连着颧骨抬起，整个面部肌肉上扬，微笑就挂在脸上；《乞巧》的韵脚

为平声拖长，那种上扬的音调，带着一股感慨之气，由心灵深处抒发而出，让人不由得身心愉悦。林杰通过《乞巧》要传达的不正是这样一种心境吗？天上人间，气象开阔。《嫦娥》用的则是“侵”字韵，这是齐齿韵，嘴巴张不开，满腹心事倒不出来。听“烛影深~”“晓星沉~”“夜夜心~”，所有的声音都憋在喉咙中，但是声音又要拖长、气缓、虚读，因为此时此刻夜深人静，岂能用自己的无眠去惊扰他人的好梦呢？沉重的感喟，只与自己道来，寂寥随着烛影深而愈深，心思随晓星沉而愈沉，深深地、沉沉地压在“夜夜心”上。读罢，有的学生说：“读这几个字，觉得心里越来越难受。”这就是通过韵脚泄露出的诗人的心境。

诗词的美，从广义来说有三种形态和层次：文学美学、文艺美学、生活美学。三种美学样态的表现都需要通过音韵传递，这样诗意才能更加诗化、审美化。在《乞巧》《嫦娥》的教学中，我们将文艺的故事、文学的情境、生活的心境交织在声音的传递中，熔于一炉，既将诗词理论、文化传承具体化、实践化，丰富美学的内涵，又将美的种子种进儿童心里。教学古诗的美，从古诗样态本身的美出发匹配适应性的审美活动，其他文学样态亦然——在美的观照下，追求阅读审美价值的自我实现。

亲近形象：培塑阅读的情意

作品形象，尤其是作者形象，往往是阅读精神的核心，“常常是统摄作者、作品、读者三大范畴”①，体现出作者本人的世界观、创作观和精神意志。在教学中，要帮助学生去亲近作者形象，帮助学生从完整的阅读中体会作者和读者的对话，或求知，或心灵的沟通，或思想的启迪。学生明白了“文章，是心灵的花朵”②，不断沿着作者思路读，不断地丰富、充实自己的阅读体验，增进其对阅读精神世界深厚的情意，从而打开一扇扇作者形象的大门，去了解不同人在不同时期对人、自然、社会、世界的认识、思考，让语文的外延融于生活的外延。教师应鼓励学生读好书，读不同作家(作者)的好书，多多益善。下面就鲁迅的作品谈谈教学路径。

一、喜欢：亲近形象的阅读前提

曾发现一个很有意思的调查：福建省普通教育教学研究室黄国才老师对四所学校 7 个班级 325 名六年级学生进行了一次有关“最喜欢的单元”和“最喜欢的课文”的问卷调查(表 1-8，表 1-9)，让人惊讶的是，学生“最喜欢的单元”排名前三位的依次是“有关鲁迅先生的”“以描写大自然为主的”“以阅读策略运用为主的”。其中，喜欢“有关鲁迅先生的”的占比为 28.0%，远远超过其他单元的占比；而在学生“最喜欢的课文”的前十名中，《少年闰土》和《好的故事》分别位列第七名和第十名。③

表 1-8　学生“最喜欢的单元”排列前三的内容及百分比

单元内容	有关鲁迅先生的	以描写大自然为主的	以阅读策略运用为主的
喜欢度/%	28.0	14.8	14.2

---

① 王燕. 叙事学视角下的柳·彼特鲁舍夫斯卡娅作品研究[M]. 北京：北京大学出版社，2017.

② 潘新和. 不写作，枉为人——潘新和语文学术随笔[M]. 福州：福建教育出版社，2014.

③ 黄国才. 当下小学生“最喜欢”什么——对六(上)教材“最喜欢”的调查[J]. 小学教学(语文版)，2021(1)：20-21.

表 1-9　学生“最喜欢的课文”排列前十的课文及百分比

课文	《竹节人》	《花之歌》	《盼》	《穷人》	《桥》	《灯光》	《少年闰土》	《在柏林》	《草原》	《好的故事》
喜欢度/%	54.8	38.2	37.8	37.2	28.3	25.8	25.2	21.2	20.9	19.7

笔者就“你觉得‘走近鲁迅’单元难教吗?”这一问题，面向部分小学语文教师进行问卷调查。参与填写问卷的250位教师中有243位认为“难教”，原因主要涉及年代、背景、表达、语言、内涵五个方面，其中位列前三的依次如下：内涵深刻，不易体会(78.36%)；年代差距，不易感受(61.94%)；隐喻较多，不易联想(57.46%)。教师的感受并非毫无依据，正如鲁迅自己所言：“拿我的那些书给不到二十岁的青年看，是不相宜的，要上三十岁，才很容易看懂。”[①]鲁迅作品内涵的深刻性，对于小学生而言确实不易理解，只有了解作品创作的时代背景，才能读懂作品中的隐喻所指向的揭露、抨击与疾呼内容。而一切“读懂”“教会”的前提又必须考虑学生的“接受”，这也是为什么鲁迅曾说“未有阅历的人实在不见得看得懂”的缘由。

学生喜欢读，教师却觉得“难教”，为什么会有这样的落差呢?小学生难道就无法走近他们喜欢的鲁迅先生了吗?笔者在这次问卷调查中也看到了一些认为“教‘鲁迅’不难”的观点，让笔者对这一问题有了不同的想法：有的教师认为，鲁迅笔下的人、景、事都生动有趣，令人向往；有的教师认为，自己读鲁迅、理解鲁迅，再讲好鲁迅就不难了；有的教师认为，“难教”往往是因为人为拔高和过度解读，如果能理出教学主线，适当补充资料，让学生多读多悟，就并无难教之说……归根结底，教师如若不在“内涵深刻”上犯“难”，而是“以儿童为中心”，回到儿童“喜欢”上来，教学往往就能举重若轻。

既然学生已经有了阅读期待，其实就不需要教师再强调“要读”。他们更希望能够在教师的帮助下走近鲁迅，而这正是体现课堂教学实效性的关键。如果在教学上做过多引导，反而让学生对鲁迅作品“望而生畏”，就适得其反了。因此，教师需要“看见”教材为学生与鲁迅搭建起的“桥”，进而带着学生找到与鲁迅及其作品“对话”的“点”。

---

① 鲁迅. 鲁迅全集[M]. 北京：人民文学出版社，2005.

二、顺应：亲近形象的阅读过程

（一）先读：他是亲切、感性的鲁迅

鲁迅在作品中时常流露出对儿童的欣赏和热爱，他希望儿童是健全而美好的，是完全的“人”。少年闰土正是鲁迅笔下经典且具有代表性的儿童形象。我们读《少年闰土》，很难不喜欢上这样的孩子，很难不羡慕这样的童年生活——他是多么健美，而且他见多识广、透着机灵劲儿，那个手捏钢叉刺猹的少年在“深蓝的天空”下熠熠生辉。在他的眼里，“我”是少爷，更是同龄人、好玩伴——那一包贝壳和几支很好看的鸟毛，就是真挚情谊的见证。

其实，鲁迅笔下何止一位“闰土”？《社戏》中的双喜和小伙伴们不也是“闰土”吗？他们懂事，带着“我”出门、看戏、吃豆，又把“我”安全地带回来；他们懂人，懂得“我”的失望，懂外祖母的担心，懂得六一公公、八公公的喜怒；他更懂生活，架起船橹，飞一般向前，铁头老生的筋斗最好看，罗汉豆正旺相！哪里是“我实在再没有吃到那夜似的好豆，——也不再看到那夜似的好戏了”，只是“我”再也没有见过那么好的人了。

鲁迅满眼是美的世界，《好的故事》中，撑着梦的小船，两岸美丽、幽雅、有趣的景致随着船行一一进入鲁迅的眼中、跃入鲁迅的笔下。这哪里是梦中的景，分明是鲁迅儿时乡村生活的景。《初学记》卷八对“山阴道”的记载有“山阴南湖，萦带郊郭，白水翠岩，相互映发，若镜若图”，然而“相互映发，若镜若图”在鲁迅的眼里更妙些：水中美丽的倒影，“各各夹带了闪烁的日光”，变化不一样的形态，“永是生动，永是展开”。一丈红与其他景物在水面上交织的美就更是神奇而瑰丽了——忽而碎散，拉长了，如“缕缕的胭脂水”“带织入狗中，狗织入白云中，白云织入村女中”……像是一幅印象派画作，充满了色感、动感和光感，像是在讲述一个“好的故事”，故事的主人公是“种下一丈红”的“村女”。美好的人，美好的情趣，呈现出比“若镜若图”更有感染力、更动人心的故事感。而这美景、美人、美事，又岂止在《好的故事》的山阴道上？联系《少年闰土》，小船曾经捎来他最羡慕、向往的朋友——闰土，他还坐在小船里去赏最好的夜、看最好的戏、吃最好的豆子、感受最好的晚风……一切的一切，都是融合而美好的。

鲁迅好吃、好音乐、好电影，也好绘画。他在三味书屋上学时，取荆川纸

蒙画《西游记》；上大学，画标本；出书后，自己画插图，设计封面和印章；还亲自编译了《近代西洋美术史潮论》。陈丹青先生说："他是百年来中国第一好玩的人。"①只有这样有趣味的人，才能这样用心感受美景、美人、美事，用最幽雅、有趣、美丽的语言呈现给读者。

原来鲁迅并不远啊！他和我们是一样的"人"。这个人热爱着平凡的生活，把生活中的人和事写得有情趣、有美感。不仅如此，这份美更源于鲁迅对国家、对生活、对所有人的赤诚与热爱，这正是其侄女周晔写的《我的伯父鲁迅先生》要告诉读者的：他是富有童心、仁厚的"伯父"，他伴着孩子们放烟花，"现出他心底的欢笑来"。

（二）再读：他是严肃、斗争的鲁迅

毛泽东曾说："鲁迅是中国文化革命的主将，他不但是伟大的文学家，而且是伟大的思想家和伟大的革命家……鲁迅是在文化战线上，代表全民族的大多数，向着敌人冲锋陷阵的最正确、最勇敢、最坚决、最忠实、最热忱的空前的民族英雄。"②如果只是书写"爱"和"美"，为什么要把鲁迅先生称为"伟大的思想家和伟大的革命家"呢？

先让小学生接触与理解鲁迅感性、向美、亲仁的一面，无疑可以拉近小学生与鲁迅的距离，这不仅符合小学生的心理特征，而且是初识真正、全面的鲁迅的基础。有了这样的总体感受，学生就能进一步地去认识鲁迅作为"民族魂"的更为严肃、沉重、抗争、奋发的一面。此时，毛泽东的评价就可以作为补充的资料。再次阅读单元课文，又会产生新的困惑：鲁迅笔下的儿童都是那么"美"的吗？那时候的孩子都是那么健全的吗？"好的故事"为什么在"昏沉的夜"呢？"四周黑洞洞的，还不容易碰壁吗"中的"黑洞洞的"是指什么？"碰壁"又是什么？……要回答这些问题，必须从文章的时代背景中寻找答案，也就是教材在"阅读链接"中呈现的"黑暗的现实"。这是学生较难理解、教师认为棘手的部分，此时，资料的作用进一步得到了彰显。我们可以从学生能理解的"儿童"的视角补充资料，渐进地揭开鲁迅的又一种形象。

《少年闰土》这篇文章，其实可以和《明天》《药》结合起来读。相比之下，

---

① 陈丹青. 笑谈大先生[M]. 桂林：广西师范大学出版社，2011.

② 毛泽东. 毛泽东选集：第二卷[M]. 2 版. 北京：人民出版社，1991.

宝儿、小栓这两个儿童形象是有些令人触目惊心的，但又是非常现实的。闰土和双喜是那么健全，而宝儿和小栓却因为愚昧、冷漠、欺诈早早病亡了。其实，鲁迅笔下的儿童形象，除了“健全”，只有“病亡”，且大多数是“病亡”。这是为什么呢？通过宝儿和小栓的遭遇，我们得以走近那“昏沉的夜”“黑暗的窗”。幻想着“神签”“神婆”能救孩子性命的母亲难道不是罪魁祸首吗？那些装神弄鬼、坑卖假药、贻误性命的“神医”难道不是罪魁祸首吗？那些同在社会底层却恃强凌弱、漠然视之的左邻右舍难道不是罪魁祸首吗？——“明天”，还会有明天吗？带着这样的诘问，我们再看“中年闰土”，几十年间，他经历了什么？是什么让他“脸上现出欢喜和凄凉的神情；动着嘴唇，却没有作声。他的态度终于恭敬起来了”？对于“宝儿”“小栓”“中年闰土”们，鲁迅先生“哀其不幸，怒其不争”；他决不允许幼者、弱者受封建礼教、制度的弊害，创作“闰土”这样健全活泼的儿童，正是在向全社会呼吁“救救孩子”！

封建礼教是“黑”的，彼时的社会更是“黑”的，仿佛那昏沉的夜。日本侵华，强制北洋政府接受“二十一条”；陈独秀主张救国，却被认定“罪证确凿”；北洋军阀统治下动荡不安的时局……桩桩件件都是鲁迅亲历的“黑”。如果说作品和历史资料阅读起来不那么容易，影音资料不失为一种方便了解的途径，有助于学生理解和感受。此时，“昏沉的夜”和“美丽的梦境”无须教师过多讲解，已然在学生的认知中形成了鲜明的对比。之前“经历”的真实、普通又美好的“山阴道”只存在于短暂的“梦境”里，鲁迅想要抓住它，也希望所有的读者去抓住并记住它：“但我总记得见过这一篇好的故事，在昏沉的夜……”这正是鲁迅在以闪光的生命底色，唤醒民众向光明走去。

三、读懂：对话形象的单元建构

教学中，教师应当始终从“单元整体”出发，主要采取质疑、资料补充、比较理解这三种策略，互为补充，循序推进。

(1)在“大单元”教学框架的建设上，倡导“过程性阅读”：先读亲切、感性的鲁迅，再去接触严肃、战斗的鲁迅，最后对鲁迅形成全面、真实的印象——读“走近鲁迅”单元的过程，就是“与鲁迅初识”的过程。

(2)借助资料，尤为重要。在笔者所观摩的“走近鲁迅”单元课上，无一例外都采用了借助资料的策略，效果却不理想。这是由于教师用“陌生”的“难懂”的材料，助读“陌生”的“难懂”的课文——不能“助”，反而更“蒙”。因此，

“借助资料”务必由“近”及“远”地补充：大框架上从“亲切”到“严肃”，小递进上从“熟悉”到“陌生”。让“前资料”成为后续资料的“前经验”，帮助学生在“喜欢”的基础上，更多一分“了解”，更进一步“敬仰”，从“更喜欢”到“有一点会读”，期待“多读一点”。

(3)把这些读到的、看到的、理解到的，以“初识鲁迅”主题表格加以梳理和呈现，使学生对鲁迅的认识和理解更深入、更全面(表1-10)。

表1-10　比较、体悟——“初识鲁迅”大单元主题学习任务单

书名	比较	提问
《少年闰土》	健全的孩子	为什么要写出“闰土”这样美好的形象？
	病亡的孩子	
《好的故事》	好的故事	为什么“但我总记得见过这一篇好的故事，在昏沉的夜……”？
	昏沉的夜	
《我的伯父鲁迅先生》	作为伯父的鲁迅先生	为什么有那么多人追悼伯父？
	作为社会一员的鲁迅先生	
《有的人——纪念鲁迅有感》	有的人死了，他还活着	“他”活在你心里吗？是怎样的人？
	有的人活着，他已经死了	

正是对“美”的追求，对“爱”的尊重，对“生命”的向往和憧憬，构成了鲁迅先生闪闪发光的生命底色，构成了他足以抵制黑暗的人生底气，构成了他的觉醒——疾声“呐喊”，唤醒民众走出“瞒与骗”的大泽，无畏地揭示以任何形态对人的奴役、压迫、残害的吃人的血腥——正如他说的：“我们从古以来，就有埋头苦干的人，有拼命硬干的人，有为民请命的人，有舍身求法的人……这就是中国的脊梁。”这也是鲁迅精神！

因此，要在阅读中让学生亲近作品形象与现实形象，始终以尊重“阅历”为前提，设计出贴合学习期待的单元策略；在原有喜欢、崇敬的基础上，为学生持续“走进”书本所反映与投射的现实天地与精神世界而奠基。

格物致知：融通阅读的实践

从实用主义来看，阅读的终极目标是学以致用。因此“实践”二字，就格外重要。如何让阅读落实于实践，如何让实践促进阅读呢？这不应该是两个命题。

我们不妨读一读宋代朱熹所发展的格物致知论。他认为，人做学问的过程，就是“格物致知”的过程，即通过“格物—穷理—致知—反省行知”①，形成规律性的认识。同样，教学阅读的过程也应贯彻“格物致知”的精神：首先是“推类以尽其余”，开展主题性阅读，找到“物”的共性；其次是“物格而后知至”，对阅读中的“物”进行外在的“格”（推究），认识客观规律，进而“致”阅读表达的“理”；再次是融入实践活动转化运用阅读成果，形成方法，形成思维，形成素养，形成科学的“知行合一”阅读实践路径，如图 1-2 所示。下面以语文教科书五年级上册《古人谈读书（二）》《观书有感》为例，展开具体论述。

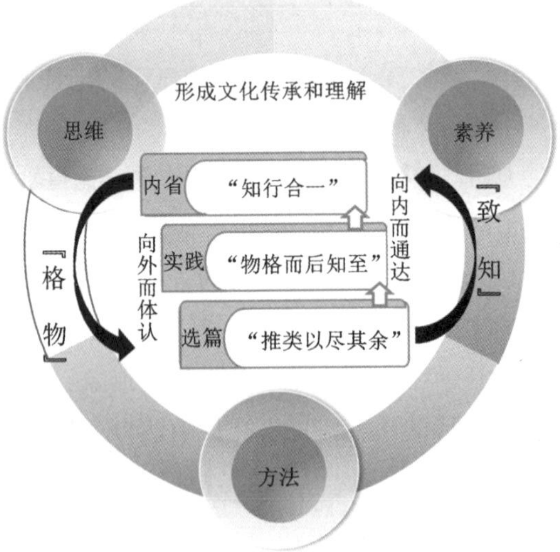

图 1-2 格物致知论指导下的“阅读 · 实践”模型

① 乐爱国. 朱子格物致知论研究[M]. 长沙：岳麓书社，2010.

一、“推类以尽其余”——选篇联读，解决“读什么”的问题

《古人谈读书(二)》《观书有感》是五年级上册第八单元的哲理类古诗文。传承和理解哲理类古诗文中蕴含的优秀文化，单单靠教材是不够的。教师可采取“1+X”的办法，即讲一篇课文，附加若干篇泛读或者课外阅读的文章。朱子的“格物致知论”中非常重要的理念是“推类以尽其余”。其指导下的选篇可以分成两个层次来落实——以“理”为条件的“类”和以“人”为中心的“推”，使学生亲其“篇”，感其“意”，信其“道”。

首先是“类”。第一步，要“格”课文“1”的主题和表现。《古人谈读书(二)》与《观书有感》都被编排在五年级上册“读书”主题单元中。前者作为精读文言文，告诉世人读书的方法；后者是这一单元“语文园地”中“日积月累”的内容，蕴含着“不断读书，常读常新，灵感迸发”的道理。两者从不同角度谈读书，旨在从一般规律中发现读书的智慧。第二步，选择与课文之“理”相关的“X”，要求主题一致、表现相似、难易适中，使“理”更透彻，使“致知”更深入。在此选择朱子晚年所作《劝学诗》为拓展篇目。其文学表现同样是“借物喻理”，喻的是读书立志。这样，“践行”成为“方法”和“感受”的有益补充。如此，就形成了“朱子谈读书”主题阅读群组。

其次是“推”。朱子认为，“格”的对象包括身心性情之德、人伦日用之常、天地鬼神之变、鸟兽草木之宜①。可见，首要在人。因此，“1+X”的建构不能简单地由易到难，也不能完全按照教材的编排顺序来进行。教师应该按照“人”的认知规律来安排教学，搭建教学框架。因此，“朱子谈读书”主题阅读群组的排序为《观书有感》《古人谈读书(二)》《劝学诗》，即先通过形象的《观书有感》发现读书的好处，进而生发了解读书方法的意愿，最后“劝学”水到渠成——从当下开始用上朱子的方法读书，从当下开始感受这样读书的好处。

如此，材料选择对了、整合对了、排序对了，就能调动学生的学习积极性，就有可能实现情感和知能协同“致知”，提高学生的核心素养。

二、“物格而后知至”——注重实践，解决“怎么读”的问题

《礼记·大学》有云：“致知在格物，物格而后知至。”可见，“格物”是“致

---

① 朱熹. 朱子全书：第六册：四书或问[M]. 上海：上海古籍出版社，2002.

知”的前提，“致知”建立在“格物”基础之上。因此，哲理类古诗文教学应把“格什么”“怎么格”“怎么达到探幽发微的目的”作为教学设计的重点。明确了这几点，“致知”方能水到渠成。而这个过程要置于“实践”的教学情境中。朱子特别强调“实践”的重要性和方法——或考之事为之著，或察之念虑之微，或求之文字之中，或索之讲论之际，其前提是身体力行。依据哲理类古诗文的特点，教师可匹配相应的实践活动——朗读中致“境趣”，体察中致“理趣”，运用中致“智趣”。三者分别指向诗文特有的文学表现样式、诗文中的事物形象及原型、诗文反映的一般规律及方法。

(一)朗读中致“境趣”

学习古诗文，首先要读懂大意。教师常以解释诗文作为“读懂”的教学路径。比如，教学《观书有感(其一)》的前两句“半亩方塘一鉴开，天光云影共徘徊”，逐字释义如下：半亩大的方塘像镜子一样打开了，天光和云影在水面上游荡。这样平如白话的翻译，是不是诗味全无、意蕴尽失？最好的方式是朗读——亲近诗文的韵律，在感性的朗读中感受形象，又在感受形象中通过朗读表现出来，致“境趣”，达“理趣”。

在《观书有感(其一)》的教学中，让学生比较自己的朗读和教师的范读的不同之处。学生发现教师的朗读除了体现“二二三”的节奏，还有停顿、轻重、高低的变化，情感饱满，于是他们产生读好古诗的愿望。先看“半亩方塘一鉴开，天光云影共徘徊”：“半亩”为仄声，方塘只有半亩，可见不大；“一鉴开”先仄后平，读时体会喜悦的心情，自然抬高音调，好似突然发现池塘如镜子般展现在眼前，心胸随之也广阔起来；“共徘徊”亦是先仄后平，“共”读得温柔、悠然，让人畅想万物融合的美好境界。再把小方塘和大天地联系在一起，不免想起舒婷的诗：心也许很小很小，世界却很大很大……世界也许很小很小，心的领域很大很大。这何尝不是朱子文化的精髓呢？“问渠那得清如许？为有源头活水来”中，读“清如许”时稍作停顿，去疑惑、去追问；读“活水”时，读出水的滚滚而来、豁然开朗之感。因为读书，所以清明；因为清明，所以有了源源不断的趣味。就这样，学生抓住每句诗的诗眼，在朗读中感受语音、语调、语气的变化，物我相融、物我两忘，和诗人的所思所感融为一体：正是因为有“活水来”，才有“清如许”，才会“一鉴开”“共徘徊”。

(二)体察中致“理趣”

朱子曾言：“看文字，须是切己，则自体认得出。”[①]教学哲理类古诗文，要“格”语言、入诗境，更要切己体察。对于诗理，不能随心臆断，而是要还原诗境，使其与已有的知识经验产生关联。这样，不仅能帮助学生致“理趣”，也有利于学生将诗理迁移运用至学习、生活中，形成探幽发微的思维方式和态度。

比如，教学《观书有感》时，在感知诗境后，不能让学生凭空臆断“源头活水”和“读书”之间的关系。两者本没有必然的联系，学生在完全没有提示的情况下去想象、关联，并不能获得今后读诗的方法、路径。教师可以这样引导学生：①发现诗题和诗句似乎相悖，进而质疑：题目写的是“观书”，为何诗中却写景？②讲解格物致知的智慧。③学生从学习的角度谈习作的成功经验，从生活的角度谈如何煮面条、学游泳……教师相机点拨。④交流：这首诗是写景诗吗？得到结论：不是写景诗，朱子以“源头活水”让我们明白多读书、多学习的好处。⑤小组讨论《观书有感(其二)》，说说学习中遇见的困难并释疑。⑥把两首诗搁在一起，进而发现相同之处：都在格物致知，通过“源头活水”“春水生”告诉我们要不断读书，读书能帮助我们解决困难，不断进步。如此，教师带着学生，从“理”出发，切己体察，再回到“理”中——格物致知，走出书本，走进生活。

(三)运用中致“智趣”

哲理类古诗文中，不乏有用的学习方法。如朱子的“读书三到”讲的就是读书的方法，属于程序性知识。了解其内容后，还要用它解决实际问题。如果方法没有在课堂上用起来，并证明其是有用的，那么学生在之后的阅读中必然不会去使用，它们就失去了应有的价值。朱子曰：“读书先看大指，却就诸说一一就自己分上体当出来，庶几得力耳。”[②]他强调，书中所得都在自己身上试一试，才会有所收获。《古人谈读书(二)》的历史背景是南宋，当时的读书方式主要为出声诵读，这也就是朱子为何强调“口到”。为了实现“古为今用”，教师要让学生在课上试一试——实践朱子的“读书三到”。

---

①②朱熹，张洪，齐熙. 朱子读书法[M]. 刘天然，译注. 北京：线装书局，2019.

教学时，教师将“试一试”分为两步走：先领着学生用“三到”读书法，把“心到最急”的理由说清楚，验证“心和眼睛一起关注文言文，口就能把道理表达完整”。再用“三到”读书法读背全文两遍，进一步验证“心既到矣，眼口岂不到乎”。这样，学生在课堂上读懂并运用“三到”读书法，进而认同它，将朱子的读书之法化为学生的读书之道。如此，学生每每读书时，会“一一就自己分上体当出来”。经年累月，聚沙成塔，怎能不增“智”生“慧”？

上述三“格”之道（朗读、体察、运用），都指向哲理类古诗文的基本特点和儿童认知规律，能切中“用力之方”，逐步培养学生探幽发微的思维方式和思维态度。

三、“知行合一”——展开内省，解决“为什么读”的问题

在解决了“读什么”和“怎么读”的问题后，教师还要让学生知道“为什么读”，从而切切实实地将“理”融入“行”，对“知”有更深的理解。

（一）要格“诗人”“背景”

不一样的朝代、不一样的境遇、不一样的诗人、不一样的哲理文化……教师有意识地整理朱子读书、教书、著书的资料，能让学生产生“我也可以这样做”的诉求：①朱子在武夷山成长、著书几十年，成为大教育家、大学问家（在身边读）；②朱子一直读四书、疑四书、编四书、出版修订四书（一生有方法地读书）；③朱子作为帝师，劝皇帝“正心诚意”，并修建多所学堂（劝天下人读书）。学生发现，朱子凭借着正心诚意的读书观，成为继孔孟之后的大儒，于是自觉地唤醒自己传承“朱子读书”法的意识。对诗人背景的补充不是将资料简单地堆砌在一起，而是推着情感体验，带着理性，往前走。

（二）“推类以尽其余”而“穷理”

朱子强调“格，至也……穷至事物之理……”，“穷得到后，遇事触物皆撞着这道理……无往而不见这个道理。若穷不至，则所见不真”①。可见，“穷”达“知行”。教师可引导学生对课堂学习中碎片化的所得进行整合、比较、分析，让“致知”更全面、清晰、深刻，以自己的视角去辩证地“穷理”。①思考：今后

---

① 黎靖德. 朱子语类：卷十五[M]. 王星贤，校注. 北京：中华书局，1986.

要怎么读书，才能做到“一寸光阴不可轻”？②以“书为我用”的视角对话：读书要做到“三到”，要践行，要探索，要思考。③如何在学习和生活中格物致知？让书和生活成为“源头活水”，打开前方之路！这样，在“推类”的思维活动中，学生体会朱子的读书心得，比较多篇诗文，找到自己读书的路径。

（三）“知行合一”，致“传承”

读书的意义，不但在于“书为我用”，还在于贯彻格物致知的精神，种下一颗“知行合一”、读书报国的种子。教师要结合当下形势，引领学生形成积极向上的价值观，逐步建立文化自信。教授此课，教师可自然而然地联系新时代，让学生明志向，开胸襟。之后他们再读《劝学诗》，既是诵读，又是宣言，使哲理类古诗文与爱国主义教育相融合。

格物致知论经过历朝历代诸多学子的研究阐释，更加科学、系统、完善。“格物”“穷理”“致知”，既是科学求真的目标，也是展开实践活动的具体方法。将其运用于新时代、新课标、新理念所倡导的语文教学中，可让古老的理论以新的样态被理解、传承、弘扬。

第三章

深度理解：儿童阅读的工具支持

“阅读核心是理解。”教师应当树立“教—学—评”一体化的阅读教学意识，设计过程性评价工具，支持自主阅读，引导反思调控，达成深度理解。

“教—学—评”一体化：整本书评价工具辨析

2022 版新课标在“课程内容”部分提出“整本书阅读”属于拓展型学习任务群，旨在“提高整体认知能力，丰富精神世界”[①]，并在【教学提示】中指出，整本书阅读教学要“注意考察阅读整本书的全过程，以学生的阅读态度、阅读方法和读书笔记等为依据进行评价。教师可以围绕读书的主要环节编制评价量表，制作阅读反思单，引导学生从阅读方法、阅读习惯等方面进行自我反思，自我改进”[②]。可见，教师树立“教—学—评”一体化的整本书阅读教学意识，设计好整本书阅读过程性评价工具，对于支持自主阅读、形成评价过程、引导反思调控、提高整体认知等具有重要作用。

一、当前整本书阅读评价工具的类型及其问题

自统编小学语文教科书使用以来，以“快乐读书吧”为导向的整本书阅读课程实践不断丰富，但大多以策略和评价为研究对象，少有以整本书阅读评价工具为研究对象。为此，笔者从日常实践中梳理出摘抄本、学习单及阅读水平测试这三种较为常见的整本书阅读评价工具，试作分析。

第一种是摘抄本，也称为采蜜本，一般是由学生摘抄好词、好句、好段，再由教师根据语句数量、优美程度、字迹情况等作出评价。乍看之下，这个工具有助于落实以往课程标准以及 2022 版新课标中“积累优美词语、精彩句段”这一目标，其实存在“漫无目的，无智力成就”的问题。首先，无论哪一版课程标准，都十分重视语言积累，但不同学段的积累要求、类目、向度必然有所不同。其次，积累的目的应当是“教给学生语言积累和梳理的方法，注重积累、梳理与运用相结合”，而不是简单摘抄。再次，单是完成摘抄，对于整本书阅读能力的培养、阅读经验的积累、阅读方法的形成意义不大，不仅不能让学生在体验智力成就中对阅读产生兴趣，而且可能对学生产生误导——阅读时，只要关注成

①②中华人民共和国教育部. 义务教育语文课程标准（2022 年版）［S］. 北京：北京师范大学出版社，2022.

语、各种修辞等“漂亮”的词句并且抄写下来，就算完成阅读任务。这显然背离了阅读的意义。

第二种是学习单，也叫阅读记录单，设计时一般按文体分类，或按策略分类，或按图示使用分类等，相对于摘抄本，它是更有针对性的评价工具。这种评价工具的缺点是“没有关联，无能力迁移”，很难“拿来就用”。一方面，这种评价工具难以“关注内容之间的进阶关系和横向联系”①，同一文类的阅读单无法适用于不同学段的阅读；另一方面，这种评价工具无法持续支持全年级的所有书目，在没有相互关联时所完成的记录，往往会让学生较难对之前、当下、之后的阅读进行整合归纳，自然也很难形成可迁移的阅读能力。

第三种是阅读水平测试，即整本书阅读测评，它是一种终结性评价，一般是以阅读结果为重点。但阅读评价工具更重要的是要以促进学生“提高整体认知能力，丰富精神世界”为目的，考查学生在阅读中表现出来的“学习态度、参与程度和核心素养的发展水平”，及时在学生阅读的关键节点给予针对性的指导。因此，仅仅把整本书阅读测评作为评价工具显然是不够的。

二、“过程性评价”支持下的整本书阅读评价工具

在 2022 版新课标中，“过程性”一词出现了 19 次，并在“过程性评价原则”中提道：“过程性评价应统筹安排评价内容。评价内容应立足重点，关注各个学段的水平进阶。评价要真实、完整地记录学生参与语文实践活动的整体表现。”②基于这一理念，再看教材中的编排，或许对整本书阅读评价工具的编制会有更加明晰的思路。下面以二年级“快乐读书吧”为例进行说明。

（一）以课程标准与教材的要求为评价目标

华东师范大学崔允漷教授认为，判断“教—学—评”是否一致的依据就是教学、学习与评价是否都是围绕共享的目标展开的。因此，指向预期达到的学习结果和质量要求的课程目标是编制“教—学—评”一体化的整本书阅读评价工具的重要参考。

---

① 杨新颖. 核心素养导向的小学语文阶段性评价工具的开发[J]. 语文建设，2023(16)：20-25.

② 中华人民共和国教育部. 义务教育语文课程标准(2022 年版)[S]. 北京：北京师范大学出版社，2022.

第一学段要求“尝试阅读整本书，用自己喜欢的方式向他人介绍读过的书。养成爱护图书的习惯”，并在“整本书阅读”学习任务群的第一学段部分，提出三个方向：①阅读富有童趣的图画书等浅易的读物，体会读书的快乐。②阅读、朗诵优秀的儿歌集，感受儿歌的韵味和童趣。③阅读自己喜欢的童话书，想象故事中的画面，学习讲述书中的故事。

再看二年级“快乐读书吧”的内容与目标，可以发现教材针对这一阶段整本书阅读提出了几个方面的要点：①养成爱护图书的阅读习惯。②阅读童话和故事类文本。③学会想象故事中的画面。④提取关键信息复述自己读过的故事或其他内容。⑤激发兴趣、体会快乐。同时，“讲故事”也是低年级单篇课文学习的训练重点，单是课后习题指向讲述或复述文本内容的课文就有24篇，其中二年级就占了20篇。

基于此，将二年级整本书阅读的评价目标确定为“能借助关键词句复述自己读过的故事或其他内容”。以此类推，可以将不同学段的整本书阅读课程目标、学习任务群的课程内容要求及语文教科书“快乐读书吧”的要求进行对比研读，从而梳理出一致的目标，并以目标为基点，搭建从“这一篇”走向“这一本”的桥梁，这就为合理地设计评价工具与教学活动奠定了基础。

（二）以“这一年级”“这一类”为结构关联

学生的阅读能力是在实践中逐渐形成的。要学会一种方法并将之内化，形成稳定的能力，必然需要一定数量的训练作为支撑。因此，阅读评价工具应该要整体设计，螺旋上升地落实“这一年级”“这一类”的阅读策略，关注阅读过程中“本”与“本”、“这一阶段”与“下一阶段”的水平进阶，建立起“这一年级”“这一类”的阅读结构关联，推动学生不断完善认知结构，逐步提升能力，最终实现内化。于是，笔者以二年级整本书阅读评价目标“能借助关键词句复述自己读过的故事或其他内容”为核心，尝试编制“快乐读书吧”中推荐的9本书(二年级上册《小鲤鱼跳龙门》《孤独的小螃蟹》《“歪脑袋”木头桩》《一只想飞的猫》《小狗的小房子》，二年级下册《神笔马良》《七色花》《一起长大的玩具》《愿望的实现》《大头儿子和小头爸爸》)的阅读评价手册。

统观这些推荐书目，都属于童话体裁，教师在让学生完成“讲故事”任务时，应当考虑单篇课文与整本书的“讲故事”导学进阶关联。在引导学生提取关键信息讲故事上，教师可以设计循序渐进、形式多样、扎实有效的导学方式，从形象鲜明的插图提示、关键词句，到抽象化的思维导图、关键问题、排序梳理，再到创新性的演绎课文，帮助学生的认知从形象走向抽象，同时，让学生对阅读记录保持新鲜感。虽然，导学的形式在变化，但是记录的核心是不变的——提取构成故事的关键信息，再连起来讲故事。在阅读中，学生不断使用提取关键信息讲故事的策略，这种强调结构关联的阅读工具设计就充分考虑了内在的渐进和过渡，进而提高了阅读工具的针对性和使用效果的稳定性。

（三）以文本认知加工过程为一般路径

2022 版新课标在“内容组织与呈现方式”中对阅读提出不断进阶的内容与任务要求，领着处于阅读初始阶段的小学生去经历完整的认知加工过程（文本整体输入—文本局部加工—文本整体输出）。因此，在设计阅读评价工具的时候，应该建构三个层面的阅读认知进阶过程，让学生从读过到读懂，再到有想法。

第一层，首读通览，“我读过”，即以“读过”为目标的“文本整体输入”。在阅读卡中设计读封面、读目录、读前言等项目，并要求“初读故事，边读边做标记”，引导学生在精彩语言和特别内容等处画出不同记号，还可以根据不同年级学生的阅读认知来设置进度、内容与阅读伙伴等小栏目。读封面、前言、目录等项目的目的在于激发学生对故事的兴趣，产生一睹为快的阅读期待；要求学生在阅读过程中“笔不离手，画出一些记号”的目的在于使阅读初步可视化——“我读过了，这里有我的记号”，从而对文本形成初步的印象。

第二层，再读理解，“我读懂”，即以“读懂”为目标的“文本局部加工”。教师在做“文本加工”评价项目设计时，要根据评价目标，紧扣“这一年级”“这一类”的结构关联，基于“这一本”的整体与局部关联，重点设计“文本局部加工”的归纳、分类、推理、演绎等思维支架工具。若要学生在阅读活动的认知加工中从文本的表层转向深层，就需要他们理解文本的基本信息和意义结构的关系，因此，2022 版新课标将“发展型学习任务群”从“实用性阅读与交流”“文学阅读与创意表达”两个向度来发展学生的阅读策略与思维能力——这是过程性阅读评价手册最核心的评价项目。整本书（整体）的信息和意义建构是在篇章（局部）的纵横关联上建立起来的，要指导学生读懂整本书（整体），先要从读懂篇章（局部）开始。比如，二年级“快乐读书吧”推荐的《小狗的小房子》，讲述了小狗和小猫去河边郊游，不断出现问题又解决问题的故事。教师可以借助

“商量郊游”“河边玩耍”“小狗晕倒”等情节，编排出相应的出现问题、解决问题的图示。学生在填写中就能实现故事情节、主要信息、故事大意的可视化梳理，这样不仅有助于阅读理解，而且有助于完成讲述故事的任务。

第三层，回读精思，“我有想法”，即以“读出想法”为目标的“文本整体输出”。“发展型学习任务群”的最高层级是“思辨性阅读与表达”，教师在引导学生整体感知、局部理解后，应在阅读的整体观照下进行反思评价，改组或重构自己的经验系统(包括认知经验、情感经验、知识系统和文化理解等)。比如，“思辨性阅读与表达”在第一学段要求“重在保护学生的好奇心、自信心，引导学生多观察相似事物的异同点，多问为什么；鼓励学生自由表达、充分表达，以表扬为主”。因此，在这一层级的评价工具设计中，教师要特别重视整体和局部之间的不断呼应，设计两层评价模块：过程中，不断回顾，对比思考；完成后，回顾反思，评价反馈。比如《小狗的小房子》，此环节设计就需要学生在梳理完“河边玩耍”的故事内容后，借助阅读单上小猫和小狗的形象，写(说)出所喜欢的“人物”以及理由。最后，设置开放性的项目，或画一画人物，或演一演，或续编……这样，在“整体—局部—整体”的阅读中，学生由客观地判断人物行动的得失到主观地积极建构故事——“还可能这样”，进而形成“我是独立阅读者”的深度思考。

(四)以“教—学—评”一体化为活动原则

探究创编“过程性评价”支持下的整本书阅读评价工具，就是为了保证“教—学—评”一体化的整本书阅读活动能有效实施。

一方面，“评—学”一体化是活动前提。教师提前设计好整本书阅读可视化评价工具，让学生在其支持下经历三个层级(读过、读懂、读出想法)的阅读过程，实现2022版新课标在“拓展型学习任务群”中提示的“应以学生自主阅读活动为主。引导学生了解阅读的多种策略，运用浏览、略读、精读等不同阅读方法”。同时，学生依据评价工具所呈现的阅读成果，可形成可视化的评价结果，使其成为教学的重要依据。

另一方面，“评—教”一体化是活动关键。教师从学生提交的可视化评价结果中，广泛收集学生阅读整本书的优点、特点、兴趣点与不足，从而有的放矢地调整教学目标、设计教学活动、完善教学过程。以《小狗的小房子》为例，当教师发现不少学生在提取“小狗晕倒”的关键信息时存在困难，却对思辨性任务

“夸夸小猫小狗”完成较好时，就可以反思：这部分表现情节变化的词语并不明显，比较难被学生发现；两位主角的性格和行动都很鲜明，较容易被评价。由此，教师就可以将教学目标调整为：慢读，分部分读，发现小猫在小狗晕倒后的表现。这也体现了 2022 版新课标中“过程性评价应有助于教与学的及时改进”的重要理念。

过程性评价支持下的整本书阅读评价工具，让评价目标与评价任务前置，贯穿于“教—学—评”一致的文本认知加工过程：评什么，就学什么；学的结果，又生成新的评价证据；基于评价证据，再度优化教学活动。如前所述，“首读通览”匹配导读课的“文本输入”，“再读理解”对接推进课的反馈、指导及“文本加工”，“回读精思”则强调在分享交流中实现“文本输出”。这样的整本书阅读活动实现了“教—学—评”一体化，使教与学高度匹配，共同指向支持自主阅读、引导反思调控、达成深度理解。

读过 · 读懂 · 读出想法：阅读记录单设计

不少家长反映：“孩子每天都按老师的要求读书，速度也挺快，两小时就能翻完一本书，为什么阅读能力与写作能力不见提高？”殊不知，书不光要多读，还要会读，能力才能“提高”。以过程性评价为整本书阅读记录单的可视化导学路径，设计阅读素养的形成和发展可视化的整本书阅读记录单，相当于设计集导学与评价于一体的整本书全过程阅读框架，这有利于教师持续性地了解、诊断、肯定、调节、导学，强调由阅读活动主体(师生)共同从“读过”“读懂”到达“读出想法”，实现从“学习阅读”走向“在阅读中学习”的发展意义。

阅读过程本身是有规律的——从陌生到熟悉，从不懂到读懂。朱光潜先生在《谈读书》中对中学生建议：“第一，凡值得读的书至少须读两遍。第一遍须快读，着眼在醒豁全篇大旨与特色。第二遍须慢读，须以批评态度衡量书的内容。第二，读过一本书，须笔记纲要和精彩的地方和你自己的意见。记笔记不但可以帮助你记忆，而且可以逼得你仔细，刺激你思考。”①其中谈到两点要义：一是程序，快读通览、慢读思辨；二是必须记笔记，为了积累与思考。对于小学生而言，一般程序不但包括通览、精思，还得加上很关键的理解，带领初级阅读者去实践“文本输入—文本加工—文本输出”这一重要的认知过程。下面将在上一小节“‘教—学—评’一体化：整本书评价工具辨析”的基础上对这个过程作具体的设计说明。

一、首读通览，指向以“读过”为目标的“文本输入”

“快乐读书吧”最重要的目标是让小学生爱上阅读。小学生处于阅读的初始阶段，解码文本是有困难的，如果一开始就给学生太多的知识性、方法性的记录要求，势必会降低其阅读兴趣。但凡有阅读经验的人都有这样的体验：在最初进入文学作品时，总有跟着文字进入书本情境的过程。这样的过程，是无法停下来作记录的——理解的连贯性、感受的流畅性会中断。因此，无论从儿

---

① 朱光潜. 谈读书[M]. 南京：译林出版社，2020.

童阅读动机出发，还是从一般阅读心理考虑，都不应该在首读环节设计相关策略性、反思性问题，而应该尽量让学生以元认知去接触陌生又新鲜的整本书，强调阅读连贯性、流畅性的培养，力图实现对文本内容的整体输入，增强“我要读书”的阅读自我意识。

首先，设计书本与学生建立亲近感的问题。要知道，这是书本与小读者建立亲近感的第一个契机，教师要充分发挥封面、环衬、目录等门户功能，让学生大致猜测整本书的内容。比如，有的图书插图很丰富，就可以猜测相关故事；有的图书目录中的章节名称很有趣，就引导学生说说感兴趣的原因；有的图书作者有相关写作背景和特长，可以提前了解并记录，再在阅读中体会是否真的文如其人；还有的图书有特定的现实背景，也可以先让学生去找一找、记一记，在阅读时也许会产生不一样的感受和想法。这样开始阅读，是不是更有意思呢？同时，教师通过学生的阅读记录，可以了解他们的相关阅读期待，从而更好地在评价互动中有效干预。

其次，在读的过程中，让学生分类圈画自己印象深刻的词、句、段，也是非常重要的。整本书阅读，是学生学习、积累语言的宝库。但是，整本书阅读相对单篇阅读来说，是一个漫长的过程。很多时候，我们读到好的句子、生发了特别的感受，当时不舍得停下来记录，等整本书读完，却又找不到当初打动自己的地方了。因此，教师在设计记录单时，要指导学生使用不同标识留下最初的印记。比如，低年级学生可以用人物、景物、动物、事物等进行标识，也可以用点、圈、线进行圈画（图 1-3）。高年级可设置与阅读速度与内容、页码相关的小栏目，以便知晓阅读进度、提高阅读速度（图 1-4）。还可以根据不同书籍的特点，从前言、目录、背景以及成长轨迹等大致了解全书内容（图 1-5）。在这个过程中，学生是带着阅读期待进入的，是关注了内容与感受融入的，是注意了阅读推进的。这样的首读通览将由点到面地引领学生进入整本书阅读。

读目录　　记录时间：______年____月____日　星期____　天气____

看书的时候，要学会看目录，通过读目录，我知道这本书里有哪些故事，分别是从哪一页开始的。

故事名	页码	喜欢的理由

初读故事，边读边做标记

你会给不同的内容，标上怎样不同的记号呢？

新认识的字（　　　） 喜欢的“人物”（　　　）
新认识的词（　　　） 喜欢的“事物”（　　　）
新读会的句子（　　） 看不懂的“内容”（　　）
当然，我还可以选择书里其他“喜欢”或“不喜欢”的内容标上特别的记号：

____

____

图 1-3　二年级“初读”梗概记录单

初读“历险”　　记录时间：______年____月____日　星期____　天气____

我的阅读计划

计划用时	阅读内容	实际用时

图 1-4　高年级“初读”监控阅读速度记录单

读前言

前言写于正文前，主要说明基本内容、成书过程、学术价值及著译者等，也就是所写对象的精华版。

通过前言我知道

主要内容：________________________________

____

____

____

全书分为______个部分

读目录

章回体

中国古代长篇小说多是章回体。这些作品里，一回或若干回组成一个相对完整的小故事，连起来就串成了一个长篇故事。

目录

章回体的特点是将全书分为若干章节，每回前用单句或两句对偶的文字作标题，概括本回的故事内容。每回开头以“话说”“且说”等起叙，每回末有“欲知后事如何，且听下文分解”之类的收束语。一回叙述一个较完整的故事段落，有相对独立性，但又承上启下。

图 1-5(a) 五年级“初读”梗概记录单

阅读以“游历”为线索的外国名著，我们要抓主人公的行进轨迹，把故事梗概弄明白。

爱丽丝经历了一系列奇妙的事情，猛然苏醒，发现所有的奇遇都不过是梦而已。让我们跟随爱丽丝的脚步，记录下她的足迹。

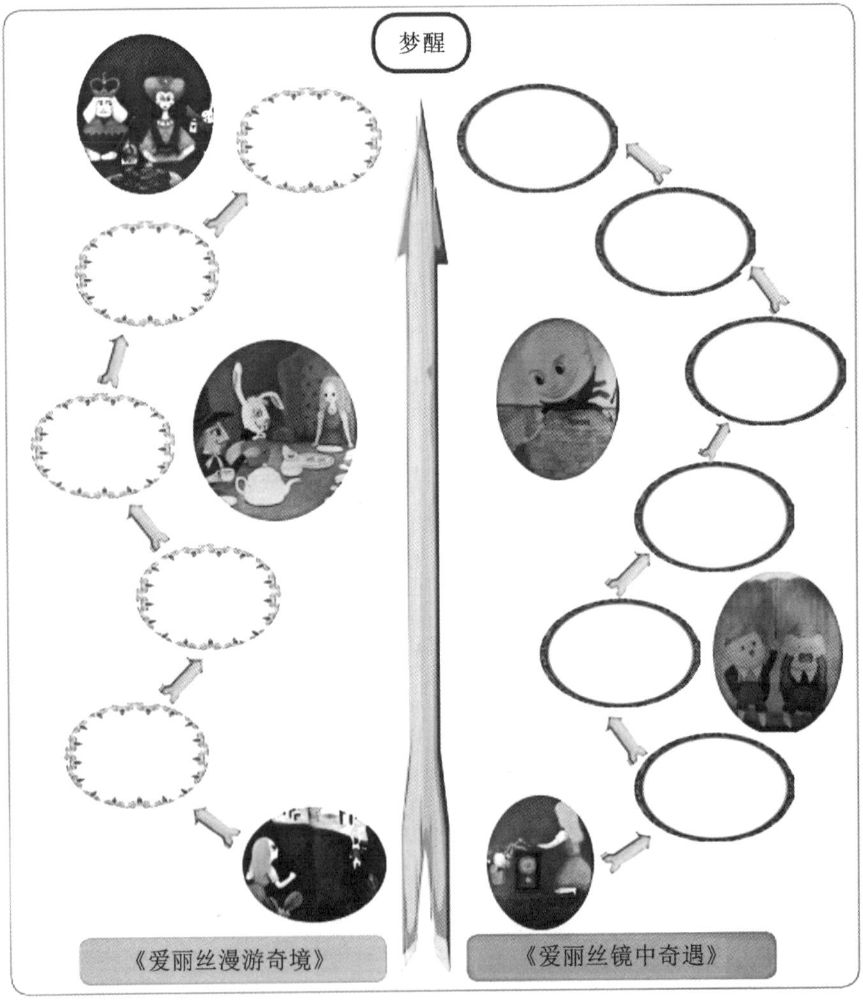

图 1-5(b)　五年级“初读”梗概记录单

二、再读理解，指向以“读懂”为目标的“文本加工”

小学生尤其是中、低年级学生还不具备在快读中“醒豁全篇大旨与特色”的能力。学生阅读活动中的“文本加工”开始从文本的表层转向深层，需要理解文本的基本信息和意义结构关系。因此在阅读过程中提取信息、概括文本内容、利用文本信息形成初步的推理和解释，不仅是阶段阅读能力培养的重点，也是过程性评价的重点。因此，指向以“读懂”为目标的“文本加工”记录单设计，要根据年级、文类、书目，有目的、有侧重地重点设计“再读理解”相关板块。

设计“文本加工”指南：一是“快乐读书吧”的“阅读建议”；二是阅读策略单元(一、二年级课后练习题)训练点。可以将二者结合起来设计整本书阅读记录单，递进、螺旋上升地搭建起读懂“这一年级”“这一类”书“表达什么”“想表达什么”“对我有什么帮助”的脚手架。下面根据各年级下册“快乐读书吧”的建议进行设计。

一年级，阅读童谣儿歌。“快乐读书吧”《读读童谣和儿歌》，建议：读读背背童谣和儿歌，愿意和同学换书阅读。建议指向：积累与发展兴趣。设计阅读记录单时，应着力培养学生在阅读的过程中自主识字、积累短语、想象画面，读出韵律；了解传统习俗、儿童游戏、大自然的奥秘、美丽山河等内容，在阅读中开阔视野、发展兴趣、培养习惯(图 1-6)。

图 1-6　一年级指向“积累与发展兴趣”的阅读记录单

二年级，阅读儿童故事。“快乐读书吧”《读读儿童故事》，推荐《神笔马良》《七色花》《一起长大的玩具》《愿望的实现》《大头儿子和小头爸爸》。建议：学会看目录，阅读儿童故事并分享。二年级的阅读要素为“通过抓住关键点讲故事，初步知晓故事大意”。应引导学生通过阅读落实以下内容：①丰富语言积累，主动认识新字、新词、新句子。②检索不同成长经历，唤醒对不同生活的向往。③灵活运用图表，鼓励学生梳理情节，讲好故事，初步形成了解故事大意的方法，同时发展口头语言表达能力（图 1-7）。

再读读《渔夫和金鱼的故事》

记录时间：　年　月　日　星期：　天气：

渔夫在大海里捕到的金鱼居然会说话，还能帮助他实现愿望。得到帮助的老太婆产生了哪些变化呢？请试着补充以下内容。

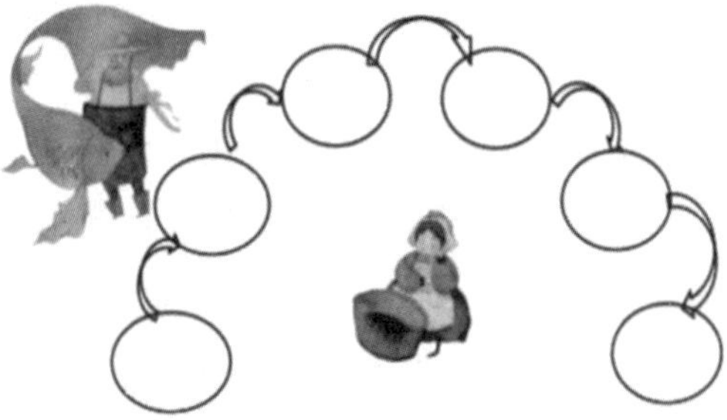

图 1-7　二年级指向“讲故事”的阅读记录单

三年级，阅读寓言故事。“快乐读书吧”《小故事大道理》，引导阅读寓言类故事：《中国古代寓言》《伊索寓言》《克雷洛夫寓言》。建议：读寓言，先要读懂故事内容，再体会故事中的道理；联系生活中的人和事，深入地理解故事中的道理。设计阅读记录单时，应落实以下“阅读要素”：①积累有新鲜感的词句，以多种方法理解意思。②读故事，联结生活，了解大意，明白道理。（图 1-8）

四年级，阅读科普读物。“快乐读书吧”推荐了《十万个为什么》《看看我们的地球》《灰尘的旅行》《人类起源的演化过程》等科普作品。建议：遇到不理解的科技术语要运用学过的方法试着去理解。设计阅读记录单引导学生“像科学家一样思考”，尝试运用联系生活经验、请教他人、查阅资料等策略，经历“阅读—提问—阅读—再提问”的过程，对提问和解疑充满乐趣；通过交流分享，进一步增强阅读科普类书籍的兴趣，并尝试大胆质疑，促进在深度阅读中的“科学探索”。（图 1-9）

5 第五组故事：第（　　）页～第（　　）页

记录时间：______年____月____日　星期：____天气：____

寓言故事虽然篇幅短小，但寓意深刻，我们要从这些小故事中体会出大道理。第五组寓言中有些故事直接告诉了我们寓意，但有些故事没有直接告诉我们，需要我们自己体会。

阅读《悔过的狐狸》这则寓言时，我可以从文中找到寓意：

____

____

____

____

____

依旧是骗子！不是偷来的好东西，吃起来总是不香甜。这只狐狸就这样登峰造极地完成了他的职责：一天夜里，黑得厉害，他逮住主人的小鸡，一只只的把脖子都拧断了。

×××

守法和有良心的人，即使有迫切的需要也不会偷窃，可是，即使把百万金币给了盗贼，也没法指望他从此不偷不盗。

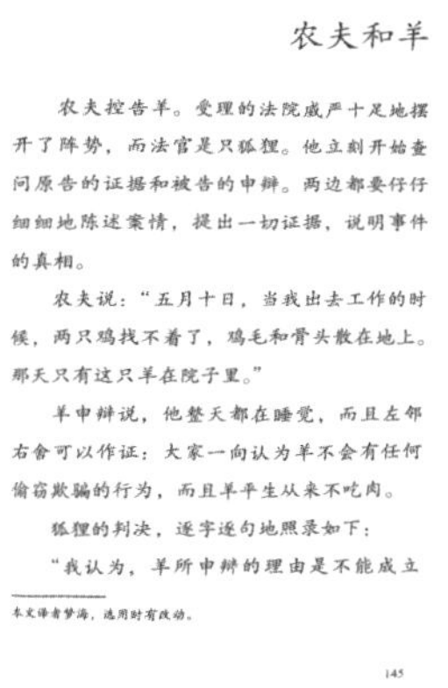
农夫和羊

农夫控告羊。受理的法院威严十足地摆开了阵势，而法官是只狐狸。他立刻开始查问原告的证据和被告的申辩。两边都要仔仔细细地陈述案情，提出一切证据，说明事件的真相。

农夫说：“五月十日，当我出去工作的时候，两只鸡找不着了，鸡毛和骨头散在地上。那天只有这只羊在院子里。”

羊申辩说，他整天都在睡觉，而且左邻右舍可以作证：大家一向认为羊不会有任何偷窃欺骗的行为，而且羊平生从来不吃肉。

狐狸的判决，逐字逐句地照录如下：

“我认为，羊所申辩的理由是不能成立

本文译者梦海，选用时有改动。

145

阅读《农夫和羊》这则寓言时，文中没有直接告诉我寓意，但我可以体会出寓意：______________

____

____

____

____

图 1-8　三年级指向“寓意道理”的阅读记录单

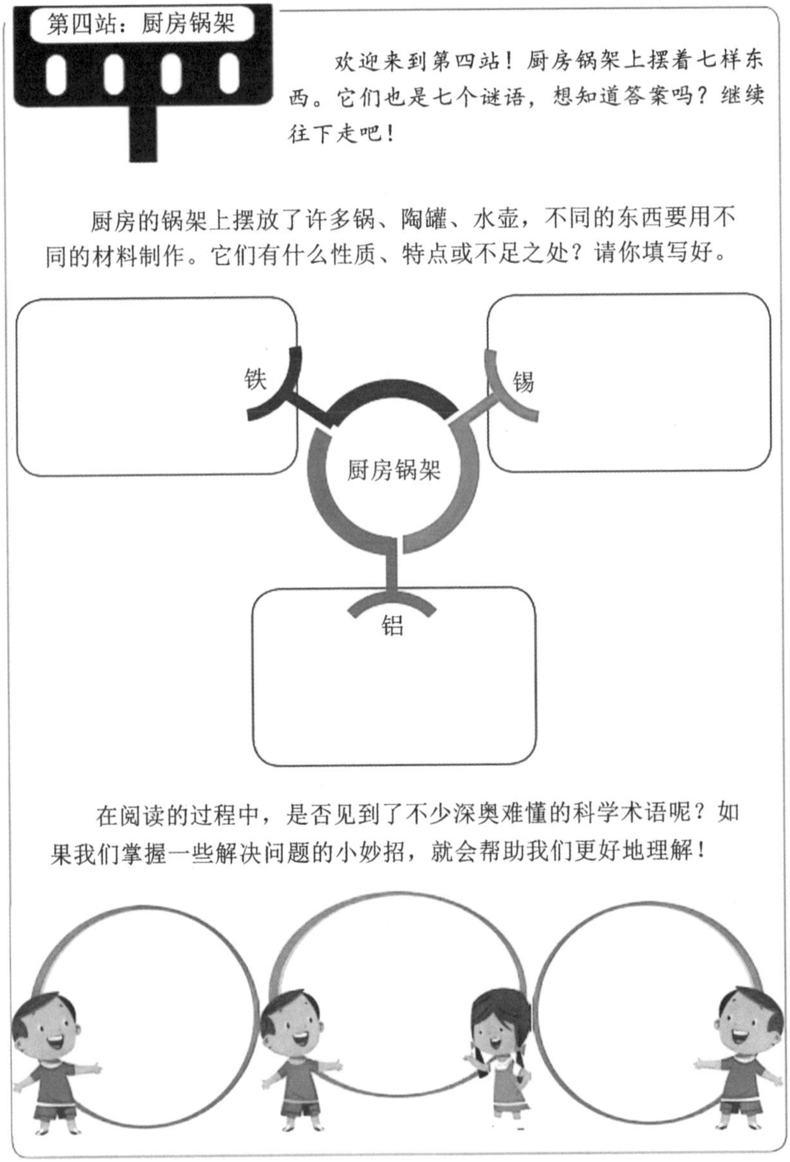

图 1-9　四年级指向“科学知识”的阅读记录单

五年级，阅读中国古典名著。“快乐读书吧”《读古典名著，品百味人生》，推荐学生阅读《西游记》《三国演义》《水浒传》《红楼梦》。《西游记》作为中国古典名著，不仅偏文言形式，还是章回体小说，五年级学生阅读起来有一定的难度。如何导读呢？①跳读，直击章回，以“历难”的结构化来梳理“西游”。②品读，抓住“神奇”这一特点细品人物特点，感受鲜明的人物形象。③“想”读，注重想象精彩的打斗场面和环境描写，让学生在阅读中有所积累，并体会环境描写对人物塑造和推动情节发展的作用。以此领略神魔小说之魅力，形成章回小说阅读思维。（图 1–10）

第二十三回—第二十六回

阅读时长	第二十三回	第二十四回	第二十五回	第二十六回
	分	分	分	分
这四回故事占据了三难	四圣显化（第十七难）			
	五庄观中（第十八难）			
	难活人参（第十九难）			

四圣显化

显化神仙：
唐僧表现：
八戒表现：
我对八戒又有了进一步了解：

读了第二十四回，我能画出人参果：

摘果注意事项：

窃果事件

人参果之主：
窃果地点：
窃果之人：
推树之人：

孙悟空大闹五庄观

明月、清风锁留唐僧师徒 →（悟空）________ → 大仙解睡魔，抓师徒 →（悟空）________ → 大仙再次抓绑师徒，火烧悟空 →（悟空）________。

悟空求起死回生之方的地点及结果

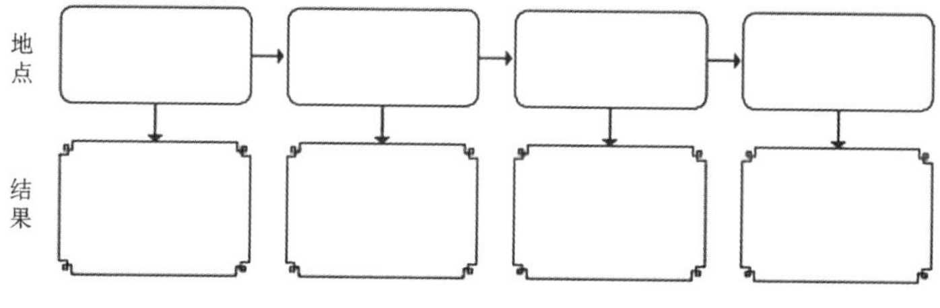

图 1–10　五年级指向“章回经历”的阅读记录单

六年级，阅读世界名著。“快乐读书吧”《漫步世界名著花园》，推荐学生阅读《鲁滨逊漂流记》《骑鹅旅行记》《汤姆·索亚历险记》《爱丽丝漫游奇境》。2022 版新课标第三学段要求：“阅读叙事性作品，了解事件梗概，能简单描述印象最深的场景、人物、细节，说出自己的喜爱、憎恶、崇敬、向往、同情等感受。”①在进行阅读策略指导时注意引导学生了解名著的写作背景，关注人物的行进轨迹和成长轨迹，由此把握名著的主要内容，帮助学生梳理情节发展，感受人物的成长和性格的变化，感知人物形象。读完整本书后回顾全书的结构，思考作者的想法并分享阅读感受，跟随外国文学名著的脚步去发现更广阔的世界。（图 1-11）

如此，以“快乐读书吧”的阅读提示、各册重点阅读策略与学生阅读心理相结合研制的阅读记录单，把“醒豁全篇大旨与特色”能力的培养置于整个小学阶段全过程导学与评价的重点研究中。低年级学生读儿歌、童话，教师重点评价内容：学生通过诵读发展语感与积累、感受书本与生活的联系，摘取关键信息，了解主要内容；中年级学生读寓言与科普作品，教师重点评价内容：学生准确定位与提取文本信息，熟练解码书本内容，在提问中明白生活中的事理等，知晓道理与科学皆从生活中来，又用到生活中去；高年级学生读中外名著，教师重点评价内容：学生梳理和概括故事内容，推断和解释因果关联，直抵文章意旨。教师通过阅读记录单这一显性的评价导学工具，培养学生的检索、提问、猜测、概括、联结、推断和解释等阅读理解能力，并在此过程中，通过阅读去学习——从“读懂”简单的故事到读懂相对复杂的科普与文学作品。

三、回读精思，指向以“读出想法”为目标的“文本输出”

回读是“须以批评态度衡量书的内容”②，也就是践行国际学生评价项目所考查的最高级的阅读素养——反思评价。在阅读过程中进行整体观照，获得“反思评价”、产生“想法”，从而改组或重构自己的经验系统。由此，我们可以这样说，以“读出想法”为目标的“文本输出”，应该是与各年级阅读能力

① 中华人民共和国教育部. 义务教育语文课程标准（2022 年版）[S]. 北京：北京师范大学出版社，2022.

② 朱光潜. 谈读书[M]. 南京：译林出版社，2020.

再读·荒岛流浪

为了在荒岛中能生存下来，鲁滨逊做了许多努力，再读小说，请你思考：在28年的荒岛流浪中，鲁滨逊遇到了哪些困难，他又是如何解决的，以致最后他竟然觉得往后余生都生活在荒岛上也是不错的？

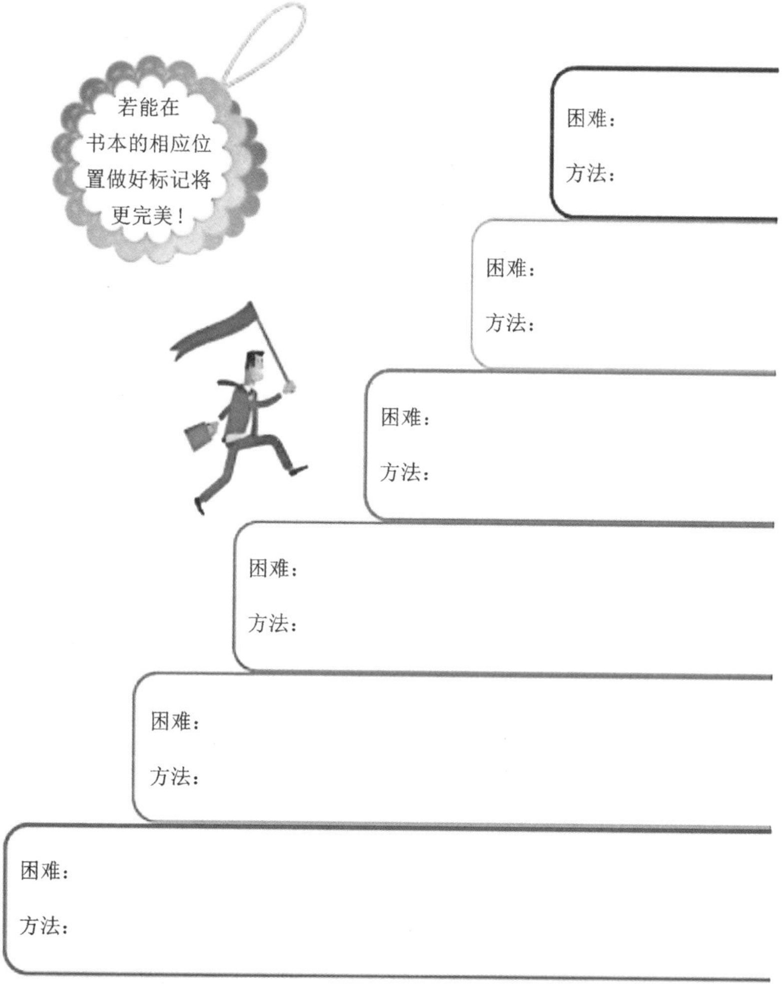

图1-11　六年级指向“成长轨迹”的阅读记录单

培养侧重点相匹配的有目的的反思评价。

低年级侧重与书本发生联结，产生兴趣。比如二年级《七色花》可以设计“故事人物‘我’扮演”的活动，让学生选一选最想扮演哪个角色并把他画出来。此时学生就必须回顾整本书的主次人物，并在作画时表现出自己对人物的想法。

中年级侧重自我与生活的关联，提炼经验。比如四年级《十万个为什么》的回读记录单，可以在单章结束后设计相关的联结性思考：“《时钟的故事》如果不用钟表，你能用什么方法来计时呢？快动手试试吧！并把详细的过程记录下来。”也可以在全本读完之后，与当今科技发展联结并提问：“对于科技飞速发展的今天来说，书中提到的一些科学发现、发明，现在有什么改变呢？你会提出怎样的第十万零一个为什么？”

高年级更侧重小说的特色、人物的设定、价值的判断或者对比性应用等，建构意义，发展自我。比如六年级的《鲁滨逊漂流记》可以设计多个层次的“回读精思”：首先可以设计“最忠诚奖”“最善良奖”“最亲切奖”“最邪恶奖”等引发对人物深度思考；然后联系生活去盘点类似的书、类似的人；接着重读背景资料，判断此类型文学作品的艺术价值与社会价值；进而去盘点小说中有哲理的语言，对当下的你有什么启迪；最后思考，如果要写续集，作者会如何续写，你会如何续写，理由是什么。

教师在过程性导学与评价中需注意，真正的独立阅读者是能产生想法，能让自己与书本产生联系的人——能评价“作家为何如此作为”“如此作为是否高明”“我觉得如何会更好”……在联结阅读经验的自我意义建构中，催化“我是独立阅读者”的深度思考，真正做到“书随我思”“书为我用”。

第四章

走进课堂：儿童阅读的呈现样态

课堂
是儿童阅读的发酵场

一颗颗探究阅读的心
去比较、发现、迁移
一篇篇、一组组、一本本
文类文本中的“密钥”看得见
文类文本中的“密钥”探得明
文类文本中的“密钥”用得好

孩子们，
阅读视野丰富了　阅读能力提高了
阅读审美创造了　阅读智慧迸发了

神话中的诗意　古诗中的神韵

——“‘1+X’群诗阅读教学：《乞巧》”教学实录及评析

（授课地点：浙江省杭州市天长小学）

【教学实录】

一、交流古诗，提出议题

师：今天这节课咱们来学习三首古诗。大家都预习过了，这三首古诗里都藏着一个什么样的神话故事？

生：牛郎织女的故事。

师：是啊，牛郎织女的故事传讲千年。谁来为我们分享这个美丽的故事？

（生讲牛郎织女的故事）

师：大家注意听，她漏了什么重要情节？

生：她漏讲了王母娘娘用发簪划出银河，让牛郎织女分离的情节。

师：是啊，这个故事的关键情节是——

生：织女下凡跟牛郎结婚了，还生了两个孩子。王母娘娘划出天河把一家分开了。每年的七月初七晚上，喜鹊就自动搭成桥，让牛郎织女在桥上相会。

师：这个曲折动人的故事，同时出现在三首古诗里。孩子们，你们有什么疑问吗？

生：这三首古诗跟牛郎织女有什么关系呢？

师：这节课，我们就主要探讨这个问题。

二、读《浪淘沙》中的“苦中有乐”

浪淘沙

［唐］刘禹锡

九曲黄河万里沙，
浪淘风簸自天涯。
如今直上银河去，
同到牵牛织女家。

师：谁来读一读这首诗？

（生自由读，指名读）

（一）了解创作背景，想象神话情境

师：刘禹锡不仅是一位大诗人，还是皇帝身边的大官。他写这首诗的时候，皇帝因为听信小人的坏话，把他贬到边远地方去了。如果你是刘禹锡，心情会怎样？

生：很不高兴，会抱怨。

生：很不服气，因为这很不公平，我是被冤枉的。

师：当刘禹锡走到黄河边，看着从天涯而来的滔滔黄河水时，他却产生了奇特的想象，他想到了什么？

生：“同到牵牛织女家”，刘禹锡想邀我们一起到银河的牛郎织女家做客。

师：我们一起坐着木筏，和刘禹锡一同到了银河，此时此刻你看到了什么？

生：牛郎正在田间耕地，织女在房屋里织布。

（二）理解故事内涵，体会诗人心境

师：看着这样的牛郎织女，你的心情又会怎样？

生：我觉得很美好，一家人都有事情做，都为家庭而努力。

生：我觉得很幸福，男生耕地种田，女生织布纺纱，这就是男耕女织吧！

师：同学们，再读读诗，再体会体会，被贬的刘禹锡为何邀你去“牵牛织女家”呀？

生：我猜想刘禹锡当时特别喜欢读牛郎织女的故事。

生：他被贬途中心情很郁闷，就要写一些自己向往的生活的内容，来使自己快乐一些。

师：你的意思是刘禹锡虽然心里很苦，但是这苦中依然有乐。

（三）读韵脚，抒发乐观精神

师：一些诗句中的最后一个字也能表达这种乐观的精神。谁来读读？

生：“沙——”“涯——”“家——”

师：看，他的口型怎样？

生：张开的。

师：听，他的声音怎样？

生：往上扬的。

师：是的，我们一起来感受一下。

生：（齐）“沙——”“涯——”“家——”

师：谁来读一读全首诗，带着我们体会刘禹锡的乐观精神？

（指名一生诵读全诗）

师：我特别欣赏这位同学的朗读，前两句读得让人感觉多么壮阔。后面“直上银河去”，直到天上去了（辅以直上手势）；“同到牵牛织女家”，声音放慢（辅以低缓手势），让人感觉特别幸福温暖。咱们全体来读一遍，好吗？

（生随师手势，诵读全诗）

师：亲爱的孩子们，咱们刚才学《浪淘沙》，先了解诗词的背景，接着想象这个神话故事，最后诵读感受诗中那份“苦中有乐”的情感。下面我们用这样的阅读方法，去赏读另外两首诗。

三、读《秋夕》中的“苦”

师：唐朝诗人杜牧写了一首诗——《秋夕》，这首诗里也提到了牛郎织女，诗人在这里又想表达一份怎样的情感呢？咱们边听背景故事，边读古诗。

秋　夕

［唐］杜牧

银烛秋光冷画屏，
轻罗小扇扑流萤。
天阶夜色凉如水，
卧看牵牛织女星。

（一）听背景故事，想象诵读

（播放讲述诗作背景及大意的录音。师根据录音故事的推进播放诗句字幕）

师：听了刚才的背景介绍，你想到了什么呢？

生：这位宫女应该很孤独。“银烛秋光冷画屏”，银色的烛光把屏风都画冷了。

师：她周围的环境是冰冷的，把你的感觉带到第一句中，读给大家听。

（生读“银烛秋光冷画屏”）

师：要读得慢一点儿，烛光点亮了一晚上，夜那么长。

（生再读，声音缓慢、低沉）

师：老师感受到了字里行间的孤独，把“冷”字读得再慢一点，“屏”字再长一点，这烛影“冷冷”地在画屏上摇曳。

（生再读，不但声音低沉、缓慢，还在“冷”字前作了停顿，读出了从心里透出来的“冷”的感觉。）

师：就是这样，要把“屏”字音拉长，感觉烛光就那样晃着。你还想用什么词来形容你所感受到的画面？

生：除了孤独，还有羡慕。因为她自己孤零零地在宫中待着，看见牵牛星、织女星就很羡慕，也希望有这样的生活，她希望自己能得到家人陪伴。

师：你能把这份孤独和羡慕带到最后一句当中，读给大家听吗？

（生读“卧看牵牛织女星”）

师：宫女“卧看”的时候是充满羡慕的，语气应上扬；看到牵牛星、织女星的时候她格外地失落，语调要落下来。你再读一遍给大家听。

（生再读“卧看牵牛织女星”）

生：只有萤火虫是她的伙伴，她就用手中的扇子来扑打萤火虫，驱赶心里的孤寂。

师：“流萤”是她唯一的朋友。你来读读这一句。

（生（读）轻罗小扇扑流萤）

师：“扑”字后可以停一下。（范读）“扑”字前也停一下，这个动作（做轻轻扑打的动作），我们一起来。

（师辅以手势轻轻扑打，生齐读）

师：还有一句，不但令人身体冷，更冷到心里，是哪一句？

生：（读）天阶夜色凉如水。

师：怎么让你感到“冷”的？

生：第一，直接就写“凉如水”；第二，她这么孤独，从身上冷到心里去了。

师：是的，她一个人坐在这里，露水把她的衣衫湿透了，也凉到心里去了。你读懂了，请你把这份“凉”意读给大家听。

（生读“天阶夜色凉如水”）

师：真的很凉啊，孩子们，你们感觉到了吗？我们一起来读这一句。

（师辅以手势，着重“凉”字）

（二）对比古诗和故事，体会情感

师：你们现在知道为什么杜牧要把“牛郎织女”的故事放到诗里了吗？谁来说？

生：因为诗人想告诉世人，宫女也希望像牛郎织女那样幸福，在家里自由自在地生活。

生：她也可能想到了牛郎和织女被分开，她和亲人也被分开了。

生：可是牛郎织女可以在七夕相聚，她却永远离开亲人，永远孤独寂寞。

师：孩子们，千言万语道不尽，就是《秋夕》这首诗一个“苦”字。【板书：苦】

（三）读韵脚，印证“苦”情

师：你们看，诗的最后一个字，又显露了诗人的心思。咱们一起读。

生：“屏——”“萤——”“星——”

师：什么感觉？

生：感觉嘴巴张不开，满心的苦闷道不出来。

师：拉长再读一遍。

生：“屏——”“萤——”“星——”

（播放背景音乐，师生对读，齐读全诗）

师：记住这个感觉，我一句，你们一句，读起来。

四、读《乞巧》中的"乐"

(一)联结"织女"形象，走进"乞巧"情境

师：孩子们，咱们读古诗，读故事，读情感，品味了《秋夕》的苦。同样在唐朝，还有一位小诗人林杰。他写的一首诗——《乞巧》，也用了"牛郎织女"的典故。林杰要借牛郎织女来表达一份什么心情呢？咱们接着来读这首诗。

乞 巧

[唐]林杰

七夕今宵看碧霄，

牵牛织女渡河桥。

家家乞巧望秋月，

穿尽红丝几万条。

师：谁能用最简练的一句话说说自己了解到的"乞巧"？

生："乞巧"是一个传统节日，叫七夕节，又叫乞巧节。人们都通过穿针引线，向织女乞巧，祈求心愿。

生：穿针引线，穿过去叫"得巧"，愿望就能成真。

师：原来穿针引线还能祈求心愿，真是一个令人快乐的节日。

(二)联结"乞巧"心境，想象诵读诗句

师：你猜，小诗人林杰要表达怎样的心情？

生：高兴。小孩子过节都是高兴的。

生：开心。许愿都是开心的。

师：到底是不是这样呢？我们读读看。谁来读第一句？

(指名读)

师："霄"，天上，请把"霄"音拉长一点儿，把愿望送到织女那儿去。

(生再读，随老师手势，把声音抛向高远)

师：哇，织女说，我一定让你的愿望实现。我们一起看下一句，"牵牛织女渡河桥"。看啊看啊，你就会发现他(牵牛)和她(织女)此时已经在鹊桥的两端。我找一个男生和一个女生跟老师合作读这句诗。

（男生读“牵牛”，女生读“织女”，老师读“渡河桥”）

师：孩子们，你们觉得阎老师这个“渡”和“河桥”读得有什么不一样？

生：“渡”速度很快，表示他们俩想很快地在鹊桥相会，让我仿佛看到他们俩飞快地跑到桥中间，拥抱在一起了。

师：“河桥”读得慢，他们想在桥上待久些。

师：我们一起来演绎这个美丽的画面。

（男女生配合诵读演绎“牵牛织女渡河桥”）

师：“家家乞巧望秋月，穿尽红丝几万条。”你们用声音构建出这样一幅美丽的画面——牛郎织女相遇了，盛大的乞巧仪式要开始了。每家每户都抬头望月。我姓“阎”，我说“阎家乞巧望秋月”（师在诵读时，“秋”字音拉长、调抬高）。当谢家、张家、王家、李家、刘家、陈家等所有的家庭都在乞巧望月时，这个节日就变得格外隆重而盛大，谁来读？

生：（读）家家乞巧望秋月，穿尽红丝几万条。

师：真好，你们仿佛看见了什么？

生：一个村子的人都在乞巧望月。

生：满眼红丝飘飘，好喜庆啊！有的人在穿丝线，有的人在放河灯，还有的人在祈福呢！

（三）联系韵脚，体会情感

师：诗读到这儿，我要问了，真的像大家说的那样，这首诗表达的是高兴、开心吗？

生：不仅是开心，我觉得林杰想表达的是自己和牛郎织女一样，他们在天上相聚，自己和家人在一起许愿，很幸福。

生：诗人林杰想要家人都永远幸福。

生：他写“家家乞巧望秋月”，不仅是他的家人，也是希望全天下的人都能像牛郎织女那样幸福。

师：幸福，幸福，幸福……孩子们，读着这个幸福，读着这个乐，【板书：乐】诗的最后一个字，同样也告诉了你“乐”，自己读读。

生：“霄——”“桥——”“条——”

师：“霄——”“桥——”“条——”阎老师是啥表情？

生：笑。

师：你们也照样来一下。

生：（微笑着读）“霄——”“桥——”“条——”

师：记住这个感觉，带到诗里去。我指到哪一组，哪一组读。

（生随着老师的手势，配合读诗）

五、吟唱诗歌，活化运用

师：孩子们，当诗读成了故事，当故事读成了一种情感，当你在生活中再遇到同样的情境时，诗就会自己流淌出来。你与家人团聚许愿时，你就会想起——

生：（背诵）七夕今宵看碧霄，牵牛织女渡河桥。家家乞巧望秋月，穿尽红丝几万条。

师：当你孤独一人，寂寞无助时，你就会轻轻地吟起——

生：（背诵）银烛秋光冷画屏，轻罗小扇扑流萤。天阶夜色凉如水，卧看牵牛织女星。

师：当你遇到挫折，向往美好的时候，你会激励自己，我们一起来——

生：（齐诵）九曲黄河万里沙，浪淘风簸自天涯。如今直上银河去，同到牵牛织女家。

师：孩子们，你们知道吗？诗人在抒发情感写诗的时候，不但会用朗诵的形式，还会用吟唱的形式。我吟唱《浪淘沙》，你们跟我一起边比划手势，边吟唱起来。

【专家点评】

阎老师这节“群诗阅读”课透露出浓郁的“群”味、“读”味和“诗”味。

笔者曾写过一篇文章《把古诗读进儿童的心里去》，建议古诗教学要引导学生诵读、想象和感悟，达到若遇到与古诗类似的情境、情绪时，自然想到这首古诗，自然吟诵这首古诗的美好境界。阎老师以其深厚的古诗研究和吟唱的功底，带着儿童“把古诗读到心里去”了，让三年级的学生着实感受到古诗的意趣，受到古诗美的熏陶。

第一，“群”味。阎老师以“神话中的诗意，古诗中的神韵”为红线（议题），贯穿《浪淘沙》《秋夕》《乞巧》三首诗的阅读，在对话中引导学生提出问题——

这三首古诗跟牛郎织女有什么关系呢？带领学生探讨三首诗共有的“牵牛织女”这一神话元素所表达的情绪（情感、愿望、向往），让学生经历了一次探索发现之旅。

第二，“读”味。古诗是用来诵读的，要让学生感受到诵读古诗的美好——音韵美、画面美、情感美等。阎老师根据这三首诗的不同特点，精心设计符合“此诗”特点的诵读方式并教给学生诵读的方法。如在读中想象画面，在读中感悟情绪，这是有技巧的。这种技巧是要教的，“银烛秋光冷画屏”怎样读出“夜长”、怎样读出“心冷”，阎老师的指导细腻、到位。如在“冷”字前稍作停顿，读“冷”字时声音要低、语速要慢，“屏”字音拖长，等等，这种氛围也把孩子们的潜力激发出来了，很是生动形象，很有“代入感”。孩子们的理解颇精彩——似乎超越了这个年龄孩子的理解能力——走进了诗境——古诗不是拿来解释的，而是拿来诵读的。

第三，“诗”味。诗的味道，不仅在于诗的形式，更在于诗的内涵，如文化内涵、审美内涵、思维内涵等。阎老师在带领学生体会诗的内涵时，有所侧重、有所变化。比如同是了解诗歌创作背景，对三首诗采取了三种不同的方式：综合运用朗读、诵读、吟唱，让孩子们沉浸在美的氛围里；运用对比、联结、想象画面等阅读策略，发展学生的思维……

（点评专家：黄国才，福建省普通教育教学研究室，正高级教师、特级教师）

“鲁迅笔下的儿童形象”永流芳!

——《少年闰土》“1+X”群文教学实录及评析

（授课地点：福建省南平市建阳区实验小学）

【教学实录】

课前游戏：经典儿童形象“接力棒”

师：“小黑鱼”班级是一个特别特别热爱读书的班级。我们从四年级开始共读了十八部文学作品，结识了其中好多可爱的孩子。今天课前，我们玩一个文学作品中的儿童形象“接力棒”游戏，要么人物不重复，要么形象特点的词不重复。我做第一棒，看我的手势将话筒往下接力。

师：《爱的教育》，安利柯，勤恳。

生：《小屁孩日记》，香香果，天真。

生：《汤姆索亚历险记》，汤姆，顽皮。

生：《绿野仙踪》，多萝茜，坚强勇敢。

生：《童年河》，雪弟，善良。

生：《怪物大师》，布布路，正义。

……

生：《青铜葵花》，葵花，能干。

师：哇！我发现，我们班的孩子的阅读不但有量更有质——入脑、会心。同学们看，这是阎老师备课时，脑瓜子里蹦出来的印象最深刻的几个儿童形象，和你们说的形象词都很符合哦。当我把它们都记录在思维导图里时，思考过程就可以清晰地被看见了。今天我们就要继续一起用思维导图的方式，记录和梳理我们的阅读思考。

一、预学：一般作品中的儿童文学形象

师(出示课堂教学主题)：“鲁迅笔下的儿童形象”(生齐读)。围绕这个主题，我们将走近四篇小说节选，认识四个可爱的孩子，他们分别是(图 1-12)——

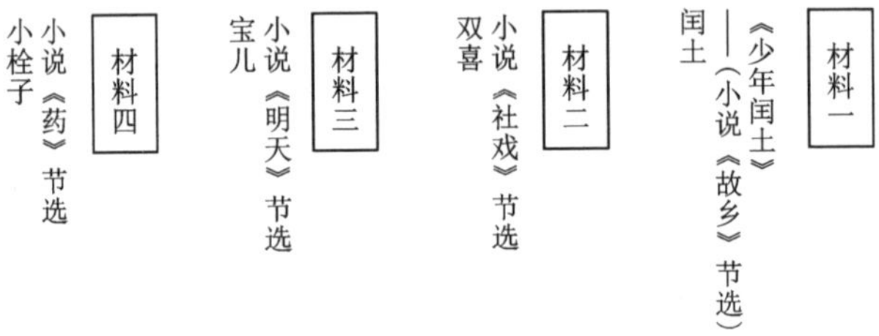

图 1-12　鲁迅群文篇目及人物

生(齐)：闰土，双喜，宝儿，小栓子。

师(出示学习任务)(图 1-13)：

预学：回忆以往共读作品中的儿童形象；

初识：初步认识鲁迅作品中的儿童形象；

延探：初步探讨鲁迅创作的儿童形象的意义和价值；

促读：走进鲁迅主题阅读。(生齐读)

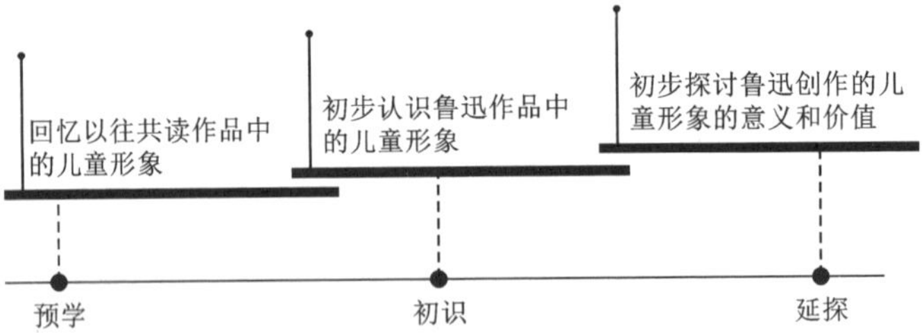

图 1-13　“鲁迅笔下的儿童形象”研读项目

师：课前，我们发现不同的作家写出不一样的作品，但他们呈现出来的儿童的形象特点却非常相似。这是为什么呢？

生：因为孩子的性格都是非常相似的。

师：对呀，这就是孩子的特点，所有的作家都在写孩子的天性啊！

师：当我们带着这样的认知，即将阅读我们从未接触过的伟大作家——鲁迅的作品时，你就会带着猜测问自己——

生：鲁迅笔下的儿童形象同我们以往认识的一样吗？

师：哦，还会问——

生：这些儿童形象和以前读过的，有什么不一样的地方吗？

二、初识：初步认识鲁迅作品中的儿童形象

（一）“健全”形象，读《少年闰土》《社戏（节选）》

1. 读《少年闰土》，发现儿童形象的多元

（1）同一事件，多元形象

师：相似？不同？好，带着我们的问题跳读《少年闰土》。用思维导图把闰土的形象梳理出来（图 1-14）。（学生独立阅读五分钟左右，在思维导图上注出形象、内容、页码、段落。老师巡视，个别指导）

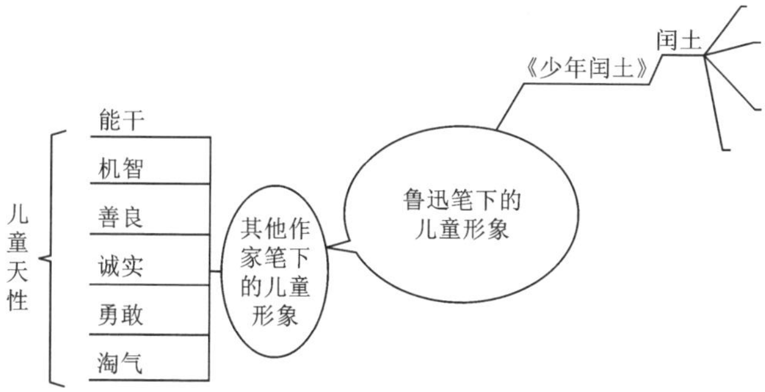

图 1-14 初识|鲁迅作品中的儿童形象

师：谁愿意来交流你初步捕捉到的儿童形象？（小灿同学介绍一下他用思维导图梳理的闰土形象。老师用“希沃”拍照分享）（图 1-15）

生：我从第 108 页的第 1 自然段中读到闰土非常勇敢……

师（打断）：你汇报时，要做到有条理。先说你捕捉到的闰土的形象有哪些，再逐个向同学们解释说明。其他同学一定要认真听哦，待会儿要补充发言。

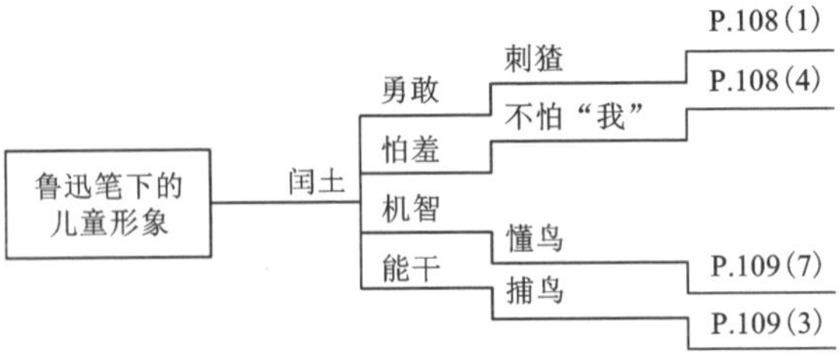

图 1-15　初识|鲁迅笔下的儿童形象

生：我捕捉到的闰土形象有：勇敢、怕羞、机智、能干。我从第 108 页的第 1 自然段中读到闰土勇敢，在黑夜，闰土却向一匹猹尽力地刺去，非常勇敢；从第 108 页第 4 自然段读到闰土非常怕羞，因为除了“我”，面对其他人他都不敢讲话；从第 109 页第 7 自然段读到闰土很机智，因为“我”想闰土帮“我”捉鸟，他知道什么时候最好捉鸟；从第 109 页第 3 自然段看到闰土非常能干，因为闰土是能装弶捉小鸟雀的。

师：你会抓关键词做思维导图。我们很清晰地看见在哪一页哪一自然段、什么事件、体现了他的什么特点。用关键词概括的办法好。还有，你在表达的时候把每一层的理由都说得非常清楚，所以你们都被他说服了。

(2)不同事件，多元形象

师：闰土这四个特点还在文中的别处有体现吗？

生：我补充“能干”这一点。在第 109 页的第 2 自然段，有人叫闰土来管祭器，前面说了祭器是很难管的，这就说明了闰土很能干，会管理祭器。

师：小小年纪能管祭器，所以你给思维导图的关键词是——(生：管祭器。)

生：我也补充闰土的“能干”这一点。在第 110 页的第 12 自然段，闰土去管西瓜，他能去管西瓜就说明很能干。

生：我想补充闰土的“勇敢”。在第 110 页的第 15 自然段，獾猪、刺猬和猹都是一些动物，要在黑夜里捉它们，体现了他特别勇敢。(师：你给的关键词是——)不怕小野兽。

师：通过同学们的交流，我们发现了同样一个人物的特点，可以在不同事件当中体现出来。你们还发现闰土有什么特点？

生：闰土也是个“重情”的人。第111页的第19自然段说闰土必须回家了，作者急着大哭，他也急得大哭，因为他俩都依依不舍地不想离开对方，仅仅相处了一段时间，还想着给“我”带礼物，我觉得他是重情的。（师：你的关键词是——）重情重义。

生：我同样从第111页的第19自然段读出了他还有“诚信”。闰土前面说过要给“我”礼物，就托文中的父亲把礼物带给“我”。（师：你提炼的关键词是——）富有诚信。（师：富有诚信是形象，事件体现——）托父带礼。

师：真好！通过这么一交流一碰撞，我们又发现了同一件事能表现出人物的不同形象特点。带着你的新发现、新收获，补充你的思维导图——（学生独立补充思维导图两分钟左右。老师一边巡视一边用“希沃”拍照分享学生的阅读笔记，最后定格在比较丰满的一份导图示例上）（图1-16）

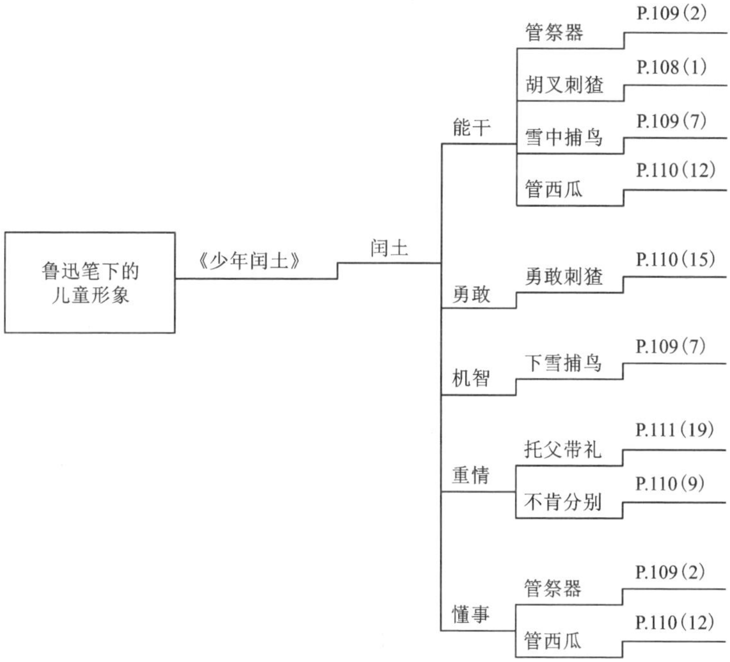

图1-16　初识|鲁迅笔下的儿童形象

师：好了，先停笔吧，继续写不是目的，会思考才是目的。你看，丰满又清晰的闰土形象就从一篇这么长的文章中，浓缩在这一张思维导图里了。

2. 读《社戏(节选)》，发现儿童形象的异同

师：就这样，提取关键词，梳理人物形象。快速读《社戏(节选)》，用思维导图梳理双喜形象。(学生独立阅读五分钟左右。老师巡视，个别指导)

(1)在相似中找“重合”

师：刚才阎老师巡了一圈，发现好多同学写的双喜的形象和闰土的形象很相似呢。你们发现了吗？

生：双喜和闰土相似的形象特点是“聪明”。我从第 1 自然段看出来，双喜说船回来了，可以去看戏，而别的少年都比他慢一拍。

师：点子出得快。

生：双喜跟闰土相同的特点是“能干”，还体现在他能做饭呢。不是说他们都饿了吗？双喜就到那个地里偷了一大把的罗汉豆，在船里煮饭给他们吃。

师：是呀，又会做饭又会撑船，这样的娃，真能干。

(2)在不同中找“异同”

师：你还发现了哪些不一样的特点？

生：他识水性。鲁迅在第 2 自然段就说了“这十多个少年委实没有一个不会浮水的”，那也就是说他们中没有一个是不会游泳的。

师：这个村庄孩子的形象特点都出来了。

生：双喜的悟性还很高，我从第 1 自然段的第 4 行和第 8 行看出来的，文中的“我”因为吃东西吃得少，非常闷，然后双喜一看就看出来了；后面他又知道了“我”的外祖母就是怕他们出事情，就说赶忙想办法。

生：外祖母不让“我”看戏，双喜一看就看出底细来了，并想出办法。(师：别人心里想什么，你马上就知道，这就叫——)知人心、识人性。

师：还有一个词更准确，叫作善解——

生(齐)：善解人意！

师：还有什么特点不一样？

生：我觉得双喜还是很细心的。就是在第 2 页第 4 自然段，双喜所虑的是用了八公公船上的，要是不心细的话，就不会考虑到这些。

师：他说，“心细”。什么都考虑到了，阎老师认为用“周到”更贴切。文中哪里还体现双喜是一个很周到的人呢？

生：第 4 自然段，他剥完豆后，把豆荚丢到水里去，怕老头发现。

生：第 3 自然段，双喜和其他少年都去阿发的田里偷罗汉豆，害怕阿发的母亲发现，又去六一公公那儿偷了一捧，让两边看起来差不了多少。

师：很多文学评论把双喜这个人评论成鲁迅小说作品里的“智多星”。看来用相似“不同”的视角能带来更多的发现。请把你的思维导图补充完整。（老师巡视，并拍照优秀的“思考”上传到多媒体屏幕上）（图 1-17）

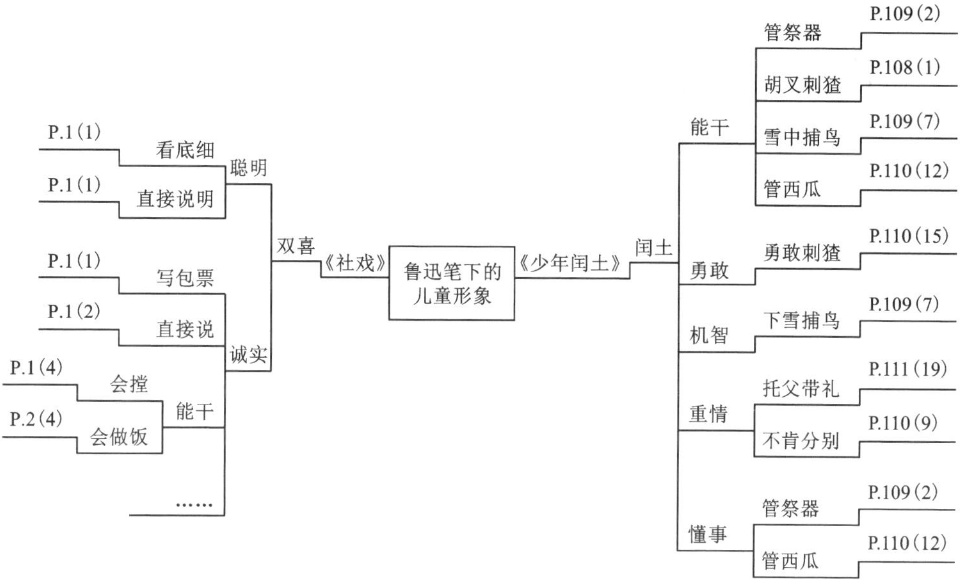

图 1-17　初识|鲁迅笔下的儿童形象

3. 发现相似，产生猜测与期待

师：我们常说阅读要比较着读，越比较越会读。当你把这两个形象和我们课前交流的那些孩子的形象放在一起对比，你又有什么发现呢？

生：这两个形象跟我们之前交流的，很相似。

师：所以你会很奇怪地问，难道鲁迅先生——

生：难道鲁迅先生的作品塑造的孩子特点跟其他作家的都一样吗？

师：或许你又会很期待地猜测，接下来——

生：接下来我们读的文章，会不会不一样呢？

(二)“病亡”形象，读《药(节选)》《明天(节选)》

1. 独立阅读，发现反差形象

师：接下来阅读两篇(图 1-18)，看看你是否对鲁迅先生笔下的儿童形象有新的认识。如果你觉得形象相似的话，就在思维导图原来的一层分支上，接着分支；如果你发现，这孩子怎么完全不一样啊，你就在另外一端，用另一个颜色做另外一个分支的记录。明白吗？（学生独立阅读记录，老师巡视）

师：好了，我发现同学们对前面两个人物的描述是笔走如飞，对这两个人物却艰于下笔，但是绝大部分孩子是在原思维导图的另外一侧写出了分支。谁能告诉我为什么？

生：因为人物形象是完全不同的！这两个孩子都非常悲惨。

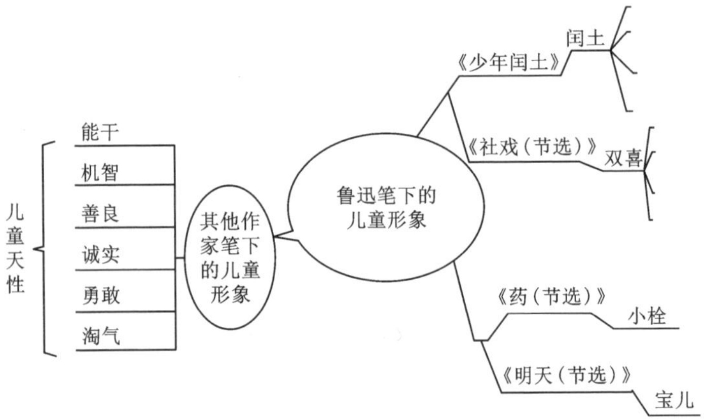

图 1-18　初识|鲁迅作品中的儿童形象

2. 比较命运，提炼反差形象

生：他们都生了病，然后父母被骗子欺骗，不久他们就死了。

师：“生病”“死亡”，两个词合二为一，变成一个词来形容这类形象。你用什么词？

生：病死。

生：病亡。

师：当我们把下面的形象概括成“病亡”的时候，上面的形象用什么词？

生：健康的。

师：鲁迅先生用一个词，他说是“健全”的(图 1-19)，身体健康，精神完全。

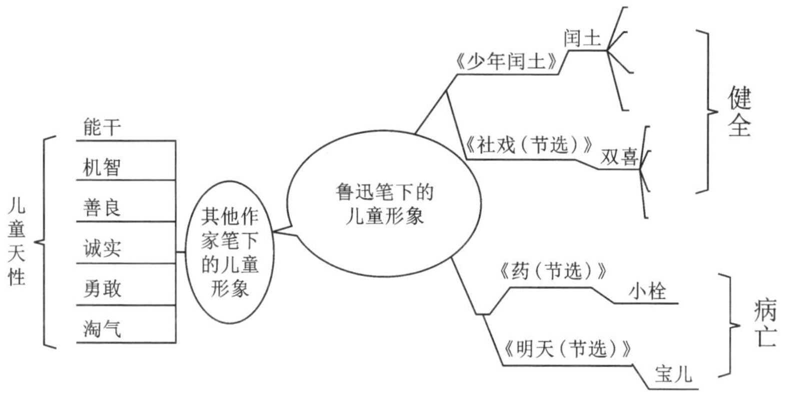

图 1-19　初识|鲁迅作品中的儿童形象

三、探讨：鲁迅创作“强烈反差”儿童形象的意义与价值

(一)引用资料，追问创作意义

师：过完年以后，阎老师就一直在读“鲁迅”，通过梳理和统计，鲁迅先生在《呐喊》和《彷徨》两部小说集里收录了 25 篇小说，有 16 篇涉及儿童，其中有名字的孩子有 36 人，成伙出现的有 6 伙，然而，这么多的孩子统统都可以归成这两类——

生(齐)：健全、病亡。

师：当你读到这样的统计数据的时候，你有什么想问的吗？

生：为什么鲁迅先生只分成这样的两类？

师：我听懂了你的意思，为什么只创作这强烈反差的——健全的和病亡的。接下来还要问——

生：塑造这样强烈反差的形象有什么意义？

(二)小组合作，初探创作意义

师：是呀，同学们提的问题非常有价值。老师提供了两个议题，你们以小组形式合作讨论“健全”或讨论“病亡”(图 1-20)。(学生以四人小组为单位，

自由选择议题)

图 1-20　延探|鲁迅创作的儿童形象的意义和价值

师：我们一起分享。讨论“健全”的先来吧——“我”和闰土、双喜在文中到底是什么关系？

生：“我”和双喜、闰土先是主仆关系，后来变成了朋友关系。我们认为，是因为“我”没有在他们的面前摆出自己主人的高贵姿态，所以才成为好朋友。

师：我听懂了，不是主仆，而是朋友。哪一组来分享一下讨论“病亡”的，为什么好好的孩子病亡了？

生：因为那时候是封建社会，那些父母都认为很神的药是非常非常有用的，比医院、药店里面的药还要有用。小栓、宝儿就是被骗子的药害死的。

生：我觉得说更完整一点儿就是，小栓和宝儿是被封建社会的迷信卖假药给毒死的。

生：应该是害死的。孩子的父母和周围的人都相信迷信，生生把孩子的病耽误了，孩子就被害死了。

师：“害死的”，更准确。明明可以去医院看病，可是却相信了封建迷信，使得活泼可爱的孩子走向了死亡。

(三)对比碰撞，共识创作价值

师：通过两组形象的对比，你是否了解鲁迅先生塑造这两种强烈反差的人物形象，它的意义和价值在哪？【板书：塑造反差　健全病亡】

生：这里应该是批判，就是批判当时的封建社会残害儿童。

师：有批判！但，只有批判吗？

生：还有讽刺！讽刺当时封建社会的迷信，讽刺那些父母因为愚昧无知，白白断送了自己孩子的生命。

师：有讽刺。只有讽刺吗？所有的作品只是为了讽刺而讽刺，为了批判而批判吗？

生：应该还有希望，他希望所有的孩子都能像文章中这些健全的孩子一样活得快乐和光明；希望所有的成人不要相信那些迷信的东西，带给孩子健康科学。

师：是的，作者就是塑造这样的反差形象，来警醒民众啊！【板书：醒民众】

（四）补充资料，升华创作价值

师：亲爱的孩子们，你们知道吗，鲁迅先生以“鲁迅”笔名创作的第一部中国白话文小说，最后一句话是这样写的——

生（齐读）：救救孩子。

师：鲁迅先生逝世的第二天，《中流》杂志发表他的遗作《立此存照（七）》，最后一句话是这样写的——

生（齐读）：“真的要‘救救孩子’，这于‘我们民族前途的关系是极大的！’”

师：鲁迅先生这样直抒胸臆，“救救孩子”，不仅仅是希望孩子好，更是希望祖国好。【板书：直抒胸臆　救救孩子　兴华夏】

四、促读：走进鲁迅主题阅读

师：鲁迅先生以笔为刀，战斗一生。毛泽东主席赞誉他为天下第一圣人；宋庆龄先生在他逝世后亲自为他扶棺，给他的灵柩上披上“民族魂”的旗帜。当你读着伟人们对他的赞誉，当你读着先生矢志一生“救救孩子”的呐喊，当你读着这四个美极悲极的孩子时，你还有什么想知道的吗？（图 1-21）

生：病亡的孩子，那些痛苦的日子是怎么度过的？

师：在那样的岁月，你无法想象他们的苦痛，因此你“想知道”。

生：病亡的孩子，有过健全的时候吗？那些健康的孩子，是否能一直健康到老去？

师：这个问题非常有价值。在那样的社会，健全的、病亡的孩子，你都放不下心，想看看，他们究竟如何——

生：为什么闰土和双喜这两个孩子却没有病亡呢？

师：他们后来病了没有？回到原文去寻找答案，也许会让你们有不一样的

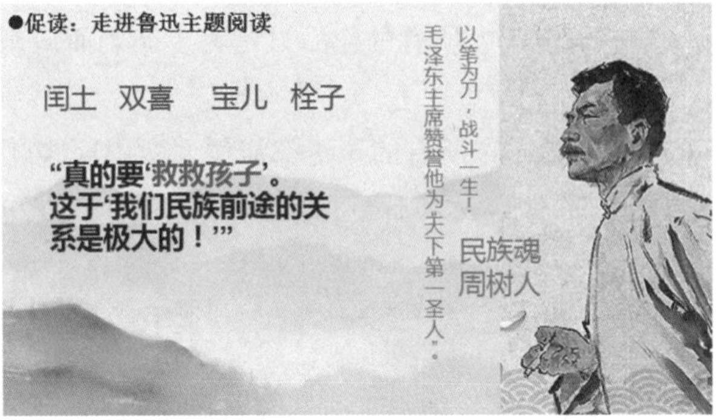

图 1-21 促读|走进鲁迅主题阅读

思考和认识。

师：我知道，你们还有很多“想知道”。让你们“想知道”就是我这节课最大的目的。

师：同学们，想知道，就自己去读吧。读鲁迅先生的作品，读他笔下的孩子；走近鲁迅，从今以后更坚定自己的信念：要向着宽阔明亮的地方去，从今以后幸福地度日，合理地生活！

【专家点评】

阎老师执教的《少年闰土》“1+X”是群文阅读，它是基于“多角度有创意的阅读”而展开的一个全新的阅读教学模式，彻底打破了以往在教授学生理解课文时实施的传统单篇阅读教学模式的局面，跳出了围绕一个文本进行细致烦琐的解读的框架。本课以“借助导图工具，探究‘鲁迅笔下的儿童形象’”为议题，初探如何在小学语文教学中展开群文阅读教学。可贵的是阎老师深研鲁迅作品，作为语文老师当好“读书种子”，以发展高阶思维为目标，精心搭建群文文本，并以此为蓝本，指导学生开展有效的阅读行为，进行积极的语言建构。建立在大量阅读基础之上的“群文”，帮助学生实现了真正的阅读参与，学生自然学会阅读，克服了单篇阅读的零碎，进而走向了对阅读的整体建构，并深深地感受到鲁迅作品的非凡意义。阎老师的课呈现了以下四大亮点。

1. 聚焦儿童形象，精准确定议题

新教材实施“学习任务群”单元教学，所谓“课”的构成原则也发生了变化，不再以单篇课文或者课时作为“课”的基本构成单位，而是根据“任务”来设“课”。以往一篇就是一“课”，现在虽也还有一篇作为一“课”的，但更多的情况是一组课文为一“课”。因此教学的方式也会有变化，不再一课一课地教，而是一组一组地学，即所谓“群文教学”。阎老师通过深研，发现《少年闰土》《社戏（节选）》《药（节选）》《明天（节选）》四篇小说的共同文学特质，将群文议题锁定在“儿童形象”上。鲁迅作品里存在着大量的儿童书写。他通过儿童形象，寄寓对民族的展望，表现对国民的批判与期望。儿童，在鲁迅作品里有着特殊的价值与地位。鲁迅作品的深刻性、复杂性在儿童书写里得到了淋漓尽致的展现。搭建好鲁迅群文阅读文本，是实施群文阅读教学的基础，这是这堂课最大的成功之处。这得益于教者躬身阅读，合理组文，精选议题，并且做到由一篇带多篇，即以《少年闰土》为主体课文，以一带多，以“回忆以往共读作品中的儿童形象；初步认识鲁迅作品中的儿童形象；初步探讨鲁迅创作的儿童形象的意义和价值”三个学习任务呈现，体现了阎老师严谨的思维品质。

2. 搭建阅读支架，助力思维提升

“学习任务群”的构建旨在把语文教学内容结构化，改变语文教学中存在的碎片化、随意性、多重复的弊病。温儒敏教授指出：“现在的单元教学都是‘群文教学’的设计，转化为‘任务群’教学，也都是‘群文教学’为主。”从中可以看出，群文阅读和学习任务群的本质是相通的，都以结构化方式呈现。结构化意味着文章组合的“线索”更加丰富，更具逻辑性。

阎老师巧借思维导图的阅读支架，让学生独立阅读，抓关键词做思维导图，在相似中找“重合”，通过思维导图很快梳理不同小说中的儿童有相同之处，采用另外一侧分支形式梳理发现人物反差的形象。孩子们对每一个人物形象的梳理都能从文本中找到依据。先读《少年闰土》，通过不同角度读“健全儿童”的多元形象。一是同一事件，发现闰土的多元形象：勇敢、怕羞、机智、能干。二是不同事件，发现“健全儿童”的多元形象，如“能干”体现在不同事件上。而读《社戏（节选）》，发现儿童形象的异同，培养儿童的多维思维能力，在相似中找“重合”，在不同中找“异同”。对其进行统整发现，刚读的两部作品，都是写儿童的“健全”形象的，通过质疑追问引发孩子思考，孩子在猜测后产生阅读期待。于是，引入另一组课文《药（节选）》《明天（节选）》，发现“病亡”的孩子形象。其教学落脚点在“儿童独特的生命体验”上凸显。这样的设计既契合六年级学生的心理特征，又能有效缩短学生与鲁迅作品的阅读距离；既贴近学生的生活实际，又可以实现单篇阅读中重点语段的品读训练。其浅近的教学切入角度，纵深剖析的教学空间，为师生在课堂上集体建构群文阅读的教与学提供了操作的可行性，学生思维能力在阅读、发现中得以发展。

3. 比较整合阅读，走近真实的鲁迅

借助对一组群文的研读，通过横向比较，提取整合，纵深挖掘，不断发现阅读问题，师生围绕共同议题，集体建构，发现共同点，然后就共同点进行深入研读，通过师生共同学习探讨，去丰富或完善自己的“初始认识”，真正实现“一篇带多篇”的效果。这样的课堂设计不仅符合课程改革倡导的自主、合作、探究的教学方式，还彰显了学生合作和探究的能力。

在比较阅读、建构中，阎老师引导孩子发现鲁迅的儿童作品分为两大类，并推进思考，为什么只有这两大类？接着探讨鲁迅创造儿童形象的用意，通过对比他笔下两类儿童形象可知，他意在塑造具有反差效果的儿童形象——“健全”的和“病亡”的。正如学生所说的：“他希望所有的孩子都能像文章中这些健全的孩子一样活得快乐和光明；希望所有的成人不要相信那些迷信的东西，带给孩子健康科学。”鲁迅先生塑造这样的反差形象来警醒民众。走近鲁迅这个人物，这位文化先驱，他的伟大精神，“救救孩子，兴华夏”，谁能不被他的民族精神所感染？这就是群文阅读的力量啊！

4. 激发整本书阅读的兴趣，点燃民族的魂

以两组文本的比较阅读推进，促进主题阅读的深度开展，然后留存答案给孩子，使他们继续进行整本书的阅读。阎老师以“读鲁迅先生的作品，读他笔下的孩子；走近鲁迅，从今以后更坚定自己的信念：要向着宽阔明亮的地方去，从今以后幸福地度日，合理生活”，有力地引导孩子由书到人直至思考人生。这就是有方法的阅读的力量啊！这也是名师课堂的教学效应！一本好书，一节好课，滋润了孩子的童年，影响了孩子的一生！读书吧！

总之，阎老师此节课的成功之处在于，不仅让学生从多篇文章阅读中获取丰富的信息，更重要的是让学生学会快速阅读、整合信息、质疑讨论，使大部分学生主动参与到学习中来。通过聚焦化、整合化、结构化的学习，学生的提取能力、探究能力、思辨能力、表达能力都得以提升，实现了“以学生为中心，以能力提升为核心”的个性化教学，为深度学习的实践开辟了有效路径。

（点评专家：施丽聪，晋江市教师进修学校教研员，正高级教师）

让读书之法和观书之感深入小学生的心灵

——"'1+X'主题阅读教学：《古人谈读书》"教学实录及评析

（授课地点：福建省南平市武夷山市新丰中心小学）

【教学实录】

一、聊朱子，近朱子

（出示安徽省档案馆的朱子半身像）师：他是谁？你们了解吗？

（生交流有关朱熹的内容）师：从同学们的交流中，老师提取到两个关键词——"很远""很近"。朱子离我们真的很远，他是理学大家，逝去已经八百多年了。朱子离我们又很近，他在十四岁父亲去世之后，就生活在咱们武夷山五夫里，在三位先生的教育下长大。他活了七十一岁，有四十年时间在闽北读书、教书、著书，一生著文一百卷，与学生的问答一共八十卷，别录十卷。联合国教科文组织把武夷山收入世界文化遗产名录，就是因为"武夷山是朱子理学的摇篮"。这样一位我们身边伟大的学问家，他在读书时有怎样的感悟？这样的感悟又从何而来？我们今天就一起走进《古人谈读书》。

二、读《观书有感》—— 知读书之好

（一）学"格物致知"，指导读《观书有感（其一）》

观书有感（其一）

［宋］朱熹

半亩方塘一鉴开，
天光云影共徘徊。
问渠那得清如许？
为有源头活水来。

1. 边读边想——读出诗理

（生齐读全诗）

师：读得真不错！读出了诗歌二二三的节奏感。也请你们听听老师朗读，看看我的读法跟你们的有什么不一样的地方，在课文上做标记。（师朗读，生专注听。师读完，生鼓掌）谢谢同学们！我跟你们的读法有什么不一样，听出来了吗？

生：老师在每句最后三个字前会停顿。

师：听出了停顿。

生：整首诗有的字读得很重，就可以表达出非常饱满的情感。

师：你不仅听出轻重，还听出情感非常饱满，了不起！

生：读到“活水”的时候，很轻快。

师：这就是汉语言的音、韵、调，这样读能更好地把诗人的情感表达出来。咱们来试试读第一句。（生读）半亩方塘像什么一样打开了呢？

生：像镜子一样打开。

师：当你看到这样明晃晃的镜子在你面前，你心里感觉怎么样？

生：感觉很美。

师：我们表示喜悦的时候，音调都会往上扬一点，嘴角也会上扬。“一鉴”“开”停顿，嘴角上扬。请大家再试试。

（生读，师指导）

师：在干净、透亮的镜面上，你看见了什么？请你读——

（生读）

师：你就站在这水塘面前，还看见有什么景物在水面上“共徘徊”呀？

生：我看见天光和浮云都倒映在水面上。

生：人影也倒映在水里了，树影也倒映在水里了。

生：五颜六色的花朵倒映在那个镜子上，还有小鸟的影子，在水面掠过。

师：对呀，有这么多景物都在“共徘徊”，闭上眼睛把它们组合成一幅画，太和谐美好了。这个“共”停顿一下，读得温柔一点。大千世界，万物共生，在小小方塘之上就显示出来了。全班一起读。（师生齐读）为什么这小小的方塘能倒映出这么大、这么丰富的世界呢？联系上下句，找一个字，告诉我。

生：清。

师：于是，朱子就生发了一个很有价值的问题，你把它问出来。

生：问渠那得清如许？

师：在“清”字后要停，让别人听清楚，要问的是什么。

生：问渠那得清如许？

师：这样问能激起别人的疑问和好奇。请你领诵，全班一起问。（全班齐读）朱熹的疑问解答了吗？谁来回答？

生：为有源头活水来。

师：读得真好！你们知道为什么吗？

生：因为他读出了源头活水，“活水”两个字读得如奔涌而来，使方塘变得清澈了。

师：对呀，活水奔涌不息，滚滚而来。请你领诵，全班一起读。（全班齐读）你们看，我们在二二三节奏的朗读基础上，给每一句话的句眼作了停顿、音调、语气的处理，就生动形象地告诉听众，正是因为“活水来”，才“清如许”，才会“一鉴开”“共徘徊”。

2. 格物致知——源出事理

师：再读一读诗题，你们有什么问题吗？

生：题目是“读书”，诗句为什么是写景呢？

师：同学们，这个问题提得非常有价值。朱子理学有非常重要的四个字——“格物致知”。【板书：格物致知】什么意思呢？简单来说，就是从身边的人和身边的事的规律当中，获得启发、获得感悟。既然是格物致知，就要从生活中来，对不对？咱们班写作文经常被老师表扬的同学有不少，请举手。（生举手）给大家介绍介绍经验吧。

生：因为我修辞手法用得好。写这个事物，就想到生活中的另外一种事物，就把它们联系在一起。

生：我的经验是从书上得来的。我会用读书笔记的方法把好词好句全部记下，写作文的时候看一看有什么词能用上。我把作文和作文书上的描写进行对比，就知道怎样能写得更好。

师：除了写作文，每一个人肯定都有自己的长处，有没有经验要向大家分享？

生：我擅长煮面条，每次煮面条的时候，我都会回忆我爸爸是怎么煮的。

师：同学们，你们从有字之书，读到了生活这本无字大书，非常好！你现在还觉得这首诗仅仅是写景的诗吗？

生：鼓励人们不断学习，就会越学越好。

生：告诉人们不论做什么，都来源于日常学习和经验的积累，就是“源头活水”。

师：朱子就是这样用“源头活水”一下子让我们明白多读书、多学习的好处。像这样，从身边事物感悟知识和道理，就叫作——格物致知。大家把这四个字批注在诗的旁边。

（二）依“格物致知”，自读《观书有感（其二）》

师：第二首诗依旧是《观书有感》，四人小组讨论两个问题——这首诗写了什么景象？这个景象跟读书又有什么关系呢？

（师出示。生自学讨论，师巡视指导）

观书有感（其二）

［宋］朱熹

昨夜江边春水生，

蒙冲巨舰一毛轻。

向来枉费推移力，

此日中流自在行。

师：我们先交流，写了什么景象？

生：昨夜江边春水大涨，巨大的舰船就跟一片羽毛一样轻。平时要移动它，很费力气，今天却能在水中自由前行。

师：景象说得很完整，真好！跟读书又有什么关系呢？

生：“蒙冲巨舰”就好像我们学习时遇见的困难。有时我背课文，觉得很难背，我就坚持不懈地去读去背，最后把课文背下来了。

生：有时候做的题非常难，自己一直解不了，这时可以请教别人，还可以看例题，就解出来了，就像“蒙冲巨舰一毛轻”。

师：向书本学，向同伴学，都使你们如“春水生”。

（三）发现相同之处

师：把这两首诗放在一起的时候，你们发现有什么相同之处了吗？

生：这两首诗都是通过描写景物，鼓励我们努力学习、多读书的。

师：什么景物呢？

生：都是水。“源头活水”“春水”，告诉我们要不断读书，读书能帮助我们解决困难，不断进步。

师：格物致知，朱子格了这“源头活水”，让我们知道了“多读”真好啊！【板书：源头活水知好处】此时此刻，朱熹的格物致“读书”，已然成为咱们班同学的格物致“读书”！这种豁然开朗的朗读，肯定与先前不一样。现在女生读第一首，男生读第二首。

三、读《古人谈读书》——化读书之道

师：读书多好啊！那么朱熹平时是怎么读书的呢？

（师出示，生读）

古人谈读书

［宋］朱熹

余尝谓读书有三到，谓心到、眼到、口到。心不在此，则眼不看仔细，心眼既不专一，却只漫浪诵读，决不能记，记亦不能久也。三到之中，心到最急。心既到矣，眼口岂不到乎？

师：朱子告诉我们读书要做到哪“三到”？

生：心到、眼到、口到。

师：哪个“到”最重要？

生：心到。心思不在书本上，那么，眼睛就不会注意书本；如果专心致志，眼睛就会把每个字看仔细，你就能表达完整。

师：你上来说。（请学生到讲台上指屏幕上的课文）专心致志，眼看仔细，把道理说完整。

（生说）

师：这就是朱熹的读书法。我们就这样在问题的指引下，专心致志地阅读，眼睛就可以把每个字都看清楚，用心思考文言文的意思，嘴巴就能把其中的道理表达完整。谁能“心到、眼到、口到”地把道理再说一遍？

（生说）

师：现在就用“三到”的方法试试读两遍课文并背下来。

（生读、背）

师：哇，大家基本上都会背了。我们在“心到、眼到、口到”的亲身体验当中，证明了朱子告诉我们的读书方法真管用！

【板书：心、眼、口用方法】

四、读《劝学诗》——行实践之道

师：朱子就是这样用“心到、眼到、口到”，日复一日、年复一年地读书。就拿伴随他一生的著作“四书”来说，他九岁始读，十六岁开始晨昏必温、有疑就问；中进士后他读书更加精进；四十六岁开始搭建《四书章句集注》的框架，与亦师亦友的蔡元定对山而居，灯盏为约，对床论道，通宵达旦；五十九岁时《四书章句集注》在漳州第一次刊印；去世前，他还在做《大学》的修订。“四书”有如源头活水，有如春水在朱子的“心到、眼到、口到”中流淌了一辈子，成为后世几百年的读书人必读必考的教材。他不但自己读书，还劝天下人读书。作为宁宗皇帝的老师，他劝皇帝读书——正心诚意；他修建了百余所学校，小学学其事，大学学其理；就在去世前四年，六十七岁，他被打成“伪学魁首”，学生当官的被罢官，没当官的不能科考，他自己耳聋、眼昏、不能行，依旧为天下少年人写下这首《劝学诗》。

劝学诗

［宋］朱熹

少年易老学难成，
一寸光阴不可轻。
未觉池塘春草梦，
阶前梧叶已秋声。

师：同学们，朱熹想借春草、秋桐告诉我们什么道理呢？

生：少年时代要好好读书。老了读，就算读了，也很难学成了。

师：如何做到不轻光阴呢？这节课你有什么收获？

（出示《观书有感》《古人谈读书》《劝学诗》）

生：利用空闲的时间，多读书。

生：小时候就要多读，不然会后悔的。

生：要不停地读，像朱子那样读一辈子。

生：学习中，心、眼、口都要到。

师：今天在课堂上，你的心、眼、口都到了，是不是比平时背书背得更快了？就是这样，我们要践行，要探索，要思考，要多去观察身边的事物——格物致知，这样才能使书真正成为“源头活水”“春水”，打开你我前行之路！

【板书：不轻光阴重践行】

师：有一天，你会因为读书，而像建党百年庆典天安门广场上的哥哥姐姐那样，挺直腰杆地说——“请党放心，强国有我！”这就是读书带给我们的精神底气和美好追求。同学们，请起立，我们一起诵读《劝学诗》。

【专家点评】

随着《义务教育语文课程标准（2022年版）》的颁布实施，特别是整本书阅读学习任务群的提出，以群文阅读、主题阅读为主体的“1+X”阅读教学为越来越多的一线小学语文名师所重视。但纵观“1+X”阅读教学，仍存在一些问题：一是有数量，没质量；二是有学得，没习得；三是有学习，没评价。

阎晶晶老师执教的“‘1+X’主题阅读教学：《古人谈读书》”一课，融通多个文本，沟通学生与文本，互通教授与学习，联通学习与评价，多“点”打通，通向“1+X”阅读的“最后一公里”，为整本书阅读学习任务群视域下的“1+X”阅读教学提供了样本与范例。

1. 融通“1”与“X”

如何依托教科书的“1”这一主文本，选择好其他几个文本？如何处理主文本与其他几个文本的关系？如何用活“1+X”，让主题阅读教学从“有数量”走向“有质量、高质量”？阎晶晶老师以《观书有感》为源，通过诵读、想象、感悟诗的含义，指导学生联系实际，理解学习的“源头活水”可以是生活中的点点滴滴；并以此为方法，迁移学习《古人谈读书》《劝学诗》，从感悟读书的好处，到理解读书的方法，走向学习运用方法、感悟读书志向，由知而行，从学而用，引导学生走近朱子，学习读书。这四个文本组合成了一个以读书为主题，文意融通、诗文互读的“文本群”“多文本共同体”。“为什么要读书”“如何读书”等一个个问题在课堂学习、走近朱子的过程中逐渐清晰、明朗起来。

2. 沟通学生与文本

学生要走近“文本群”，并与之展开深度对话，若无有效的路径与方法，

“1+X”组合的教学方式将无法达成学习效果最大化。课前，阎晶晶老师从聊朱子开始，说朱子名号，谈朱子学问，聊朱子与武夷山的渊源，让学生慢慢走近朱子。“这样一位我们身边伟大的学问家，他在读书时有怎样的感悟？这样的感悟又从何而来?”由此入课，学习《观书有感》自然而然；当学生理解了朱子格“源头活水”“春水生”等物，告诉人们要“多读书”时，阎晶晶老师顺势追问：“朱熹平时是怎么读书的呢?”此时，学习《古人谈读书》已成为学生内在的动力与需求；当朱子“三到读书法”为学生所感受、理解时，她又跟进一步，引导学生运用这一方法学习《劝学诗》，在言语实践中进一步让学生感悟“不轻光阴”，在实践中真正让书成为“源头活水”，在读书学习中“生春水”。当学生能够自由出入文本时，这些文本自然化为学生成长的能量因子。

3. 互通教授与学习

只有充分把握学情，精准教，教到位，学生才能学得扎实，实现适宜发展。“1”这个主文本对教师来说是其传道授业重心所在，于学生而言是学好“X”文本的钥匙。阎晶晶老师深谙其中之道。她以《观书有感(其一)》为主，先让学生读通，再引导他们说说诗中描绘的情景，进而讨论“观方塘”情景与读书的关联，最后由读书拓展到读生活的“大书”，感悟“源头活水”。如此，“朗读—想象—关联—感悟”四步学习法得以初步建构，并初步了解了朱子“格物致知”学习理念——对于小学生来说，就是从身边的人和事的规律去感悟道理。在学习《观书有感(其二)》时，学生依朱子“格物致知”学习理念，初步尝试运用四步学习法交流讨论，感悟读书的好处——如“春水生”。而学习《古人谈读书》《劝学诗》，阎晶晶老师大胆放手，让学生小组合作，上引“理念”，下用“学法”，充分展开学习过程。学生读诗文，想画面，联生活，悟“致知”，在深入的言语实践体验中感悟“读书要‘心到、眼到、口到’”，在勤实践、深入实践“读书三到”中做到“光阴不可轻”。

4. 联通学习与评价

阎晶晶老师深知“评价为了学习”“评价促进学习”。在学生读懂《观书有感(其一)》诗句意思后，她引导学生读题质疑。当学生提出“题目的意思就是看书的感受，而内容却在写景物”题目与内容不吻合时，她随即给予肯定。由此，引出朱子理学“格物致知”学习理念。当学生对比读《观书有感》，发现这两首诗都是通过“水”来告诉人们要多读书时，阎晶晶老师及时提炼：“格物致知，朱子格了这‘源头活水’，让我们知道了‘多读’真好啊！此时此刻，朱子的格物致‘读书’，已然成为咱们班同学的格物致‘读书’！”朱子“格物致知”学习理念实现了初步转化。当学生初步了解了《古人谈读书》这则文言文的意思时，她适时小结：“这就是朱熹的读书法。我们就这样在问题的指引下，专心致志地阅读，眼睛就可以把每个字都看清楚，用心思考文言文的意思，嘴巴就能把其中的道理表达完整。”之后，她又进一步让学生尝试运用“三到读书法”理解为什么“心到”最重要。而在学生运用“三到读书法”学习《劝学诗》后，她又通过评价语引导学生关联四篇(则)诗文，格物致知，读书践行。可以说，阎晶晶老师的每一次评价，都指引着学生不断走近“文本群”，读通文本，进而读出自我。

当“1+X”文本有了清晰的组合逻辑，这些经过精心组合的学科逻辑又能基于学情、精心施教、评价伴随，朱子读书之法与观书之感就能慢慢深入学生的心灵，最终有效转化为学生的生活逻辑，立德树人目标就此悄然达成。

（点评专家：黄文杼，德化县教师进修学校教研员，福建省中小学学科带头人）

慧写篇

第一章

建构意义：儿童习作的价值追求

“以人的发展为中心”的习作核心理念，要让习作回归“表达与交流”的本真诉求，努力实现导向育人、需求育人、过程育人，逐步培养学生“精于思想、富于情感、工于表达”的素养与能力。

“以人的发展为中心”的习作课程价值、内容与工具

2022版新课标在“课程理念”中提出，要“立足学生核心素养发展，充分发挥语文课程育人功能”①。为此，我们围绕习作教学，反复开展学生认知特点、课程标准、教科书的联结研究，力求突出“以人的发展为中心”的核心理念，让习作回归“表达与交流”的本真诉求，并根据学段特点依次建构“依素写话”“依法观察”“依意习作”等教学范式，提炼课程育人视域下的小学习作教学的基本范式，以“连贯性”整体规划搭配“适应性”的实施路径(图2-1)，进而开展价值育人、需求育人、过程育人的习作实践，体现以学生为中心的教学理念和功能的转变。

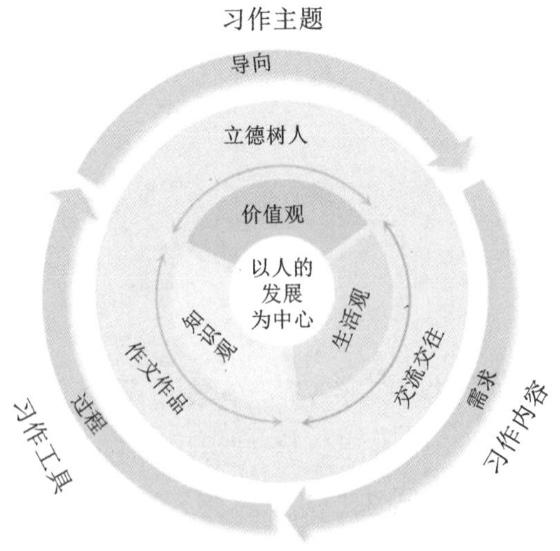

图2-1　课程育人视域下的小学习作教学范式结构图

① 中华人民共和国教育部. 义务教育语文课程标准(2022年版)[S]. 北京：北京师范大学出版社，2022.

一、“立德树人”是习作教学的价值体现

以“立德树人”为价值导向的习作教学，更加明确习作育人的意义，让学习习作的过程成为积极健康的培塑儿童情意发展的过程，并且在全息图景的内容习作中去落实学生对自主发展、社会参与、文化基础等方面的要求(图 2-2)。

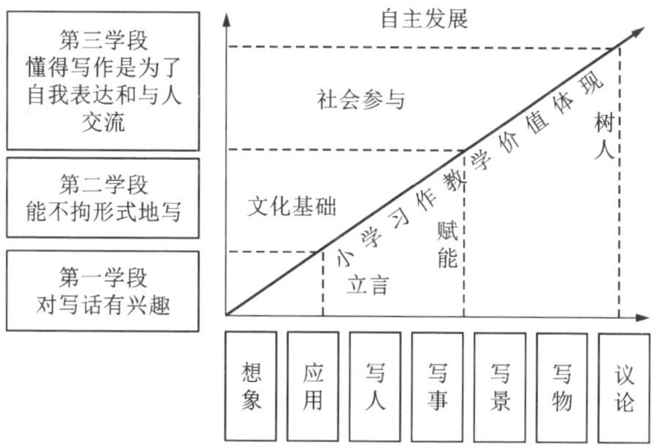

图 2-2 “课程育人”视域下的小学习作“内容与过程”相互作用的价值体现

(一)“情意需要”是习作价值的内在要求

在以小学六年级学生为对象的“习作动机”问卷调查中，我们发现仅有13.73%的学生意识到习作是为了记录自己的生活或者表达自己的感受，有80.13%的学生认为是为了完成教师布置的作业，还有6.14%的学生不明白为什么需要习作。儿童进入小学学习前，在日常生活当中已经形成了口头表达的习惯，也知道口头表达是自我倾诉与人交流的工具。可是在他们的成长过程中，鲜有用书面应对生活或表达情感的需要，因此，书面表达并没有成为他们生活所需的一部分。如果教师没有关注到这一心理动机的缺位，没能给予学生适配其认知水平发展的有效引导和帮助，就不能帮助学生建立起正确的学习习作的价值观。因此，教师若想引导学生在习作过程中的走向并追求自我实现，就要分学段分层级唤醒学生的习作情意需要。

低年级最重要的是“感受写话的乐趣”。这一阶段的学生喜欢探索和尝试新事物，对新鲜事物充满好奇，容易产生浓厚的兴趣。就语言发展而言，“书面

语言”正是这一阶段学生面临的“新事物”。所以，教师要利用好“好奇、探索、尝试”，激发学生的写话兴趣，满足他们初学写话的生理需求与安全需求——因为写话，而快乐、安定。

中年级强调“不拘形式地表达”①。在这个阶段，学生经过了两年的书面语言萌芽过程，接触了相对丰富的书面语言表达形式。教师应进一步鼓励学生不拘形式地根据需要大胆表达，初步体会借由“表达与交流”抵达“爱与归宿”以及“尊重的需求”的抽象——因为“不拘形式地表达”，而重视他人、关注自我。

高年级重在“懂得习作是自我表达和与人交流”。这一阶段的学生的交际类型已经发展到“人际联系”，在语言活动中表现为“远景性的自我调节和根据不同对象施加影响”。教师应潜移默化地引导学生“有所为而作”，逐步清晰地认识与认可习作的意义，促进学生获得自主发展、社会参与、文化基础，进而获得自我实现。

（二）“话题内容”是习作价值的整体刻画

写作本来就是人生命活动的一部分，是思想交流的重要工具，是心理层面的需求。语文教科书的习作话题系统围绕“全面发展的人”建构了六大类教材话题内容体系，立体描画了儿童成长生活的全息图景(图 2-3)。在通盘构思、螺旋上升的写作价值体现的过程中，学生将正视自己在真实生活情境中，对人、对事、对物、对环境、对实际功用、对想象创造的具体行为和表现，理解与判断自己的思想、情感、价值观等，进一步将其涵养与内化为正确的价值观、必备品格和关键能力，从而实现立德树人的目标。

比如，以“写人”为主题的 8 次习作训练逐步将儿童与自我、同伴、社会联系起来，有意引导学生在写《我的心情》《我的“自画像”》等过程中不断深化对自我的认识，在《我的好朋友》《猜猜他是谁》中促成对同伴关系的理解和进步，在《身边那些有特点的人》《形形色色的人》《有你，真好》中逐步扩大交际范围，识别与协调交往关系，培养学生成为具有自我认知观、人际交往观与社群融入观的现代公民。又如，以“写想象类故事”为主题的习作训练，从单幅图、多幅图，到基于童话特点创编想象故事，再到借由《我和____过一天》《故事新编》产

① 中华人民共和国教育部. 义务教育语文课程标准(2022 年版)[S]. 北京：北京师范大学出版社，2022.

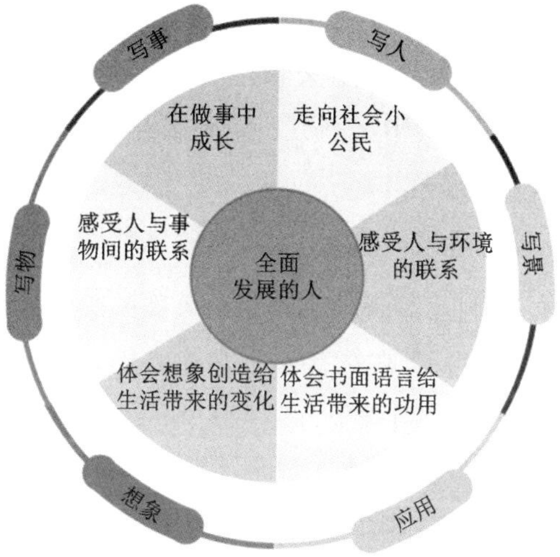

写人：儿童与自我、儿童与伙伴、儿童与社群
写物：儿童与玩具、儿童与动物、儿童与植物、儿童与用具、儿童与文化
写景：儿童与身边的景、儿童与游览的景、儿童与眼中的景、儿童与心中的景
写事：儿童与玩耍的事、儿童与生活的事、儿童与成就的事
想象：儿童与自然想象、儿童与文学想象、儿童与科学想象
实用：儿童与生活所用、儿童与习得所用、儿童与探究所用

图 2-3　小学习作话题描画“全面发展的人”的育人图景

生与童话阅读中人物与情节的深度联系，以及基于原有知识经验创编探险类故事，基于百科知识编写《变形记》，基于虚拟生活编写《笔尖流出的故事》，基于科学技术编写《插上科学的翅膀飞》等，让学生在展开想象编故事中走向阅读、知识与生活的深度融合。

二、“交往交流”是习作功能的情境需求

学习习作是为了在真实的生活情境中更好地交往交流。2022 版新课标继续强调第三学段要让学生“懂得写作是为了自我表达和与人交流”。然而，每个阶段学生的生活经验、心理特征、认知特点是不同的，这就决定了相关的习作内容和形式都必须置于适配的交流情境中探究，才能有效发挥习作的交际功能，并提高学生真实使用语言文字的能力。

(一)习作内容符合儿童交往心理需求

在比对研读2022版新课标与语文教科书的过程中，笔者发现小学阶段习作的内容大体一致，以“留心周围事物”为前提，聚焦“事物”和“想象”，又鉴于学段的不同各有侧重，螺旋上升。

1. 低年级写“想说的话”

“留心周围事物，写自己想说的话，写想象中的事物”是2022版新课标对第一学段提出的写话要求，非常符合儿童交往心理。一方面，是“想说”的心理。低年级的7次单元写话训练中，有4次都是选用学生感兴趣的话题，如《自己喜欢的玩具》《我的好朋友》《我想养只小动物》中的3个写话对象，都是伴随儿童成长的玩伴，有利于促进学生完成“不吐不快”的表达过程，潜移默化地让学生感受到表达的乐趣。另一方面，是“想象”的心理。低年级学生常常会借助想象来理解他们生活的世界，他们更喜欢扮演类游戏，甚至在现实世界里也依然以游戏情境中的身份进行交往交流。因此，想象写作是最适合低年级学生表达训练的内容。低年级教材中的想象交流主要以“讲故事”为载体，共训练了14次之多，此外还安排了《为什么》童诗创作和《猫和老鼠》《蛋壳的一天》等看图写话，鼓励儿童发挥想象、产生表象、丰富表象、创造表象。

2. 中年级写“见闻”

2022版新课标提出第二学段的习作内容是“观察周围世界，能不拘形式地写下自己的见闻、感受和想象”①。这样安排是因为中年级是培养儿童观察发展的关键期。首先是身边的物。小学阶段的首个习作单元由《我们眼中的缤纷世界》开启，《这儿真美》继续引导学生围绕“美”对身边场景加以观察与发现，而后在《我的植物朋友》中引导学生写清楚对植物的观察，在《小小“动物园”》中鼓励学生抓住家人的特点“画像”，在《我的动物朋友》中指导学生观察各种动物……教师要领着学生经历观察“身边的物”的全序列过程，培养学生留心和细致观察周围事物的习惯和能力，形成交流与交往的物象基础，做好写真事、抒真情、做真人的习作准备。其次是身边的事。观察既要针对生活中的物，又

① 中华人民共和国教育部. 义务教育语文课程标准(2022年版)[S]. 北京：北京师范大学出版社，2022.

要针对生活中的事。用眼睛去识别、用心灵去体察、用文字以还原，由物及事，由事察情，是记录生活的有益准备。为此，中年级的写事训练从记录身边事开始，在《生活万花筒》中要求学生观察一件事的起因、经过、结果；在《记一次游戏》中要求学生记录游戏的过程，记录感受和想法；在《我的心儿怦怦跳》中要求学生观察事情的经过，记录当下感受；在《我学会了____》中要求学生说明遇见的困难以及自己心情的变化。由此，习作便能积极推进儿童融入真实生活。

3. 高年级写“中心的意思”

从“懂得写作是为了自我表达和与人交流。养成留心观察周围事物的习惯，有意识地丰富自己的见闻，珍视个人的独特感受，积累习作素材”这段表述中不难看出，这一学段的习作训练要义在于“自我表达和与人交流”意识的形成，然而这个意识潜藏于“丰富的见闻和独特的感受”里。一是丰富个人见闻。高年级的写人习作大多不再特指某个群体，而是侧重引导学生意识到生活中每天都会接触到形形色色的人，通过观察他人，发现与不同人交流交往的表达方式；见闻也不仅仅来源于生活中的真人真事，亦要让学生在自然见闻、生活见闻、科学见闻中展开想象，形成全新的交往话语体系。二是珍视独特感受。教材中最为显著地体现这一写作理念的当属六年级上册第五单元习作《围绕中心意思写》，单元主题页提出“以立意为宗，不以能文为本”，要求学生从不同方面或选取不同事例表达中心思想，传递的核心概念是“文以载道”，即表达和交流是传递人内心想法的载体——只有明确中心意思，再通过与之匹配的文本表达形式来呈现，才能更好地表达自己的所思、所想、所念。

（二）习作形式符合认知发展表达需要

约翰·比格斯和科利斯提出的 solo 分类评价法，将学生的学习结果由低到高分成五个层次，即在具体知识的学习过程中，人们都要经历一个从量变到质变的过程。教材编排同样也是这样引导学生的思维发展：低年级从前结构、单点结构向多点结构进阶，中年级从多点结构向关联结构进阶，高年级从关联结构向抽象拓展结构进阶（图 2-4）。

1. 低年级表现为前结构、单点结构趋向多点结构的交流动机

本阶段的学生的表达特点是以口头语言为主要表现形式，对于书面语言的呈现为前结构样态：想到哪里就说到哪里，且不吐不快，基本上没有词汇、语

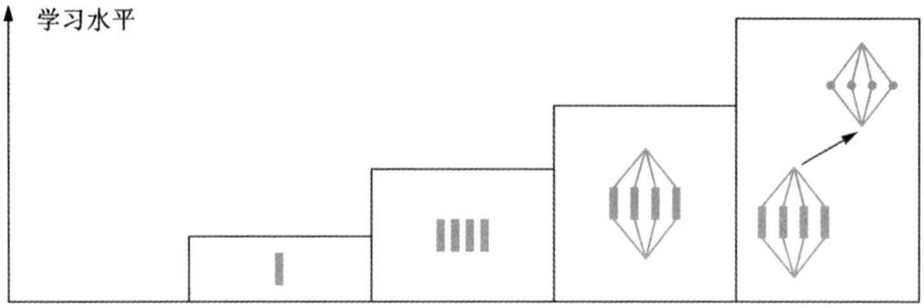

前结构	单点结构	多点结构	关联结构	抽象拓展结构
基本上没有词汇、语序、结构的意识	有目的表达 单一内容	有目的表达 多方面内容	有目的表达 找到多个表达的内容，并且把这些内容结合起来表达	有目的表达 可以向抽象拓展结构水平去延展

图 2–4　小学生表达思维结构由低级向高级变化过程

序、结构的意识。这就需要教师有意识地指导学生在实践中充盈其书面语库，规范其表达的内容和形式，让学生能够用自己单一的语言材料实现有目的的表达，再进一步“交流更多一些”来体现多方面的表达内容。比如，二年级下册写话《我想养一只小动物》提示了两个问题：①你想养什么小动物；②写写你的理由。根据教材提示，学生先回答“你想养什么小动物”，即完整地说好、写好一句话“我想养一只……”，再在“试着多写几条理由”的提示下，从单点结构向多点结构迈进。教师可帮助学生从“特点”着手，梳理想养的理由，再聚焦“养”的过程，从陪伴的角度丰富学生想养的理由。这样，学生的表达由无序的前结构走向“我想养”的单点结构，再走向“我想养+特点理由+陪伴理由”的多点结构，逐步学会把话写完整。

2. 中年级表现为多点结构趋向关联结构的沟通需要

这一阶段要求学生与他人交流时，能围绕一个中心意思，把想说的话表达清楚。这就意味着，教师要培养学生的表达从多点结构向关联结构转变。比如，四年级下册习作《我的动物朋友》同样是写小动物，其习作评价要求“看看是否根据需要写出了动物的特点”，这就提示了写好这篇作文的关键是“写特点”以及“根据需要”。为此，教材设计了三个情境：第一个情境为“寻找情境”，即“小羊不见了，请小伙伴找一找”，交流的对象是“小伙伴”，交流的主要内容是小羊的外形特征“左眼圈黑色”；第二个情境为“寄养情境”，交流的对象为“我的邻居”，为了让“邻居在我家外出旅游期间，能够把小狗喂养好”，就必须“让邻居了解到我家的小狗有哪些生活习性”；第三个情境是“收养情境”，交流的对象为“我的同学”，因为“全家要搬到外地去，我希望同学能够收养我的小猫”，所以必须从小猫的样子、性情等方面说明其“可爱”。在这个过程中，学生调动观察经验与表达经验，分别以“寻找”“寄养”“收养”为目的关联各方面的表达内容，以达成沟通的需要。

3. 高年级表现为关联结构趋向抽象拓展结构的意义建构

高年级学生的习作水平大多指向关联结构，部分学生的习作水平可以向抽象拓展结构发展。同样以描写物的特征的习作为例，六年级上册习作《变形记》要求学生把自己想象成另外一个事物，并把“变形”后的经历写下来。习作评价标准是“和同学交换习作，看看他们对你的‘世界’是不是感兴趣”，教材提示的内容、习作的题目，都是从意义层出发，如“变成一只小蚂蚁”的触发点是作者希望去“跟着那只昆虫去探索一个全新的世界”；“变成一盏路灯”的触发点是为了看见形形色色的人发生在路上的故事。教师应引导学生就自己的愿望或者想法，联结各种事物的特性，筛选可以为自己代言的变形客体，再从“事物本质特性意义”拓展出故事情境中的“拟人体主角的特定意义”，即以故事题材为载体，借助事物本身的特质，拓展“我”在故事中的新生命、新意义。

三、“作文作品”是习作知能的过程进阶

课程育人视域下的小学习作教学最终指向“具有正确、规范运用语言文字的意识和能力，能在具体语言情境中有效交流沟通”①，说明要达成“有效交流沟通”，就必须训练学生“具有正确、规范运用语言文字的能力”。叶圣陶老先生有这么一段话：“要精于思想，应当有种种的经验推断，要富于情感，应当有种种培养陶冶，要工于表达，应当有种种的学习准备。爽直地说，这就包括了人生的一切活动，成了所谓正当地做人的事情了。”②“精于思想、富于情感、工于表达”都是“正当地做人”的有机组成部分，“学习准备”正是“工于表达”的关

① 中华人民共和国教育部. 义务教育语文课程标准(2002 年版)[S]. 北京：北京师范大学出版社，2022.

② 杜草甬. 叶圣陶论语文教育[M]. 郑州：河南教育出版社，1986.

键前提。为此，笔者研制了"低年级依素写话·中年级依法观察·高年级依意习作"的知能进阶范式(图 2–5)，以期搭起脚手架，帮助学生"精于思想""富于情感""工于表达"——"正当做人"。需要说明的是，在这一过程中，老师要坚持"备·教·学·评一体化"的全过程指导，由儿童的需要而制定评价标准，逆向设计备、教、学的具体措施，同时让评价渗透到习作过程的每一个环节中去，有效发展"语言文字运用能力、思维过程、审美情趣和价值立场"。

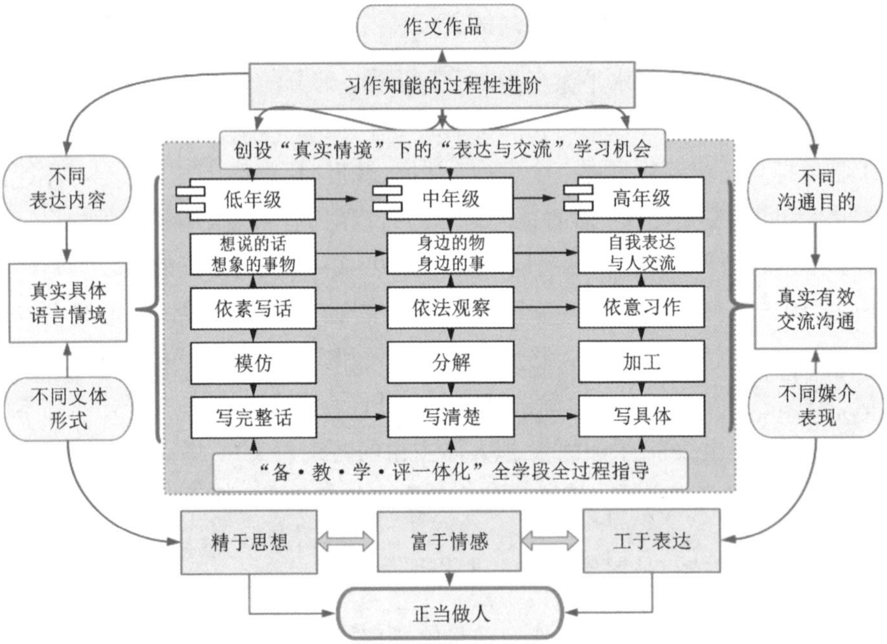

图 2–5 课程育人视域下的小学生习作知能范式

(一)低年级依素写话：以"模仿"达成"写完整"

低年级强调"素"的意识。这里的"素"，指的是书面语言表达形式和语汇两个要素。针对低年级学生在这两个要素方面储备不足的情况，教师应积极创设"写自己想说的话"的情境，并设计该"写话"所需要的支架，让学生用"模仿"的学习方式来逐步达成"写完整"的目标，即在逐渐积累中实现从自由散漫的口头表达向完整严谨的书面语言表达转化，把"想说的话"写完整，感受到书面沟通的有用与有趣。

教材提供了不少让学生易于模仿的语言图式，以满足学生书面表达起步的支架支持。教师可以指导学生从提取句子要素仿写起，让学生能写完整的一句话。比如，大多数一年级孩子遇到困难时不会与他人商量。在教学一年级下册《棉花姑娘》时，教师可以指导学生在朗读中发现“商量语素”：棉花姑娘用上了什么语气词，请求什么；燕子(啄木鸟、青蛙)礼貌地回答它的本领是什么，建议是什么。等到学习二年级下册《青蛙卖泥塘》时，教师就可以让学生运用“商量语素”进行创写：青蛙会用上什么语气词，怎样吆喝呢？买泥塘的动物礼貌地肯定了什么，又提了什么建议？学生写话中一旦形成了“商量”的语言图式，很自然地会将其迁移到交往中去，实现日常交往的有效沟通。

有些脱离文本材料的写话练习，则需要教师根据学生的认知特点和表达需要去思考语言要素、搭建表达图式。例如，教学低年级第一次写话《我的心情》时，教师设计表达图式：“(什么心情)，就是(做什么事情)。(什么心情)时，我会(怎么做)。我(喜欢/不喜欢)这样的自己。”由此帮助学生了解自己的心情与发生的事情之间的联系，感受情感态度的变化，从而更好地发现自己、理解自己、悦纳自己。又如，《想养只小动物》的关键词是“想养”，需要学生把想养的理由说清楚，并说明想养之后的行动，针对“理由”，教师可以建构表达图式：“小白兔(怎么样)，(从哪里看出来)”。针对“行动”，教师可以鼓励学生与家长一同查找喂养资料，填写完成图式：如果我养它，我会（为它做些什么)。学生在借助言语图示表达的过程中，无疑会进一步了解小动物，以及有计划地思考如何喂养小动物，做到“为自己的言行负责地写话”。

(二)中年级依法观察：以“分解”达成“写清楚”

中年级强调“法”的意识。这里的“法”，是指习作的方法，包含“摄入”和“成文”两个方面。教师应当充分利用教材系统，走好在“读”中学“观察”(观察的内容，我关注；观察的方法，我了解；观察的表达，我感受)、在“写”中学观察(观察的内容，我发现；观察的方法，我实践；观察的表达，我运用)等读写实践路径，并潜移默化地给予学生“从‘观察’开始，读好书、作好文、过好生活”的核心理念。在实际教学中，构建以“分解”为核心的教学模式，指导学生分解观察的方法，链接分解表达的方法，帮助学生达成“写清楚”的目标。为此，教师可以先根据观察对象的不同，分解不同的观察角度。比如，观察水果，对于形状、大小、颜色，当然主要是用眼睛看；如果辅助用手摸，就能增强对形状、触感、大小的感受与理解；如果再一步还能够用鼻子闻，就增加了嗅觉感受；更进一步，切上一块用嘴尝一尝，便能形成对水果的全面认识。这样的五感分解方法同样适用于植物、动物、景物、物品、人物的观察活动当中。更重要的是让学生更好地感知世界的丰富多样，明白这里的观察并不等同于科学观察，而是触发心灵感受，产生个性体验，帮助学生获得发现美的眼睛——更加热爱我们生活的缤纷世界。

（三）高年级依意习作：以“加工”达成“写具体”

高年级强调“意”的意识，主要是针对2022版新课标提出的“懂得写作是为了自我表达和与人交流”。这里的“意”是指交流与表达的中心意旨，也就是“为什么要写”。

首先，必须关注的是，教要为学服务。强调老师要跟随不同写作阶段，例如积累素材、选择材料、打稿先写、发现问题、修改内容、分享交流等所有环节都应该让学生的写作活动先行。教师根据每个活动中学生的需要决定教什么以及怎么教，让学生对整个习作过程有更多的自主权，更发自内心地表达、感受、体验、认识和评价，同时教师在整个“写具体”的指导过程中应给予更具有“人性化”的关怀，从而促使学生更有兴趣地向教师学习习作，在这样反复学习的过程中主动把自己的文章加工完善。

其次，强调的是，高年级习作更指向于交际工具的运用。我们发现高年级教材中大部分习作训练是有对象感的写作。教师要善于指导学生适应习作表达对象的不一样，而文章的情境、详略、遣词造句、语气态度、结构组织都要根据对象感的不同而做相应的加工调整。如教材习作《我想对您说》《他______了》都是极具对象感，并且出自贴近真实生活、进行真实关怀的主题，因此在人称选择和表达内容的呈现方式与加工方法上，多与小学阶段大部分文章有着明显的区别。

最后，我们要更加尊重学生根据学习内容不拘形式地写。在整个教材习作序列中，教师教给了学生记叙文、说明文、诗歌、故事、读后感等多种文体的写作。教师应当把运用习作形式的权利交给学生，让他们根据自己的主题需要来组织写作的语体。例如《心愿》的写作，本身就是出自内心的感受体验，像这样赋予意象的表达，就可以鼓励学生用诗歌的形式来呈现。习作《形形色色的人》

时，我们也可以鼓励学生根据自己的表达需要来选择自己的表达方式，可以用诗歌的形式明快生动、突出特点地表现来来往往形形色色的人，也可以用小说的方式融入形形色色的人的不同表现，当然还可以用说明文的方式将形形色色的职业人说明白。以此三个强调，始终把学生放在习作过程的主体地位，加强他们的作者意识，通过主题写作推进学生和真实生活的联系，让他们在写作过程中始终"寻找属于自己的句子"，希望写出来的文字"言有尽而意无穷"；为了自己的"意"而加工，甚至愿意在老师的指导下不断改进，认识到"重写是最好的写作"①。

基于对"习作为什么育人""习作育怎样的人""习作怎样育人"等重要命题的思考与实践，我们方能以儿童的当下与未来的需要与发展为本，结合习作教学的全学段、全领域、全过程、全要素，涵养学生的核心素养，促进学生成为全面发展、有本领、有理想、有担当的时代新人。

① 曹勇军，傅丹灵. 中美写作教学对话十五讲[M]. 上海：上海教育出版社，2018.

第二章

形成范式：儿童习作的践行路径

“依素写话”“依法观察”“依意习作”小学习作教学范式，是在课程育人理念的指引下，以素养本位的习作课程价值、内容与工具为突破口与切入点，对不同学段的习作教学进行的改进与重构，帮助学生从“会写”走向“慧写”。

模仿积累：低年级能“写完整”

写话是低年级重要的语文学习任务之一。前面提到，低年级学生对于感兴趣的话题，总是关不上话匣子。不少教师在教学时，依照从说到写的规律，让学生把想说的话写下来，就把它称为“写话”。也有不少教师就着文类的一般程序，开展写话指导。这都存在着认识和做法上的误区。下面笔者将就低年级“写话”的问题，对“把话写完整”的基本认识，以及从不同维度训练“把话写完整”的方法来试作说明。

一、低年级写话教学典型现象与存在的问题

(一)写话教学的典型现象

长期以来，教师对低年级写话的两种做法，在一定程度上存在着罔顾写话认知发展需求的弊端。例如某教学用书以及不少网站所分享的《我的好朋友》写话教学设计。教材写话要求是：“能根据提示写一写自己的好朋友，写出他的样子和常一起做的事。”

第一种说法，把写话当作说话——“写话就是把说的话写出来，怎么说就怎么写”。

案例一：先指导学生把一个个问题说清楚，把一个个句子说完整。比如“我的好朋友是……”“他长着……”“我们经常一起做……”。然后指导学生把这些问题连起来介绍自己的好朋友。有的学生可能说不清楚，教师就帮学生说清楚。有的学生可能不能回答全部的问题，教师也不要求全责备。在学生表达的过程中，教师以鼓励为主，学生能开口表达就表扬。在说清楚的基础上，再引导学生把说的内容写下来。如果有学生不按照提示的顺序写也可以，只要把这三个方面写清楚就行。(出自某教学用书)

第二种做法，把写话当习作——把文类写作教学的一般程序，当成任何学段都可使用的程序。

案例二：

(1)导入：上学期我们学习了怎么介绍玩具，每个玩具都有不同的样子，你们的朋友也各有各的样貌特点，你会从哪些方面来介绍你好朋友的样子呢？

(2)教师教学生抓住人物的特征来介绍，并给出词语，再指导：样子有这么多方面，我们是不是每一点都介绍呢？我们要找到好朋友最主要的特征来写。

体型——胖嘟嘟、高高瘦瘦

眼睛——水灵灵、圆圆的、双眼皮、明亮的、会说话的

头发——长、直、黑、卷、短

眉毛——又长又细、又粗又短

鼻子——大大的、高高的、小小的

脸蛋——圆圆的、胖胖的、红润的、白净的

嘴巴——红红的、小小的

(3)教学描写人物的样子要按照一定的顺序：从整体到部分，抓主要特征描写。

(4)让学生说出好朋友的一件好事，并追问学生让其讲清楚，再写下来。

(5)出示事例：她长得胖嘟嘟的。圆圆的脸上，有弯弯的眉毛和小小的嘴巴。性格活泼开朗，学习做事风风火火的，老师经常提醒她慢一点。每次同学没带铅笔橡皮的时候，她总是第一个冲过去把自己的借给同学。(出自某公众号)

(二)存在的问题

笔者就这两种代表性写话教学设计分别选取建阳师范附属小学二年级两个平行班开展写话教学与教后问卷调查。从写话和问卷结果来看，集中呈现出以下四种现象：没内容写、不会写、写不像、不爱写。

1. 缺真实情境，没内容写

语言是人们自我表达和与人交流的工具。然而使用工具的前提，正是在真实交流情境下的需要。尤其是六七岁的儿童，他们正处在以形象思维、想象思维为特征的看待世界的阶段，对身边出现的和发生的新奇的、感兴趣的人和事或者想象中的事物常常滔滔不绝，而对自己不关心的事情，便会紧紧地关上话匣子。写话《我的好朋友》教学设计两例并没有正视儿童表达的意志需要，并没有创设与儿童共情的真实情境，单纯地把“写我的好朋友”作为问答题抛给学

生——他们只是想着回答问题，自然不能让他们对在真实情景中的“好朋友”产生联想，就没有话可说。

2. 缺方法路径，不会写

儿童所习惯的口头表达是随意的，缺乏“方圆”意识和能力。在案例一中，老师并没有意识到“说”和“写”的区别，“说”的语感是建立在口头交际简明性、交互性和现场性之上的，“写”的语感是建立在书面表达的可悟性、严谨性和间离性之上的……①在没有语言形式的支持下，要能有顺序、有条理地把外貌和事情都一一说清楚，谈何容易？案例二较为笼统地叙述了“写人类”文章的写法——“从整体到局部，抓住主要特征”，这远远超出学生的认知范围——只有方向，没有路径，学生依旧不知道怎么写。

3. 缺认知关联，写不像

支持学生把内容表达得像“儿童”，一定要建立心理机制与主题情境产生的内在关联，这样才能引导他们把心里所想“画”出来。案例一中，老师并没有任何关联性指导，学生根本不知从何下笔；案例二中，老师指导学生说好朋友的样子和事件时，所列出的学生并不理解的一大串描写外貌的词语，根本无法让碎片化的描写和对象产生整体性关联；示例的范文也无关“好朋友”。那么这样的“好朋友”纯粹是为了写人而写人，怎么可能写得像呢？

4. 缺经验积累，不爱写

这里的经验应该包括两方面内容：情感经验和知识经验。从情感经验来看，学生缺乏与情境的沟通，不能促动其精神和情绪的需求，学生没有倾吐的空间和欲望，便不爱写。从知识经验来看，叶圣陶先生曾说过，写文章“一项是语言的材料——语汇，一项是语言的组织形式——语法”，可是学龄前儿童的此两项语素储备几乎为零！因为缺乏方法路径支持、缺乏认知关联，而不会写、写不像，断然失去写话的兴趣。2022 版新课标非常重视学生的学习兴趣，提及 27 次之多。要知道“兴趣是最好的老师”，如果没有了兴趣，也就没有了一切。

二、“把话写完整”的基本认识

综上分析，写话教学应建立的主要需求是语言经验的积累，在对“写”和

① 潘新和.“写话”“习作”与“写作”辨正[J]. 语文建设，2002(2)：14-16.

"话"的辩证认识上，指导学生"用书面语言来表达完整的话"。这一过程即以"模仿"为主要方法的"依素写话"。我们发现教材把更多的写话练习安排在课文的教学过程中，一年级通过"读一读，记一记""照样子，说一说"等形式，引导学生积累语料；二年级在助力学生重点积累动词、形容词及词组的同时，通过比较词句、仿写句子等练习，引导学生积累句型，通过朗读、讲故事等方式，帮助学生完善语感，让学生有话可写，并且知道如何写，形成说完整话的语言思维(图 2-6)。其中有两个关键需要强调：一是根据教材的提示，不放过任何可"模仿运用"的机会。"依素写话"不单单局限于"单元写话"，而是要教师有捕捉练写的敏感度，去努力发现课文当中可练写的"模仿运用点"，再努力贴近儿童的生活、兴趣和经验，把"模仿运用"的"依素写话"练习迁移到生活写话中去。该练写既是日积月累动笔的过程，也是日积月累生活的过程。这样有助于学生在语文实践活动中主动积累、积极运用、生成语感；达成"写完整"的技术要求。二是要在写话过程中，让学生觉得"我"能借助"写话"自由畅快地让想法留下"证据"，并且通过写的经历发现"我"与周围事物的联系，促使自己变得更好！

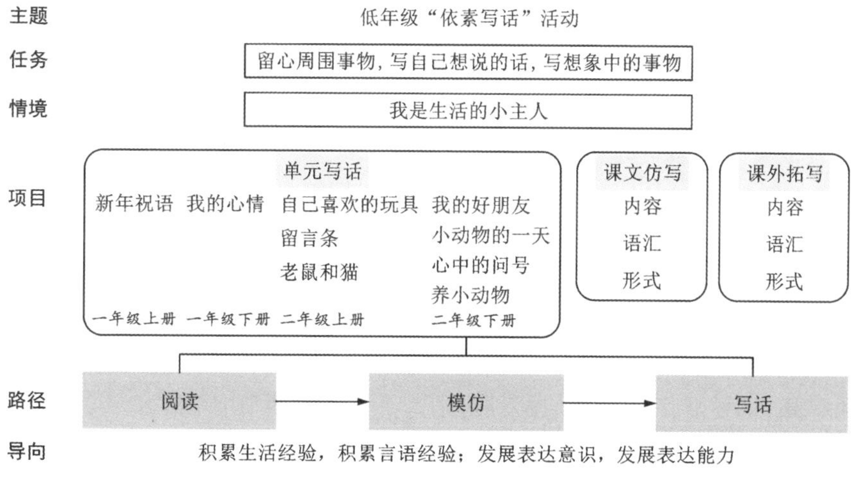

图 2-6　低年级写话"写完整话"主题、情境与任务

三、"把话写完整"的模仿运用路径

教师要善于抓住学生写完整话的敏感期，让学生通过"模仿"活动，与书本对话、与经验对话、与生活对话，有意义地积累语言，实现有意义的语言实践，积累生活经验、积累语言经验、发展表达意识、发展表达能力，使其成为表达心灵、传递想法的小主人——逐渐实现“童手写童心”，继而有希望去发挥“立言”的价值。

（一）在运用词语中“模仿”，与积累对话

一、二年级教师应结合识字、写字、阅读和口语交际教学，引导学生做好写话前的语言材料积累和准备工作。这些“准备”绝不可以死记硬背，而应该利用一切契机让积累的语言“运用”起来，这样才能真正使其存留、内化，同时促进学生主动学习。这也符合2022版新课标提出的要求：“在写话中乐于运用阅读和生活中学到的词语。”

教学一年级上册《影子》时，教师发现学生常常把“影子在左，影子在右，影子常常陪着我，它是我的好朋友”中的“陪”读作“跟”。一是因为学生读书时常常“跟着感觉走”，反复的韵律让前一小节中的“跟着我”顺延到后一小节，形成了口头惯性；二是因为学生区分不清“跟”和“陪”的意思和用法。教师可通过情境表演的方式，帮助学生区分“跟”和“陪”，再积极创设“跟”“陪”不同对象的真实情境，帮助学生打开练说的渠道，实现动态积累。在一年级下册的学习中，学生不但要练说，还要把积累的词语端端正正地写在书上，再把自己最满意的句子写下来——好记性不如烂笔头。

（二）在情境续编中“模仿”，与书本对话

语文教科书编排了很多有意思的故事。教师在教学中要善于发现故事的空白点或者续编点，把学生带到特定的情境中，借助故事中的语言图式或者创编出合适的语言图式，让学生充分展开想象或联想。需要强调的是，续编不能偏离原文的逻辑，即要沿着原有的轨迹发展，让学生在续写中与书本展开深度对话。

二年级上册中的《坐井观天》是经典的寓言故事。不少教师会采用续编的方式让学生说理。但是仅仅让青蛙跳出井口，怎么就能证明天无边无际呢？为此，可以融合同册“语文园地四”中的《画家乡》，让学生写一写青蛙坐在小鸟背上，飞到了哪里，看见了什么，说了什么，结果怎么样。在指导写“飞到了哪里，看见了什么”时，《画家乡》是非常合适的素材，文本内容囊括了海边、山里、平原、草原、城市，这不就是整个天下吗？同时，教师积极倡导学生用上在第四单元中学会的描绘风景的词语，并重点指导学生思考“青蛙说了什么”，让

学生以青蛙的话来说明原本见识的浅薄。在学生沉浸地写话后，青蛙出井的结果就变得生动而真实了。示例：

青蛙跳出井来一看，忍不住说："哇！天原来这么大啊！"

小鸟说："天还不止这么大呢！我带你看看美丽的大世界吧！"

小鸟说着，把青蛙带到了海边。海那么蓝，那么宽。一艘艘船上装满了鱼和虾。青蛙说："海边有捡贝壳的孩子呢！那个渐变的贝壳真是与众不同。"小鸟说："还有更好的。"

小鸟又把青蛙带到了山里。山那么高，水那么清。青蛙说："这就是山清水秀吧。"屋后都是又高又大的树，房前有许多蘑菇。它又叫起来："带有五颜六色的蘑菇，好美啊！"小鸟提醒道："有毒的，不能吃。"

小鸟又带着青蛙来到了平原。平原那么平坦，那么宽阔。金黄的稻田像一片片金色的海洋，风一吹，它们摆动着身姿散发出阵阵稻香——好香。

小鸟又带着青蛙来到草原。草原无边无际，草长得又高又绿，羊群挤在一起，好像在说些什么？青蛙惊讶地喊："马儿，马儿，你跑得好快呀。"

小鸟又带着青蛙来到城市。马路两侧有饭店、玩具铺、图书馆，马路上车水马龙，青蛙说："行人真多，真是人山人海。"

小鸟问："天大吗？"

青蛙说："很大，我真是井底之蛙。"

四、在联结经验中"模仿"，与自我对话

语文教科书在写话话题的选择上，"十分注意与学生经验世界和想象世界的联系"。教师在教学中，要先站在学生的立场，模仿学生的思维和需求写出范本，提炼出语言图式；再引导学生通过阅读范本，直观感受、整体把握语言图式，联系生活，生成想说的话，并用特定的语言形式把这几句连贯的话写下来。需要强调的是，教师在整个指导过程中，要不断营造学生与自我对话的良性氛围，让写话散发出向上的生机。

在二年级下册第二单元写话《我的好朋友》的教学中，有些教师结合中、高年级的外貌描写方式进行指导，还让学生用一件事情把"经常做的事"写清楚。这就不可取了，因为学生的认知并没有进阶到细致观察的程度。可让学生以联想的方式记录朋友最有特点的外貌"我的好朋友，____________就像____________"，这种做法接近学生的最近发展区。之后，重点指导"我们在

一起______________，在一起______________，在一起______________……我真喜欢他(她)，我们要一直做好朋友”，学生在“从说到写”中唤醒了记忆：哦！我无论做什么事情，都想和他(她)分享。我们在一起做了这么多有趣的事情，就连我遇到困难时，也是他(她)和我在一起。就这样，我们成了“好朋友”……如此，学生的心里潜移默化地建立起同伴关系。在此基础上，教师在网络音频分享平台上开辟专栏“你是我的好朋友”，引导学生通过“声音”向伙伴们传递“在一起”的想法。这样的传递，激发了学生主动、自发地写好朋友，使学生建立了“我有许多好朋友，我乐意与他人交朋友，我能发现他人的善意”的良性交往观。

五、在沟通“新发现”中“模仿”，与生活联通

2022 版新课标把“跨学科学习”作为课程内容，旨在引导学生“拓宽语文学习和运用领域…… 在综合运用多学科知识发现问题、分析问题、解决问题的过程中，提高语言文字运用能力”。语文教科书中的写话就是一个小小的窗口。教师要善于发掘“开放”的点，以“发现”的过程为“写话”的过程，创作写话范本；引导学生凭借范本支架，围绕 2022 版新课标提出的“图书”“动植物”“风俗文化”等维度，发现其中的奥秘，生成想说的话，并用连贯的语言写下来。二年级下册第六单元的写话《为什么》以模仿说问句作为支架，希望引导学生写出心中的“问号”。可事实上，那些问题在学生的眼里是没有逻辑关系的，是没有示范意义的。他们依旧不知道如何发问。编者的意图是要让问题成为思考、探索、发现的引擎，带着学生去生活中、书本中、自然中探秘。为此，教师在教学时重点指导学生观察教室里的事物，以语文教科书中的例句为蓝本，编写语言图式“窗户(事物)闪闪发光(怎么样)，它为什么是透明(特点)的呢?”把眼前所见、心中所想说清楚，关注自己最感兴趣的一类事物，在小组交流后把它写下来。更重要的是，让学生带着“为什么”从课内走向课外，用图文并茂的形式记录“新发现”，产生“新问题”，表达“新想法”(图 2-7)。教师在此基础上，将“我的问题我揭秘”融进写话活动，让学生在“解密”心理的驱动下，去请教老师、同学、书本……如此，语言图式启动科学思维，科学思维引导学生见微知著，让跨学科学习自然发生。

久而久之，以“模仿”来“依素写话”，使学生真实地认可“我们都是发现与想象的天使”，感受到丰富的语素(形式、语汇)能够帮助自己“写完整话”，更

加“写漂亮话”，感受到因为“常常写”，“写话”就如“说话”一样自然，进而“更爱写”。

2022年5月16日 星期一 天气晴

四季真奇妙

四季真奇妙，
好多小问号。

春季生机勃勃，
花儿争奇斗艳。
花儿为什么是五颜六色的？

夏季烈日炎炎，
天气为什么那么古怪？
西瓜和冰棒为什么能解暑呢？

秋季硕果累累，
稻谷为什么香喷喷的？
棉花为什么是软的？

冬季大雪纷飞，
雪花飘到了我的手中，
融化了。
雪为什么会融化呢？

四季真奇妙，
我们需要好好学习，
天天向上。
就能破解奥秘！

图 2-7 “为什么”写法示例

围绕“意思”：中年级能“写清楚”

三年级是习作教学的起始阶段，语文教科书的不少课后“小练笔”大都以“围绕中心句，把段写清楚”为重要内容，并结合当堂课的相关内容来迁移练写。值得教师思考的是：何为“把段写清楚”？如何指导学生“把段写清楚”？下面就这两个问题试作分析。

一、“把段写清楚”的基本认识

如何“把段写清楚”呢？段的构成路径是：由字及词，由词及句，由句及段。如果仅仅“分裂”地领着学生组词、习句、练段，是不够的。

（一）语段围绕“中心”而“意思清楚”

三年级教材训练学生能“围绕一个意思写段”。直接提出的要求是，三年级上册第六单元的阅读要素是“借助关键句理解一段话的意思”，习作要素是“习作的时候，围绕一个意思写”。

这里的“意思”，就是作者和读者的想法。其实从三年级上册第一单元就开始训练学生“围绕一个意思写段”。《大青树下的小学》的课后问题“这所学校有哪些特别的地方？”“你的学校是什么样的？”就犹如引路人一般，带着学生去感受校园的“特别”——所谓“特别”，就是不一样，就是学生对校园的个性化印象，是属于个体的认识和思考。这才是“人无我有”的最珍贵的部分。这样，学生能从司空见惯的事物中，产生新的认识，才有写的动机——从写语段开始，把“中心”作为起点，让他人清楚明白地知道“你想表达什么”。因此，2022 版新课标提出要“不拘形式地写感受”，强调的正是学生的主观意识。

（二）语段因为“新鲜感”“生动”而更加“表达清楚”

三年级上、下册第一单元的阅读要素关键词分别是“新鲜感的词语和句子”“优美生动的词句”。它们和“写清楚”之间有何联系呢？

1. 充实语库，让意思准确

“积累”是贯穿整个小学阶段的重要任务，无论哪个学段都不能轻视。尤其在以写“见闻”为主的中年级，学生在“说完整话”的基础上，更需要丰富的词句来“准确”地描述“见闻”“感受”“想象”。叶圣陶先生在《谈文章的修改》一文中说：“怎么能不留意一字一语的小节？一字一语的错误就表示你的思想没有想好，或者虽然想好了，可是偷懒，没有找着那相当的语言文字：这样说来，其实也不能称为‘小节’。说毛病也一样，毛病就是毛病，语言文字的毛病就是思想上的毛病。”①可见，“一字一语”不仅是文通字顺的基本要求，也是培养学生表达习惯的基本要求，更是“修辞立其诚”的语言态度。当我们以这样的眼光，去审读起步阶段的语文教科书，发现其反复使用了这样一个词，即“新鲜感”。这是告诉教师要让学生有条件斟酌“一字一语”，当然前提条件是要有词汇量！让学生注意有新鲜感（没见过）的词句，并在实践过程中积累与运用，这样才能使其成为语汇世界的富翁。继而，学生便可以在“优美生动”的比较中，掂量、辨析、涵泳，发现“这个”或“那个”词语能鲜活有生气地描述“见闻”，让文字中的“描写”就在眼前一般，如见其人、如闻其声、如临其境——让“一字一语”清楚明白地表情达意。

2. 丰富形式，让条理清晰

往往有了词句，表达的意思还是不能让人清楚明白，那就是连贯、条理、组织等方面出了问题。那就得借助“新鲜感”“生动”的丰富形式，让文章写得有顺序。三年级上册第六单元《海滨小城》写“庭院的美”，先是以关键句写出了“小城里每一个庭院都栽了很多树”，再以“有……还有……”说明树的种类很多，最后举例说明“初夏”的桉树、凤凰树的香味和色彩，条理清楚地传递出树多、味香、色美这三方面意思。就这样，不断在“新鲜感”的表达形式的示范、理解、运用中，帮助学生发现“一字一语”与“整体存在”之间的秘密，训练学生有意识地从练习写段开始“谋段布局”，有组织、有条理、有秩序地写出自己的见闻与想法。

① 叶圣陶. 落花水面皆文章：叶圣陶谈写作[M]. 北京：开明出版社，2017.

二、把“段”写清楚的基本路径

由上述分析可见，“把段写清楚”中“丰富词汇”“生动句子”“条理构段”的训练目标就聚焦在“中心”（也就是“意思”）二字上头。教师要围绕这样的目标，在课堂上扎实落实斟词、酌句、构段，让语言能够反映“想法”，让语言和思想能够相遇！下面将结合三年级上册的第一篇课文《大青树下的小学》来具体说明教学路径。

（一）斟词，准确运用

的确，从中年级看向高年级学生的日常表达，往往反馈最多的是“记流水账”，特别突出的缘由是用词随意、单调、重复，使得见闻不“明”，生活不“活”，想法无“思”。高年级“美好就在身边”的习作问卷，仅仅“美”这个字在所有参加问卷的习作中就平均重复了 12 次，读不出到底“哪儿美？”“怎么美？”“美的程度如何？”其实形容“美”的词语不胜枚举，就拿《大青树下的小学》来说，就准确运用“绚丽多彩”一词来形容少数民族学生“穿戴美”的特点。“绚丽多彩”这个词是三年级学生在学习生涯当中第一次碰见的，教师就应该敏锐地发现，并且让孩子在阅读中发现其表达的“新鲜”，思考表达的好处，体验表达的过程，积累表达的语库。

1. 阅读发现，了解本意

发现永远比直接告诉更有价值。在教学当中，教师要引导孩子主动去发现“新文本”中的具有新鲜感的词语，激发他们对发现词语的成功感，使其更乐于去应用。在本课教学中，学生们敏锐地发现“他们的服装样式不一，而且色彩是绚丽多彩的”。对比之前学过的同义词“五颜六色”等，学生感受到“绚丽多彩”不但颜色丰富，而且醒目耀眼，都是反差度比较大的颜色。结合生活的环境发现，少数民族大都生活在山沟里，所以大部分的服装色彩很艳丽出挑，与大山森林的色彩形成鲜明的反差。学生通过发现、观察、思辨，不但了解了“绚丽多彩”的意思，还按图索骥地去了解少数民族的文化，对“绚丽多彩”产生了极大的兴趣。

2. 迁移理解，运用本义

著名的金字塔学习理论告诉我们，阅读只能吸收 10%，运用能吸收 90%。

教师带着孩子了解词语以后，要进一步领着他们去进行词语的实践。从“绚丽多彩”的本意来说，是用眼睛看见的，教师可提问：“在生活中有哪些事物让你感受到了绚丽多彩？”有的孩子从天气现象上来说：“绚丽多彩的彩虹挂在天空。”有的从动物上来说：“锦鸡的羽毛绚丽多彩。”还有的孩子结合建筑来说：“旅游时，我看见度假村有绚丽多彩的特色建筑。”这样就把词语的学习和孩子日常生活挂上钩了，使其有了更进一步的情感体验。

3. 发展延伸，运用引申义

中国的语言最美的就在于她不但有本义，更有引申义，是一种诗意、直觉意。所谓一叶一菩提，一花一世界，词语所赋予的意蕴更是丰富斑斓的世界。例如说“绚丽多彩”不仅仅是眼睛看见的，更有心灵感受到的美好的事物。笔者以举例的方式，带着孩子们打开对词语的新认知：“你们一笑起来，世界就变得绚丽多彩。”孩子天生都是诗人，他们很快感受到“绚丽多彩”这个词的意象，仿照着说：“老师一笑起来，整个人都变得绚丽多彩了。”“我们在校园里又读书又玩耍，学习生活绚丽多彩。”这样一来，词语就变活了。笔者进而提醒学生：把自己感觉最好的句子，马上在书本上写下来，并在日常生活中要多多使用“绚丽多彩”这个词语哟！如果教师没有抓住这个具有新鲜感的词语，那将是一件多么遗憾的事情！

（二）造句，活化运用

低年级儿童大多只关注简单句“谁？怎么样？在哪里？做什么？”，或简单的感叹句“……多么……”，或简单的排比句“有的……有的……有的……”。在三年级的教学中，应当着力指导学生发现句子写了什么，用了什么新鲜的表达形式写出来，再在融入真实情境的运用中去体会“这样写好在哪里”。

1. 阅读内容——写了什么？

作为读者，拿到文本以后，首先想知道的是作者想告诉我们什么内容。往往吸引人的内容，对于读者来说就是具有“新鲜感”的信息，也是文本的特别之处。笔者在课堂实践时引导着学生就“不同”去发现内容上的“新鲜感”，教给学生逐句梳理的方法，同时潜移默化地让学生明白具有“新鲜感”的内容，引发其阅读欲望：他们的小学在山里，学校里都是少数民族的孩子，其穿戴的色彩很丰富艳丽，他们都非常有礼貌。

2. 思考形式——怎么写?

文章内容出来了，就要想办法让文章中的孩子与当下的小学生产生联系，这样才能够让“形式”为我所用。笔者特设情境：“我们也要把学校特色展示给少数民族的孩子看，《大青树下的小学》是怎么把特色写出来的呢?”这样提问驱动了思考的产生，可以采用重点朗读或者直接在课件上标红的形式，降低中年级学生发现的难度。笔者在课堂实践时，学生发现了“反复”的写法，并创造性地称为“套娃式”：“这每一句都长得一模一样，但是读下去越来越有惊喜，不就像俄罗斯套娃一样吗?”

3. 我也可以这样表达——这样用

接下来就是让学生马上操练起来，例如说：“我们有这么多民族，怎么表现我们也有不同类型的小朋友呢?”孩子们的脑筋马上就动起来了：以年级来分、以性格特点来分、以外形特点来分等。笔者再借用“套娃式”的“有__________，有__________，有__________，都走进学校里来了”让孩子们感受这样表达的好处。学生在接二连三的接读当中，发现这样的表达富有节奏感，朗朗上口，像唱歌一样，感染听者；还让人产生画面感，仿佛看见这么多小朋友真的都列队走过来了。这样就达到亲其句式用其言的效果。

(三)组段，完整运用

段落由句子构成，段落就是有序的句群。叶圣陶老先生曾说过，句子的安排第一步应该合乎文法，强调的是“谐和”二字。组成的关系，因前后而产生必要的逻辑联系[①]。教材中三年级“构段”学习的重点是围绕一个意思写，长线贯穿整个三年级阶段。从第一单元开始，我们便可见端倪。在《大青树下的小学》的第3自然段，便以中心句“大家一起朗读，那声音真好听”组织句群、形成段落。那么在教学中，我们便可以带着学生去发现组句的奥秘，并且融入真实情境去实践，去应用，去产生交流的价值。

1. 迁移句子的核心知识，发现组句成段的秘密

在单篇文本的段落训练教学中，句和段的知识必须形成一个有逻辑的链

① 叶圣陶. 落花水面皆文章：叶圣陶谈写作[M]. 北京：开明出版社，2017.

接。我们只有把学习到的句式的核心知识放回段中去学习组段，才能使句式的学习真正落地到有条理的表达意义上来。笔者在指导学生阅读第 3 自然段时发现了“套娃式”(本班学生对“反复”的昵称)的表达句式——写着不同的小动物被吸引来听课了。于是笔者揪着这个问题问下去：“是什么把小动物们吸引来了?”“原来，同学们好听的朗读声，把小动物们吸引来了。”在构段过程当中，作者先说明了该段的中心意思“学生们朗读声好听”；再用“套娃式”写出小动物们被吸引来的状态“（谁）不（怎么样），（谁）不（怎么样），（谁）停（在哪里，做什么）”；最后呼应中心意思“学生们朗读声好听”。

2. 运用组段的核心知识，形成生活化的段落表达

组句成段的核心知识，对于中年级来说是难点，必须在课堂上即时练习、即时运用、即时评价。此段的核心知识有三个关键点：①词，能用一个词表达对场景的概述。②句，能用一个句式描写学校的情境。③段，能以“中心意思—‘套娃式’—中心意思”来构段。老师营造起同学们在学校“和之园”玩耍的场景，分解说话内容：①用一个词说说“和之园”的特点；②用“套娃式”说说“玩些什么呢”；③将“中心意思—‘套娃式’(反复)—中心意思”连起来练习段落说话。“我们的秘密基地是‘和之园’，在里面玩耍非常神秘。我们在短椅上聊天，在大树下和风儿打招呼，在小树林里穿梭。‘和之园’，真是我们最喜欢去的地方!”

3. 迁移组段的核心知识，反思完整性的真实运用

课堂上的表达练习，是为了形成可迁移到真实情境的经验，这就需要在真实情境中落实“由说到写”的过程。笔者将课后“第二题”的概括性的校园场景词语“教室里”“大树下”“操场上”“花坛里”……化成校园实景，体现习作的真实意义——“和之园、半亩方塘、玫瑰花墙、春风小筑”。接着指导学生们就自己最喜欢停留的校园实景，按照“中心意思—‘套娃式’—中心意思”进行小组说话练习，再动笔写下来，并组织评价，促进反思：①是否能运用词语说出自己对校园某一处的喜欢；②是否能用“套娃式”说明我们玩了些什么；③是否能用“中心意思—‘套娃式’—中心意思”把语段有顺序地写出来。

通过上述路径分析可知，这样的训练写段过程，是符合学生言语形成规律的活化词语、经历句式、成段交流的过程。其间，重要的是从儿童内心的发现

与想法出发，去触摸“新鲜”的好处，探究“新鲜”的奥妙，生成围绕“中心”构段的新鲜感表达智慧。笔者认为，这不仅仅是为了达到中年级学生当下的习作学习“写段”目标，更希望这样“精确表达思想”的意识和能力使他们终身受用，使其成为在社群交流中“有想法”“说清楚”“很准确”的那些人！

追问细节：高年级能“写具体”

高年级的习作要求是“内容具体，感情真实”。在笔者所做的三到六年级的“童年趣事”的习作问卷调查中，我们发现学生更多地关注的是自己写的字数，认为字数多了就算是好作文。不少教师也反馈，字数要达到多少，应作为习作的评价要求——认为字数要够，往往能逼着学生把习作写具体。其实不然，从本次问卷的调查情况来看，学生的写作字数增加了，但文章却变得啰唆了，并没有“写具体”。

一、“写具体”的基本认识

什么是“具体”呢？《现代汉语小词典》的释义是：“细节方面很明确的；不抽象的；不笼统的。”[①]那么“写具体”就是要把习作的内容写得细一些，把细节写出来，不抽象，不笼统。这当然不是指整篇文章的内容都需要把细节写出来。从五年级的写“具体”习作安排，就可窥见“细节”必须体现习作“重点”，才能做到详略得当，服务中心（表 2-1）。

对于写人，要依据具体的习作所指，描写展现内心、品质或特点的动作、语言、神态，这样才能让人物变得鲜活起来，有血、有肉、有个性、有生活的气息。

如果写事，要把事件的重点部分拉“长”，让读者“看”到具体事件的“过程”所反映的“中心”。例如《那一刻，我长大了》，具体要拉长的是“那一刻”的情形，让人看见“长大”；《神奇的探险之旅》具体要把“方法”以及“过程”的心理细节表述出来，才足以“神秘”，才足以“险”，足以让人感受到“探险”的意义所在。

当然，除了人、事，景和境也是很重要的。往往，景和境的稍许细节“点睛”，就能以景衬情、借景抒情、托物言志，让文章抽象的情感变得具体起来。

---

① 中国社会科学院语言研究所词典编辑室. 现代汉语小词典[M]. 北京：商务印书馆，1980.

表 2-1　语文教科书五年级“写具体”的主题与要求

册次单元	习作话题	习作要素	习作要求
五年级上册第二单元	“漫画”老师	结合具体事例写出人物特点	选一位老师，先想一想这位可爱的老师有什么突出的特点，再选择一两件能突出其特点的事情来写
五年级下册第一单元	那一刻，我长大了	把一件事的重点部分写具体	写一件成长过程中印象最深的事情，要把事情的过程写清楚，还要把感到长大的“那一刻”的情形写具体，记录当时的真实感受。题目自拟
五年级下册第四单元	他____了	尝试用动作、语言、神态描写，来表现人物的内心	把题目补充完整。回想一下，当时发生了什么事，事情的前因后果是什么，把这件事写下来，特别要把这个人当时的样子写具体，反映出他的内心。可以参考教材提供的例子，从多个角度写一个人当时的样子
五年级下册第五单元	形形色色的人	初步运用描写人物的基本方法，具体地表现一个人的特点	选择一个人写下来，初步运用本单元学过的描写人物的方法，选取典型事例，具体地表现人物的特点。题目自拟
五年级下册第六单元	神奇的探险之旅	根据情境编故事，把事情发展的过程写具体	从教材提供的探险之旅材料中选择一种情境，展开丰富合理的想象，把遇到的困境、求生的方法写具体。如果能把心情的变化写出来就更好了

二、“写具体”的“追问细节”策略

如何“写具体”？我们发现“拉长‘那一刻’的情形，让人看见‘长大’”，仅仅是习作的要求和目的。对于学生来说，这样的说法依旧很抽象、很笼统，缺少具体的指导。我们把“那一刻长大”具体过程化作以“情”带“形”的追问细节过程，学生就能写出具体的“情形”：那一刻前（听见、看见、想到什么触动改变?)，那一刻时(做了、说了什么证明改变)，那一刻后(“我”又认识到什么体现长大)。

这样追问“具体”的能力，不可能一蹴而就。习作是实践性的活动，需要反复练习，才能下笔如有神(写具体)。除了单元习作，古诗词也是很好的“写具体”的情境材料。诗言志，用简少的字、大体的描摹来写人、记事、写景，给予人无限的审美想象空间，来贴近诗人，或深沉，或浓郁，或热烈，或坦然。教师应敏锐地发掘诗作中的“写具体”资源，长期引导学生聚焦诗文“景物”“人物”“事情”，不断追问“写什么?”“怎么写?”“为什么这样写?”，并在追问的思考中，有指向性地加工“景物”“人物”“想象”，使诗作中的“大体”印象展开成具体生动的描写。当一首首简短的古诗被加工成一篇篇美文时——学生对“身边的美”的敏感度，对文字的表达力都随之增长起来了，自然而然迁移到日常习作当中去。

(一)一枝一叶总关情，追问诗文之景：以景抒情

高年级学生的思维发展正逐步从以具体形象思维为主要形式，向以抽象逻辑思维为主要形式过渡，具象的实景必然是学生易于描写的对象。

可是，不少学生无法抓住景物的特点进行描写，如有的学生笔下的春夏秋冬之景都可以用一句“天空万里无云，阳光明媚”来概括，既不能给文章增色，也不能表达出自己的真情实感，何谈具体生动?古诗中的写景，一来能着笔于特点，有的表现色彩美，如“晓看红湿处，花重锦官城”；有的显示形象美，如“飞流直下三千尺，疑是银河落九天”；有的则凸显意象美，如“千山鸟飞绝，万径人踪灭”，这样的描写使景物具体可感。二来景物描写大多承载着抒情的功能，表达诗人的意趣、思想。王夫之曰：“情景名为二，而实不可离。神于诗者，妙合无垠。巧者则有情中景，景中情。”我们读“飞流直下三千尺，疑是银河落九天”，顿生畅快之感；读“千山鸟飞绝，万径人踪灭”，便心生孤独寂寞之情……教师可借助这样的诗句，先让学生观察诗人抓住景物的何种特点，再让学生由特点展开想象，试着把诗文改写成写景片段。

教学《商山早行》时，教师先引导学生发现全诗没有出现一个“早”字，却通过“鸡声”“茅店”“月”“霜”“人迹”“板桥”这六个意象，把初春山村黎明特有的景色，细腻又精致地描绘出来。再引导学生对这些景物提出追问：“那是一片怎样的天空?天空中挂着一轮怎样的月?在这样的黎明时分，你听到的鸡鸣是

怎样的?"于是，清晨的具象自然而然地呈现在学生的笔下："天还没大亮，星星寥寥可数，月牙儿孤零零地占据天的一角，似乎与屋顶连在了一块儿。有些按捺不住的鸡竟在这不黑不亮的夜晚大叫起来，一声声鸡鸣在寂静的夜与晨的交接处显得格外悠远绵长。"此时，教师再点拨："既然是讲早起赶路的事，为什么诗人不具体描写自己怎么醒来、怎么起床、怎么收拾行囊，而要着重写景呢?"学生通过比照后文的"因思杜陵梦"，就能发现诗人是借景抒发"思家"的情。

在理解诗人写作技巧的基础上，教师引导学生迁移练习，让他们用这种借景抒情的方法描写一段经历。有的学生写月夜独自一人回家的害怕，重点描写了白惨惨的路灯、小巷里的脚步声、漆黑的夜；有的学生写要参加考试的紧张，重点描写强烈的日照、没有一丝云的天空、烦人的鸟鸣……学生渐渐便明白把景写具体要做到以下几点：首先，得敏锐地抓住景物的特点；其次，要用准确、生动的语言；最后，还要在描写中烘托人物心情，渲染气氛。

(二)一颦一笑显本真，追问诗文之人：人物刻画

小学阶段写人记事是写作训练的重点，而关键就在于人物描写。但是学生往往不知道如何通过关注人物的语言、动作、心理活动，把人物写具体。

古诗正是学习人物描写的范本。如正面描写的"满面尘灰烟火色，两鬓苍苍十指黑"，写活了卖炭翁的外貌；"最喜小儿亡赖，溪头卧剥莲蓬"，凸显出小儿天真顽皮的动作；也有侧面描写的"人闲桂花落"，让人由夜的静体会到诗人的心静如水；等等。教师引导学生进行古诗作文时，应带领学生体会诗中人物的心境，再找出诗中表现人物心境的外貌、语言、动作、神态、心理活动的关键字词，并联系上下诗文及写作背景细化想象。经此过程，人物便在学生的想象中丰满起来，落笔所成之文便具体可感了。

《闻官军收河南河北》是杜甫听闻安史之乱结束后，惊喜欲狂，冲口唱出的七律。全诗八句，其中直接描写人物喜悦之情的有四句"初闻涕泪满衣裳。却看妻子愁何在，漫卷诗书喜欲狂。白日放歌须纵酒"。这几句对人物的描写，既夸张又真实，实在是人物描写的典范。教师应引导学生着眼于"喜"字展开追问：

(1)你从哪里读出诗人是"喜"的?

(2)除了动作，诗人还会怎么表现喜悦呢?

先领着学生关注诗中表现人物喜悦神态的词句——诗人的“涕泪满衣裳”和妻儿的“愁何在”，想象诗人喜极而泣，以及妻儿愁容尽散的样子；再带着学生关注诗中表现人物喜悦动作的词句，即“漫卷诗书”“白日放歌”“纵酒”，想象诗人匆匆收拾行李的动作、忘情高歌和大杯豪饮的姿态；最后再让学生关注人物的内心活动和外显语言。“我的脸上还挂着止不住的泪水，但心里是满满的喜悦。我看向妻儿，他们的忧愁都一扫而空了。我张张嘴，千言万语涌到嘴边却变成一句话：‘我们回家！’我趺趺撞撞地奔到书桌前整理行李，却抑制不住那兴奋得快要发狂的心情，我丝毫不在乎书被胡乱卷作一团。此刻，我的脑袋里只有两个字：‘回家！’”

教师又追问：“你们并没有见到当时的杜甫，为什么能把他的神态、动作、语言描写得这么细致？”学生便发现，通过对人物的形、神、言展开想象能让描写更加具体。此时，教师再要求学生进行“诗作迁移”：“你们是否曾表现出很夸张的状态？能不能用文字让我们看到当时的每一个细节？”于是《李朝鑫啃指记》《绑在一起的尴尬》《活捉小仓鼠》等一系列细节刻画十分生动的学生习作就诞生了，并在杂志上发表了。

（三）回忆追想引共鸣，追问诗文逝境：联想点睛

“逝境”指曾经经历过，再次浮现的情境。如“醉卧沙场君莫笑，古来征战几人回”，就是未出征人在出征前对未来的悲凉设想；“春风又绿江南岸，明月何时照我还”对眼前之景与心头之念作了虚实对比。古诗正是因为有了回忆、有了追想，才更耐人寻味且更历久弥新。

对于高年级学生，教师要鼓励学生在记录实景的基础上展开联想，这样才能帮助他们把一件事写得更生动、更完整。教学《商山早行》的“因思杜陵梦，凫雁满回塘”时，教师先引导学生通过品读实景想象诗人浴月色、赶行程的画面，进而生发出“在家千日好，出门一时难”的情感共鸣；再引导学生追问想象：“诗人梦见了什么？为什么会做那样的梦？这样写有什么好处？”学生笔下的“梦境”便在层层递进的追问中具象化了：我闭上眼，脑海中浮现那一汪池水，又清又亮，泛着柔美的细波，一圈一圈，荡得人的心也在那不急不缓的波纹中变得宁静安稳。细碎的阳光洒在上面，掺在几乎看不见的薄薄水雾中，让池子平添了几分梦幻。那一群体态优美的鸟儿，正轻挥着翅膀，在池塘中嬉戏、旋转。那是家门前的那片池子啊！幼时的天堂……实景与联想犹如习作的

双翼。有了联想，内容就显得更加具体丰富。教师应引导学生学会抓住“点”，展开“联想”，让笔下的景、人、事的细节铺展开来。

以此，教师持之以恒地以“追问”来驱遣“想象”，让“想象”来酿造“语言”，学生必能源源不断地习得“写什么”和“怎么写”的写作技能，更不断以“为什么写”来激活表达动能、发展精神思想、提高审美品位。长此以往，学生的习作能不具体生动吗？

奠基语感：在讲故事中起步

钱梦龙老师提出："语言教育的核心是培养语感。"[①]语感是什么呢？——"对于语言文字的灵敏感觉。"[②]如何培养语感呢？——让"学生在广泛的语文实践中学语文、用语文，逐步掌握运用语文的规律，注意汉语言文字的特点，重视培养语感和整体把握能力"[③]。由此，"学语文""用语文"是形成语感的过程，"整体把握""逐步掌握用语文的规律"是形成语感的策略。

梳理语文教科书"讲故事"序列，我们可以清晰地观察到二年级教科书在有序列地引导学生学"讲故事"，上册安排了8次，下册安排了7次(表2-2)。三年级教科书则在上、下两册分列"讲故事"和"复述"两个梯度，上册安排两课"讲故事"，下册安排两课"复述"。这样的教材安排正是培养学生在"讲故事"中学语文、用语文，为小学阶段逐步"形成语感"奠定基础。

一、"讲"是科学与"讲"是目标

(一)"讲故事"为发展语感奠基

二年级上册到三年级上册教材的课后练习表述是"讲故事"，而到了三年级下册则开始明确使用"复述"的提法，即形成对文本整体感知的两个层级阶段目标。

祝新华在其所著的《促进学习的阅读评估》一书中对"复述"是这样阐释的："要求学生用自己的话叙述文章的主要内容。一般的发展顺序是——最初只能机械地缩短原文，详细讲出课文的某些部分，忽略另外部分；而后能以概括的方式讲述课文的某些部分，完全忽略或详细讲出其余部分；最后能正确地缩短课文材料，按照课文顺序概括地讲出主要内容。进一步的发展表现为创造性复

① 钱梦龙. 教师的价值[M]. 上海：华东师范大学出版社，2014.

② 叶圣陶. 好读书而求甚解：叶圣陶谈阅读[M]. 北京：开明出版社，2017.

③ 温儒敏. 温儒敏论语文教育[M]. 北京：北京大学出版社，2010.

述，对材料中的某些观点提出自己的看法，或者得出原文没有的结论。”[①]这与语文教科书的“复述序列”编排是相符合的。从三年级“详细复述”到四年级“简要复述”，再到五年级“创造性复述”，这是一条具有理性意义的书面语言能力生长线，它指向高阶思维的细节阅读、概括阅读、创造阅读，进而让学生内化成属于自己的语言体系，形成对文本整体特有的敏锐感觉。

表 2–2 语文教科书二年级“讲故事”的课文、练习与形式

册次	课文	课后问题	形式
二年级上册	《小蝌蚪找妈妈》	小蝌蚪是怎样长成青蛙的？按顺序把下面的图片连起来，再讲一讲小蝌蚪找妈妈的故事	借助图片，讲故事
	《曹冲称象》	读第 4 自然段，给下面的内容排序，再说说曹冲称象的过程	借助提示，讲故事
	《玲玲的画》	朗读课文。试着用上“得意”“伤心”“满意”这 3 个词语，讲讲这个故事	借助词语，讲故事
	《黄帝的传说》	借助下面的提示，讲讲黄帝造车和造船的故事	借助提示，讲故事
	《难忘的泼水节》	朗读课文。用下面的词语，说说周总理是怎样和傣族人民一起过泼水节的	借助词语，讲故事
	《雾在哪里》	读句子，照样子说一说：雾都把什么藏了起来？藏起来之后的景色是什么样的？	借助句式，讲故事
	《狐假虎威》	下面的词语哪些是写狐狸的，哪些是写老虎的？分角色演一演这个故事，试着把这些词语的意思表现出来	借助词语，演故事
	《风娃娃》	根据下面的提示讲讲这个故事	借助语句，讲故事

① 祝新华. 促进学习的阅读评估[M]. 北京：人民教育出版社，2015.

续表2-2

册次	课文	课后问题	形式
二年级下册	《邓小平爷爷植树》	结合课文内容和插图，说说邓爷爷植树的情景	借助图片，讲情景
	《千人糕》	借助插图，说说米糕是经过哪些劳动才做成的	借助插图，讲制作
	《小马过河》	试着用上下面的词语，讲讲这个故事	借助词语，讲故事
	《蜘蛛开店》	朗读课文。根据示意图讲一讲这个故事	借助示意图，讲故事
	《青蛙卖泥塘》	朗读课文。分角色演一演这个故事	借助角色，演故事
	《小毛虫》	小毛虫经历了哪些变化？借助提示讲讲这个故事	借助语句，讲故事
	《羿射九日》	根据表格里的内容，讲一讲这个故事（起因、经过、结果）	借助表格，讲故事

而“讲故事”则没有这么系统的要求，常常表现为“复述”的第一个层次：详细讲述课文的某些部分，忽略某些部分，即根据个人阅读经验的不同，提取印象深刻的部分详细说，其他部分略说，但要保持故事的完整性。此外，“讲”更趋于口语化，讲究对象性。因为故事最初就是口耳相传的民族文化产物，每个儿童的成长过程都离不开故事的陪伴，学习讲故事是他们最熟悉的发展语言的方式。尤其低年级儿童学习讲故事，既符合儿童的前知识结构，又契合了维果茨基的“最近发展区”理论。同时，该年龄阶段的儿童尚属于“缪斯本能”极佳的时期，以具象思维主导，“讲故事”能够最大程度上激发儿童独特的想象力，使其进入故事中的角色图景领域，将字符转化为音符再转化为动画，也就是心理学所称的“内心图景”。因此，有序地培养儿童由“讲故事”过渡到“复述”，发展语感才能水到渠成、顺理成章。

（二）“讲故事”对形成语感的呼应

虽然“讲故事”没有系统、明确的要求，但我们可以从教材中相应课文的课后练习架构，联系“讲故事”的意义本身，发现其与2022版新课标学习目标及教材编写意图高度一致。

1. 用好支架，整体感知

语文教科书二年级的课文陡然“长大”了，而这些长文的课后练习中大都要求“讲故事”。字数这么多的文章，学生把它完整地读下来都成问题，讲故事就更难了。难度诚然存在，但教科书也早就准备好了支架：图画、关键词、关键句、示意图、要素表格……这些支架由具象到抽象序列编排在教科书的课后训练里，不但是帮助学生“讲故事”的拐杖，更是帮助学生整体感知课文内容的拐杖。凭借支架，学生就能化整为零地去检索重要信息，再在“讲故事”中串联信息、整体感知、读讲统整、合力发展。

2. 呼应朗读，讲出感情

2022 版新课标要求各个学段学生分别“学习用”“用”“熟练用”普通话正确、流利、有感情地朗读课文。语文教科书在二年级将“朗读”作为本年级学生核心能力分布到 13 篇课文中，各有指向地侧重训练。“讲”是最天然的表达方式，因为要“讲”而不是“读”，学生不得不走进课文、融入角色、理解内容，再转化为自然对话的姿态，从而避免“矫揉造作”。同时，学生还可以配以适宜得体的动作，让讲述生动而不“表演化”。因此，“讲故事”是训练自然地、有感情地朗读的最佳起步。

3. 呼应积累，主动运用

根据儿童心理学的研究，6 ~ 12 岁儿童正处于语言发展的关键期。最大限度地丰富儿童的词汇量，增加各种常用的规范句型，可以为其语文能力的发展奠定坚实的基础。[①] 有助于学生发展的“积累”必定不是僵化的“积累”，“讲故事”可以让“输入”与“输出”形成良性互动。因为要讲述，必然要有语料来丰富自我的语言，让讲述尽可能地运用些新鲜的词汇，可让表达更准确生动。有了内在表达诉求的驱使，“积累”便有了促进阅读、促进吸纳、促进表达的三重意义。

当整体感知、情感朗读和积累运用三者形成合力，“讲故事”的语感训练就能逐步走向“抓住要点、整体表达；进入角色，有讲故事的语气；运用语料，让

---

① 施茂枝. 语文教学：学科逻辑与心理逻辑[M]. 北京：教育科学出版社，2013.

口语尽量丰富生动表现出表达的自信心；态度自然大方，有礼貌”等目标。可见，“讲故事”的教材定位既具有保底性——关注课文的整体性、培养学生自然地朗读、增强语料积累运用意识、鼓励学生有兴趣地表达，又有前瞻性——为书面化的复述奠定基础。

二、“讲”是阅读与“讲”是表达

（一）关注动词，感知内容，简单讲主线

在要求“讲故事”课文的课后练习中，有不少是指向“主线”的厘清和讲述。这一类以初学讲故事的篇目居多，如二年级上册的《小蝌蚪找妈妈》《曹冲称象》《黄帝的传说》等。将这三篇的课后问题对比研读，我们会发现它们有惊人的相似点，即以“行动”推进故事发展，《小蝌蚪找妈妈》所出示的5幅图就是小蝌蚪在找妈妈过程中的变化图；《曹冲称象》中的4句关键句亦指向动作——赶象上船，在船舷上做记号，把大象赶上岸，装石头上船，称石头重量；《黄帝的传说》则是循着“看、想、做”的脉络，梳理了黄帝造车的过程。如此以行动推进故事发展，学生很容易就能感知课文主线，用自己的语言把故事表达出来。在教学时，教师可以先让学生合作整理好故事发展的顺序，再加上动作说一说排序的理由，相机指导学生结合动作读好课文中的句子，最后再指名学生把故事完整地表达出来。这个过程的评价要求是：故事完整、用上动词、配上动作。这样，既降低了学生阅读、表达的难度，又让学生初步掌握分步读文法，增强了学生“讲故事”的兴趣和信心。

（二）关注对话，进入角色，生动讲人物

要把故事讲得绘声绘色，很重要的就是“讲什么像什么”。这里的“什么”指的就是故事中的人物。我们小时候喜欢收听“小喇叭”广播的程度甚于看动画片，是因为广播员们语感非常棒，故事讲述得非常角色化，单凭声音就能打造出童话世界。这样的听觉效果产生的想象盛宴，是光影所不能比拟的另一个境界。在引导学生讲好整体后，语文教科书中“讲故事”序列的发展便是引导学生关注人物讲故事。如《雾在哪里》的主角是“雾”，便要着重表现“雾”那淘气顽皮的情态；《狐假虎威》中“老虎”的愚蠢和“狐狸”的狡猾就是描述的重点；《风娃娃》则是描述“风娃娃”的好心办坏事。“人物”的语言动作讲好了，“人

物”就讲活了；“人物”讲活了，故事就成功了一大半——语感，渐而渐之，就来了！

在关注人物的讲故事教学中，教师要带着角色意识进入课堂，带领学生进入课文，使其充分施展想象，与作品中的形象共鸣，先把故事的语言朗读好，再角色转换，把故事的语言讲述好。如，在教学《大象的耳朵》时，教师应先让学生感知大象“慢”的形象及其耳朵“耷拉”的特征。因为“耷拉”，大象才成为大家质疑的焦点；因为“慢”，大象才会在最初对小兔、小猴的奇怪毫不在意。很有意思的是，这两个词都是轻声，又同时富有情态，“慢慢”要读得又懒又缓，让人眼前仿佛就出现了大象慢悠悠地在森林里散步的敦厚样子；“耷拉”要声音拉长，仿佛看见大象的大耳朵向下垂的形态。此时，教师再引导学生把“大象”换成“我”，把声音拉沉，配上“耷拉”耳朵的动作，讲述就既自然又生动起来——“我有一对大耳朵，像扇子似的耷拉着。这一天，我在森林里慢慢地散步，遇到了小兔子”。这样将角色读讲结合教学，再请几个学生扮演角色合作讲故事，“语感”情境就格外童真有趣起来。

（三）关注变化，体会发展，详略讲情节

故事和情节是有不同定义的。故事的定义在前面提过，主要特征是完整性；情节的主要特征是故事中局部“变化”，好的故事一定不会“一帆风顺”，优秀的讲故事者也不会让故事“一帆风顺”。把重要情节讲述得精彩，把次要情节讲述得简单，才能自始至终抓住听众的注意力，才能成为讲故事的高手。当然，对于低年级学生，教师不必灌输文学术语，也不必过分注意找到精彩情节的途径，但却有必要根据教科书的编排意图，引导学生尝试往“讲故事”的高级能力再发展一步。例如《羿射九日》要求学生依据“起因、经过、结果”表格讲故事，教师则需引导学生有详有略地讲故事，关注重要情节，把起因和结果简略说，把“羿如何射日”的经过浓墨重彩地讲好。具体过程为：初步读文，整体感知；关注动作，精读“射日”，以读讲结合体会人物形象；略读起因、结果，读讲出前后氛围的差异；同桌合作讲故事，互相评价；全班交流，作出评价。而评价的标准则为：说得完整，讲出变化，讲得“像”，体态自然。

当学生从“讲书里的故事”，发展到“头脑里汩汩不断冒出故事”，“语感”便在其中逐渐形成了。明确语感培养意识，能更好地把“讲故事”教学融于“学语文”与“用语文”的沟通间，让故事因学生的“讲”焕发、彰显二度创造的光辉！

学会观察：启动感官和感受

观察，应面向全生活（不可窄化于“物”）——观，是感官的准备；察，是感受的准备。“观”和“察”都启动好，便有了对象、有了想法、有了内容、有了思路。

这一点认识，来源于父亲节前夕开展的“爸爸，我想对您说”写作活动，当时学生的作品大都体现出无“料”下笔，而不尽如人意。之后，针对笔者所在校参与本次活动的100名学生进行抽样问卷（表2-3），结果为：有写作欲望，却没材料可写；有内容可写，却鲜少写得出具体事例；受写作素材的局限，写作“点”较为匮乏。简而言之，都是不会“观察”。

表2-3 “爸爸，我想对您说”写作前抽样问卷调查结果

问题	结果	
是否愿意写	86人表示愿意。主要原因：其中有42人表示“爸爸很爱我”；其中有23人表示“与爸爸相处时间少，想和爸爸说说心里话”	14人表示不愿意，其中10人的原因是“不知道写什么”
是否有内容写	55人表示有内容写。原因大多是“和爸爸在一起做了很多事”	45人表示没有内容写。原因大多是“与爸爸接触时间少，没有具体事件可写”
是否有很多事例可写，分别是哪些事例	仅有2人表示有很多事例可写。原因是“爸爸经常陪伴我”，材料涵盖生活、学习、工作	98人表示没有很多事例
如果只有一两件事例可写，是哪一两件事	有12人清晰地写出了具体事例；有21人含糊地表述为“带我出去玩”；有14人写“和我一起做家务”；有27人写“爸爸工作很忙”；有6人写“爸爸教我做作业”	

一、基于“观察”的习作准备分析

研究表明，高年级学生的习作心理已经进入了推理写实阶段①；“记实作文”正是学生的“最近发展区”。那么，为什么学生依旧无“料”可写？

（一）缺乏观察习惯的长线支持，无“料”写

文章来源于生活。生活中不乏写作素材，难的是需要经过心理投射将其转化成文章。高年级学生刚刚具有观察现实世界的倾向，缺失正确观察意识的培养与观察习惯的长线支持，他们很难主动地观察生活，更缺乏对现实世界进行心理投射的能力。如当老师布置“爸爸，我想对您说”这一作文题目时，学生对过往与爸爸的相处只有碎片化的印象，自然就无从下笔。

（二）缺乏“求诚”的观察意识，不“敢”写

“不敢写”在学生当中也是普遍存在的现象。曾经笔者在引导学生从每天上学路上淘取素材时，就有不少学生反映“不敢写”：素材太“小”、太“普通”、不符合“正能量”。殊不知，习作贵在“求诚”。叶圣陶先生曾说过：“写作要写自己的经验。我们只须问自己有没有话要说，不用问这话是不是人家说过。果真有话要说，用以作文，就是写出自己的东西了。”②大多数学生的“不敢写”，使他们渐渐地失去了“求诚”的观察意识，眼睛看不到平凡生活中“自己的东西”。

（三）缺乏刻意的观察记录，“料”模糊

记忆规律表明，人们记忆中比较深刻的大多是眼前的事件以及反复刻意记忆的事件；而没有刻意记忆的，几乎只能记住轮廓或者对自身特别有影响的点。③ 对于学生习作来说，纪实写作是记忆再现的过程，如果单凭学生的无意记忆或只记大轮廓，不足以形成习作，最终使得学生要么无法下笔，要么瞎编。

---

① 施茂枝. 这样教写作不难：基于小学生心理特征的写作教学序列与模式［M］. 北京：高等教育出版社，2018.

② 叶圣陶. 落花水面皆文章：叶圣陶谈写作［M］. 北京：开明出版社，2017.

③ 艾宾浩斯. 记忆心理学［M］. 北京：中国纺织出版社，2018.

就像是表 2-3 调查中的那样，学生初读命题“爸爸”感觉有材料可写，却因“记不清”无从下笔。相传唐代诗人李贺无论走到哪里，都把观察所得记在纸上，再精心构思成诗作，最终成为一代大诗人。可见，刻意地记下日常观察的点点滴滴，对下笔成文是十分重要的。

缺失“观察”的意识、习惯、记录，使得学生在动笔习作时，一切都要从零开始。这样烹煮“无米”之炊，哪怕老师给的“佐料”再丰富，学生也依旧无法落笔，或者在落笔时似是而非、含糊其词，无法顺着自己的经历把话写清楚，更不可能把体验写生动，把感受写充分。

二、学会“观”“察”的习作准备路径

基于以上的思考，笔者探索了学习“观”“察”的一般模式：由事及物的观察—专注观察的素记—推进观察的评价。这一模式顺应小学生的认知心理和写作规律，坚持输入与输出相结合、体验与实践相结合、作者意识与读者角度相结合，以促进其储备能力的形成。下面通过“爸爸，我想对您说”的素材积累实践，说明具体的操作和运用价值。

（一）观察：指向聚焦和发散

生活的积累、素材的来源首先沉淀于观察。教师对于“观察”的要求往往仅限于对物体的外部感观，如看、闻、触、听、尝等。而“观察”二字的意义，仅局限于物体、局限于外部感官的体察是不够的。“观”为用眼看，“察”即用心想。观察不但着眼于物，更要着眼于事。物本身就是事的一部分，一件事里不可能没有物的存在。如果学生看不见事，就体察不出情，再好的物都会在学生的笔下失去意义。以语文教科书三年级上册第五单元为例，不论是《搭船的鸟》《金色的草地》，还是《我家的小狗》《我爱故乡的杨梅》，都是观生活之事，而察其中所得。因此，我们在教学生带着写作任务去观察时，先要引导学生着眼于整个生活，用眼去看见事与物，用心去体察事与物，才能从生活中收获每一件值得记录的小事情。要训练“发现美的眼睛”，有两个关键点：一是聚焦事件；二是求诚观察。

1. 聚焦在事件中观察

聚焦在事件中观察即在一定的时段、区间内，聚焦事件中的观察对象。例

如，“爸爸，我想对您说”的观察任务：习作前两周，每天注意观察爸爸做的事情，以及爸爸做事时的动作、神态和语言等。首先，要确保学生的习作是最新素材，观察对象统一指向爸爸，让学生对爸爸的印象在一定时间内反复叠加，促进观察的聚焦化、细致化、全面化。其次，要求观察的是事件中的“爸爸”，确保学生对爸爸的印象并不是无意义的存在；事件让爸爸的所有举动都存在诱因，这诱因本身就突显了人物的品格和形象。这样观察的目的是引领学生走进爸爸的情感世界，使其笔下不但有“料”，而且有情意。写作情境下的观察不能只有“观”的现实写真，教师还应该鼓励学生走进生活，沟通事件，以“察”发现情感。

2. 在求诚中发散观察角度

叶圣陶先生说：“要写出自己的经验。经验又必须深切，必须正确，这就要从整个生活里去下功夫。”[①]有了深切的、正确的经验，写作就不愁没有好的材料。日常、全面、真实的观察，才是写作的初衷，这就是“求诚”。观察的信息可谓千头万绪，怎么办呢？我们以六年级下册第四单元的习作《心愿》为例，从家庭、个人、社会三个角度发散体察；尝试整理观察爸爸的多元角度，再集体交流补充，形成思维导图（图 2-8）。通过可视化的路径，把学生引进专属于“爸爸”的生活中去，沿着导图的触角去看、去听、去发现、去感受。同时，也为学生树立了“求诚”的意识，明确我们是为了生活的需要才写作的，因为“我”有话对爸爸说，所以要全面地观察爸爸，捕捉爸爸在生活中的点点滴滴，才能产生真切的感受，才能有明确的对象意识，才能把“爸爸，我想对您说”写得有真情实感。

（二）素记：指向感官和感受

只用眼“观”，用心“察”，还不足以让学生写好习作。如果缺乏刻意记录的重要环节，再现于习作时，记忆就会变得不完全。要使“观”“察”为作文所用，就要把每日所得记下来。笔者把这样的记录称为“素记”，即真实地记录眼睛所看到的“观”和内心所想到的“察”。

---

① 叶圣陶. 落花水面皆文章：叶圣陶谈写作[M]. 北京：开明出版社，2017.

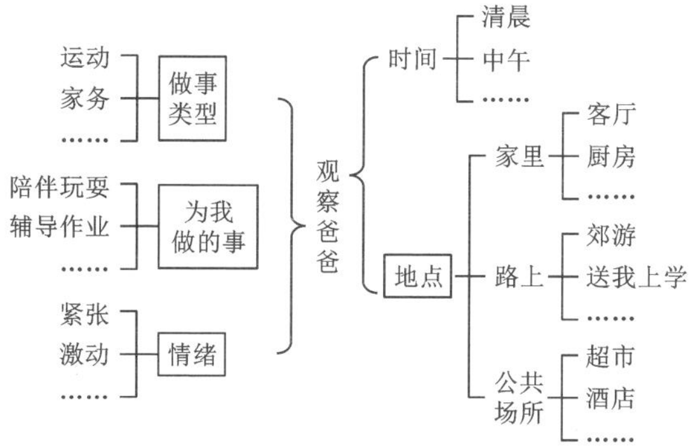

图 2-8　六年级下册第四单元习作《心愿》思维导图

1. 素记“观”

素记“观”，专注细节，抓住感官。这里的素记，指的是捕捉特征的大致记录，如同画家的速写。它要求学生以精练的概括性表达指向印象，可以是反映人物形象的语言、神态、动作、外貌的某个印象，也可以是烘托印象、表达情感的某个场景、某个环境或某种氛围。就像是茅盾先生在《创作的准备》一文中谈到的那样：“作为初学写作者的基本练习的速写，不妨只半个面孔，或者一双手，一堆烟，这应当是学习者观察中恍有所得时勾下来的草样，是将来的精制品所必需的原料。”①

在教学时，教师先引导学生阅读名人笔下的父母，如朱自清在《背影》中所描写的父亲的背影，许地山在《落花生》中描写的父亲在凉亭说的那番话。学生在讨论中发现作家描写的都是与父母有关的极平常的小事，但是通过对某个语言、神态、动作、外貌的细节素描，反映出父母的形象。通过每天素记爸爸的一个细节，不但能把对爸爸的印象留在纸面上，还能不断地将爸爸的形象投射到学生的心里。

2. 素记“察”

素记“察”，表达想法，留住感受。对于情感经验而言，当下的感受和之后的感受是不一样的。当下的经验和想法最为珍贵，如果长期不记录，就将失去表达情意的能力。

---

① 《写作学》编委会. 写作学［M］. 成都：四川民族出版社，1985.

六年级下册第三单元的《让真情自然流露》概括了两种表达真情的方法：一是融入叙事中的自然流露；二是直接表达。“素记细节”正是指向“融入叙事中的自然流露”。笔者结合学生的习作和课文让学生进行对比分析。在有关爸爸的习作中，大多数学生采用了排比，如“爸爸，您就像一座大山，给我宽厚的肩膀；爸爸，您就像一条大河，给我温柔的深情……”。学生在交流讨论中发现，这样千篇一律的抒情没有对象感和真实感，不能打动人。再重点讨论《别了，语文课》中“我”的内心独白，学生发现当下的想法和事件联系得紧密，才能使人身临其境。笔者再启发讨论：为什么你们的抒情不能做到与事件紧密联系呢？学生们表示：因为事情过去的时间太久了，就记不清当时的体验了。可见，当下的经验和想法最为珍贵，也最为真实。如果不及时记录，想法和情感就淡了，即使在习作时添上情感体验，也格外空洞无力。

素记的核心不是记下事件的梗概，而在于“观”和“察”，在于茅盾先生所说的“半个面孔”“一双手”“一堆烟”。如果学生进行习作时能以储备激活记忆——还原情节——细描印象——言说感受，那么就能写出中心明确、条理清晰、印象深刻的作品。

（三）评价：及时指导和形成语能

2022 版新课标强调“过程性评价应有助于教与学的及时改进。教师要有意识地利用评价过程和结果发现学生语文学习的特点与问题，提出有针对性的指导意见，促进学生反思学习过程、改进学习方法”①。因此，组织评价格外重要，教师一方面要关注“及时指导”，即坚持每天评价，在发现问题、及时修正中保证“观察”作为素材的价值；另一方面要关注“形成语能”，为学生建立“学习共同体”的关系，推动同学在共评、共学的氛围中打开储备素材的视角，形成记录素材的能力。故此，笔者通过在语文课上利用十分钟时间评选“典型星爸”作品进行探究，指向落实指导、反思、改进。

第一阶段，以教师的评价为指导。起初，学生存在的问题特别多，主要表现为记录的内容面比较狭窄，记录的依旧是大轮廓。教师首先要凭借思维导图，做好各种角度的统计，挑选出角度别致又贴合爸爸特有形象的素记作为

---

① 中华人民共和国教育部. 义务教育语文课程标准（2022 年版）[S]. 北京：北京师范大学出版社，2022.

“典型星爸”作品，给其他同学提供对比学习。“素记”第一天，分别挑选两类素记作品：第一类是大多数学生写的“工作很辛苦”的素记作品，分别选取写得很笼统的和聚焦观察的各一篇；第二类是“做家务”的代表作，选取的是一位同学写的“爸爸边炒菜，边唱歌”的作品。先对比“工作很辛苦”的两篇作品（把姓名都隐去），学生们发现其中一位同学关注的是一件事，即素记爸爸疲惫得不想吃饭的神态和动作，以及沉沉睡去后的呼噜声，并发出“心疼爸爸”的感叹。教师再出示“做家务”的作品，引导学生想一想“你觉得这个素材有什么一般又特别之处”。虽然“炒菜”是一件很普通的事情，但是记“爸爸边炒菜，边唱歌”的情景，就凸显出爸爸对孩子、对家庭的热爱。最后评价，给两位同学的素记本上批上“典型星爸”。教师要告知学生评价的标准：能聚焦一个时间点的事件，得 100 分；能素记细节的记 1 颗星；能表达感受的记 1 颗星；能挖掘新的角度的记 1 颗星。

第二阶段，以同伴间的评价为主。学生已经基本掌握了素记的方法，要让学生更主动地观察生活，更自主地想把“观察”写好，就需要让每一个学生都参与评价交流。让每一个人都是素记者，每一个人也都是评价者。教师让全班同学把自己写的有关爸爸的作品粘贴在班级小组展板的相应位置。同学们利用课余时间，阅读展板上的内容，根据评价标准在每个人的作品上评出分数及星级，再由小组长统计，将累计总分超过 500 分的学生作为当天的典型，并由其在班级“每日十分钟”环节朗读交流自己的作品。

这样持续两周的评选“典型星爸”活动，先是由老师及时批改，把不同类型的作品分享给学生；再同伴之间进行评价交流。在评选时以“一个时间点的事件、角度新颖、记细节、记感受”为评价标准，做到写评一致。学生在教师评价的指导下和与同学们集思广益的交流中，意识增强了，思维也得到了激活。学生笔下的素记可以做到有“观”有“察”，并且能有角度、有主题、有思考地表达出来，达到“文”与“意”的结合。

在后续的“爸爸，我想对您说”父亲节献礼活动中，我们读到了 53 个不一样的爸爸：为我削水果的爸爸、陪我做运动的爸爸、冲出门为我买夜宵的爸爸、嘲笑我能吃的爸爸、和我抢妈妈的爸爸……也读到了 53 封来自爸爸的回信。

“观”“察”先行的习作准备，关注的是作者本身的言语诉求，旨在促发以“我”的眼睛去与生活对话，形成“我”对“事”的印象，表达“我”的“情”的心声，发展“我”的思维——让“我”有话可说，并且有话“慧”说！

每日一记：养成习作的自觉

“央视新闻”公众号曾发布《你上一次写日记，是什么时候?》一文，并这样与读者对话：“在这个电子化的时代，我们有越来越多的方式记录生活和心情，但日记始终有它独一份的浪漫，这个秘密的心灵基地，承载着我们最真实的喜怒哀乐……人生由经历堆叠，不是电影里一行‘多年以后’可概述，在日记里，我们看到了此间的变化，具象成一条蜿蜒的长长的曲线，是为成长。”也正因为怀着这样的初衷，笔者培养学生用日记记录“个人的见闻、感受和想法”。那些心情和故事，载于纸笔，载于文字，化无形于有形，让我们在经年之后，仍可以触摸到当时的精神世界。那么在日记教学的过程中，我们对日记该如何认识呢？日记教学有哪些基本路径呢？下面试作阐述。

一、日记的基本认识

说到日记、周记，有些学生很害怕——因为教师“有要求”，学生要刻意地遣词造句、谋篇布局——的确有点难！事实上，日记真的需要如此“刻意为之”吗？古往今来的文人墨客都有日记习惯，我们来看看季羡林、鲁迅、契诃夫、列夫·托尔斯泰这几位大家的日记“彩蛋”（图 2-9）。这样的日记堪称“流水账”，却能真实地反映生活的记录，记录自我的表达。有感而发，哪怕潦草而就，仍有一种真情流贯其中。

2022 版新课标有三处关于“日记”的要求：“学习用日记、观察手记等，展示自己观察自然、探索科学世界的收获”“能写日记，关注家庭、学校、社区生活中发生的新鲜事”“能用日记等方式记录个人的见闻、感受和想法”。这里并未对日记“写得如何”做任何要求，重在培养对自然、科学、家庭、学校、社区的观察、关注、记录的习惯，重在通过日记这一表达媒介，让学生与生活的关系连接得更加紧密，由此教师需要培养学生记录生活的自觉、表达生活的责任。

所以，日记的“记”，顾名思义就是“记录”，应当是一种比较自由的写作形式。“日”为内容材料单位，决定了素材鲜活，当天发生的事当天写，不用苦于

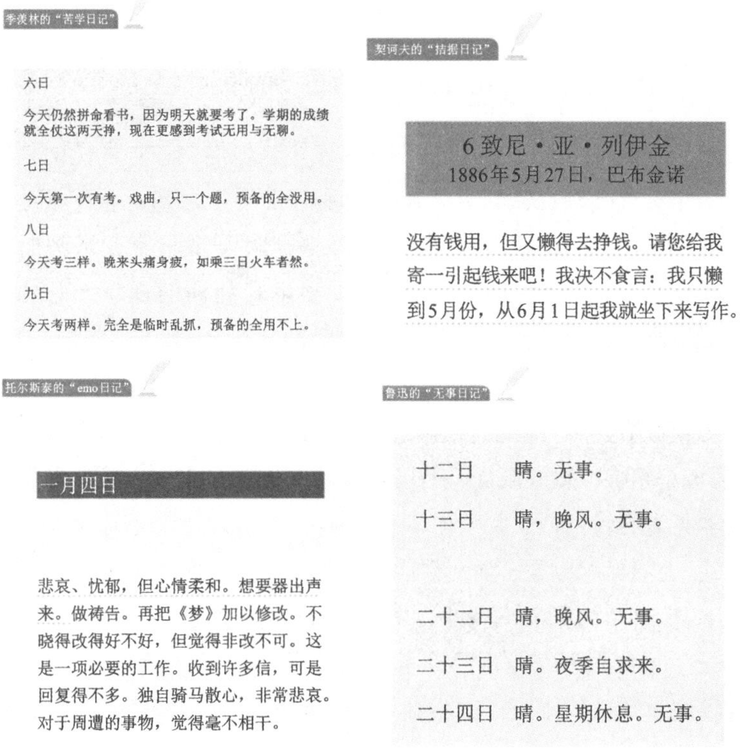
季羡林的“苦学日记”

六日

今天仍然拼命看书，因为明天就要考了。学期的成绩就全仗这两天挣，现在更感到考试无用与无聊。

七日

今天第一次有考。戏曲，只一个题，预备的全没用。

八日

今天考三样。晚来头痛身疲，如乘三日火车者然。

九日

今天考两样。完全是临时乱抓，预备的全用不上。

契诃夫的“拮据日记”

6 致尼·亚·列伊金
1886年5月27日，巴布金诺

没有钱用，但又懒得去挣钱。请您给我寄一引起钱来吧！我决不食言：我只懒到5月份，从6月1日起我就坐下来写作。

托尔斯泰的“emo日记”

一月四日

悲哀、忧郁，但心情柔和。想要器出声来。做祷告。再把《梦》加以修改。不晓得改得好不好，但觉得非改不可。这是一项必要的工作。收到许多信，可是回复得不多。独自骑马散心，非常悲哀。对于周遭的事物，觉得毫不相干。

鲁迅的“无事日记”

十二日　　晴。无事。

十三日　　晴，晚风。无事。

二十二日　晴，晚风。无事。

二十三日　晴。夜季自求来。

二十四日　晴。星期休息。无事。

图 2-9　日记“彩蛋”

（图片来自“央视新闻”公众号）

寻找素材；内容不限，爱记录下什么便记录什么，旨在表达真实感受。“记”为文体形式，字数不限，有想法则长，无想法则短，不用苦于凑字数；体裁不限，自由表达，不追求架构漂亮、辞藻华丽。

因为有了这么多自由，学生的习作必然是快乐的！有了自由，有了快乐，再加上方法的指导，才能促使兴趣发展成为学生写作的自觉，乃至持久的健康的生活方式。

二、“每日一记”的基本教学路径

(一) 日记体名著引路，让写日记成为自己的事

指导学生们开展“每日一记”活动，首先要让他们明白：写日记是他们自己的事，是一件对自己有意义的事。在新接手一批学生之初，笔者总是会给他们读上一段时间的《爱的教育》。《爱的教育》是意大利文学家亚米契斯的一部日记体儿童文学作品。作者以一个三年级小学生安利柯的视角，观察周围的生活，用日记的形式，从第一学期的10月17日开学，到第二学期的7月10日放假离开学校，记述了100篇日记体小故事。除记述在学校和家里发生的事之外，还有父母写给安利柯的信，以及老师在课堂上读给孩子们的10篇“每月故事”，篇篇短小精悍，感人至深，书里有侠肝义胆的小卡隆、善良好学的驼背小纳利、品学兼优的代洛西、大个子卡罗纳……每个人物都是那么鲜明，好像活在我们身边。这样一天读一篇，读了一周之后，学生便对安利柯每天的学习生活产生了兴趣，有时会追着笔者问：“老师，再读一篇吧！我们很想知道安利柯第二天又发生了什么事。”这时，笔者便引导学生：“正是因为安利柯每天这么写日记，我们才知道他小时候的生活。如果咱们不记录，长大后再回忆某年某月某日时，就会是一片空白，多遗憾呀！我们也开始写日记吧！当一年过去，两年过去……你的日记写了厚厚的一本、两本、三本时，你就可以经常取出来回忆自己曾经的故事。说不定，还可以出一本像《爱的教育》这样的书呢！”

经过这样的名著引路，学生们便对“每日一记”充满了憧憬，个个跃跃欲试。“每日一记”便成了学生自己的事情，他们是在用自己的笔记录自己的生活。写作是学生自己的事，也只有把写作变成他们自己的事，才能真正培养他们的语言表达和写作能力。

(二) 日记素材即生活，让日记记录自己的发现

“每日一记”记什么呢？实验初始阶段，不少学生每天最多的一个问题就是：“今天写什么呀？”学生写作苦，最苦便是不知道写什么！

虽然每日一读《爱的教育》，让学生对日记有了初步的了解，但这只旨在培养兴趣，并未在阅读感悟、体验素材方面加以引导。于是，我们又重温了一遍读过的故事，发现安利柯于“17日”记录开学第一天的所见、所闻、所感；

“18日”记录的是帕尔博尼先生对孩子的关爱；“19日”是罗伯弟为了救朱里奥被轧断了腿……学生们便在温故中发现：原来安利柯也是像我们一样坐在教室里，记录的就是身边发生的小事，记录下当天自己觉得最值得写的事情。

除了名著引路，笔者还经常“下水”示范找素材。这样的示范一般都在实验初期，都是即兴而至、信手拈来、点到为止。例如，电脑忽然“罢工”，老师手忙脚乱之后，便会故意露出惨淡的表情：“今天，又要成为你们的日记素材了！”或是，二生争斗，学生们急忙请来老师，老师站在一边大喝一声：“争斗二人不要停下，其他同学仔细旁听，今晚的日记中孰对孰错，待见分晓。”二人立刻罢斗，众生的日记也就有了着落。还有，班级文明之风有所懈怠，老师便可提议写“文明之风在我班”的学生重重有赏，于是一片欣欣向荣之气在日记本上呈现。再如，上课忽见一学生玩纸飞机不亦乐乎，教师便顺口来一段口头习作：

10月19日，星期三，天气是秋高气爽，万里无云。本老师课意正浓，却看见后排一戴着眼镜的帅气男生正研究着独一无二牌纸飞机。只见那飞机遍身洁白无瑕，透着高贵的光泽，折缝非常平直，显然是主人的爱物！但见，小主人将飞机置于左手，轻轻将它向右手一抛，那小家伙乖乖巧巧、不偏不倚地降落在右手掌中。他刚想把飞机往回抛去，目光却撞见讲台上笑盈盈地望着他的长发美女教师，讲述着刚刚发生的故事。于是，他立马藏起飞机、坐直身子、扶正眼镜，好一副认真听讲的样儿。知错能改，当以表扬！

于是，一阵笑声、掌声后继续上课。在引导和实践中，学生发现只要是身边事都能写，日记素材变得宽泛起来。自由的题材，让学生们都能积极主动地去发现身边可写之事，呈现的素材也五花八门：路上被狗追赶、仓鼠大逃亡、不要插队、跟踪老师……学生们每天如此一记，都是记录自己想记、愿意记的事情，日日年年下来，自然积累了丰富的习作素材。习作时，只需从日记宝库里将素材提取出来，稍加润色就好，便不用担心习作课时“无米下锅”了！

（三）“接龙日记”大家评，让日记拥有自己的语言

源源不断的习作素材，解决了“写什么”的问题。笔者在“怎么写”日记方面，并没有对学生进行系统的指导，而是提供平台，让学生用自己的语言，真实、通顺、完整地描述自己看见、听见的事件及想法。这个平台即“‘接龙日

记’大家评”。笔者的班级里有一本“接龙日记本”，每天传一人。每天晨会课，笔者便组织学生开展“接龙日记”大家评活动。首先是笔者的发布会，由“接龙”同学向大家发布自己的日记，谈谈选材的初衷；接着是“我有疑，我来问”，由“评论团”全体成员(全班同学)就“接龙日记”不明处发问，作者就同学们的发问重新组织语言，把话说明白；再是“我要增色，我来说”，同学们对文章进行修饰润色，可以送上一些妙词佳句，可以添上一些比喻、拟人、夸张、排比的修辞，还可以送上一个抢眼的题目，由作者筛选采纳；最后是“新品呈现”，作者将修改后的“新品”朗读给大家听，等待星级评定。在这样的自改与互改中，“日记”呈现出自主“选材——写顺——写活”的过程，这样的评改是群体参与的过程，每个学生都有思考，都有收获，评改出属于他们自己的语言，自己的精彩。例如，有一则“接龙日记”未改前是这样的：

1月20日　星期二　天气：晴

抢答

语文课上，阎老师给大家玩了一个“抢答”游戏。同学们都按捺不住了，为了加分，大家都开始拼命了！“老师，我知道！”“请我，请我！我懂！……”教室炸开了锅。最终，阎老师请黄同学回答，他答对了。所有人都趴在桌上，唉声叹气，叹气声充满了整个教室。接着，阎老师又问了一个问题，此时，教室里人声鼎沸，同学们的抢答如闷雷滚动，叽叽喳喳地响成了一片。抢答真激烈呀！(晨萱)

“接龙日记”改后是这样的：

1月20日　星期二　天气：晴

抢答

语文课上，阎老师给大家玩了一个“抢答”游戏。同学们都按捺不住了，为了加分，大家都开始拼命了！“请听题——作者把战车师比喻成什么？”“老师，我知道！”“请我，请我！我懂！……”教室炸开了锅，大家都站了起来，有人甚至跪在了桌子上。大家都举起一只手，咬紧牙关。整个教室几乎成了手的森林，手的海洋，这些手几乎淹没了阎老师。最终，阎老师请黄同学回答，他答对了。所有人都像一只只泄了气的皮球一样，趴在桌上，唉声叹气。叹气声充满了整个教室。接着，阎老师又问了一个问题：“骑兵师来时，是几马并行？”此时，教室里人声鼎沸，同学们的抢答如闷雷滚动，叽叽喳喳地响成了一片。

这声音完全盖过了此时的下课铃声。抢答真激烈呀！(晨萱)

“删繁就简三秋树，领异标新二月花。”这样一天天地评改，一天天地自省，日积月累，长此以往，学生便渐渐完善了自我语言，形成了自己独有的语言表达风格。

(四)“每日一记”笔聊，让日记成为美好的回忆

日记的点评不同于一般习作批改的一板一眼、眉批总批。它应该是一种笔聊，就文章的题目、选材、观点、语言，跟学生聊上一两句。班上的小班长曾经在日记里这样向我提问：

我有一个怪爸爸，他很注意我的学习习惯，也很注意我的学习态度，从小他就要求我做任何事情一定要一心一意，稍稍有一点马虎，他就要大发雷霆。爸爸给我买了很多书，经常与我谈谈书里的内容，最近我们在研究《孙子兵法》。爸爸还很喜欢带我出去四处走走、看看，我觉得他挺注意锻炼我的。但是，他从来不重视我的考试，不关心我的考试分数，从来不问我考多少分。我挺纳闷的，觉得他真怪。阎老师，您觉得呢？请写上您的看法。

我看了以后，真佩服他爸爸的睿智。我这样写道：

真羡慕你有一位好爸爸，他不但不怪，而且很可爱。他注重你的学习习惯、学习态度，从小训练你专心致志地学习，所以老师才能看到无论听课、作业还是考试，都全神贯注的你；他很爱给你买书，并和你一同看，使你的课外知识储量成倍增长，也比别的同学更善于思考；他总带着你东奔西跑，让你有丰富的生活体验，因此你的生活总是新鲜的，你笔下的写作素材也是源源不绝的。爸爸在各方面塑造你，已经知道自己儿子有多棒，有多爱学习，又何必拿考试这只大老虎，来增加你的压力呢？

第二天，学生给我回话：

阎老师，谢谢您！我明白了，不是爸爸不关心我的学习成绩，不是他不抓我的考试复习，而是他太厉害了，人家从面上抓，他是往根儿里抓呀！我心里还老埋怨他，其实真的应该感谢爸爸！

这样的评点，这样的互动，充分调动了学生写日记的积极性，学生写日记

的兴趣越来越浓，习作能力自然就越来越强。一段时间后，学生们再翻开曾经写过的日记，一段段“笔聊”就会成为他们美好的回忆，激励着他们不断地写下去。

余光中先生说：“日记是对自己的周到。”①梁启超先生嘱托在欧洲留学的儿子梁思成先生：“你脚踏到欧陆之后，我盼望你每日有详细日记，将所看的东西留个印象。若日记能稍带文学审美的形式，回来我替你校阅后可以出版，也是公私两益之事。”②我们写日记吧！写亲近的、喜欢的、向往的，自己切磋打磨，与同学互评互学，再附上几句贴心的、暖心的评点。日复一日，年复一年，日记，让每天的书写成为一种仪式。当记录达到一定的厚度，翻看过去的日记，就能清晰地看见雕刻成长的时光。

---

① 余光中. 余光中都是你[M]. 南京：江苏凤凰文艺出版社，2021.

② 梁启超. 梁启超家书(典藏版)[M]. 北京：中国纺织出版社，2017.

因问施教：服务习作的需求

“因问施教”，是“以学为中心”的习作课堂的生动体现。习作过程由四个大教学环节构成：先写（构思）、后教（诊断）、议法（得法）、评改（改进）。教师要大胆让学生在未经指导的情况下“先写”。这样虽然加大了写的难度，但往往逼着学生自己学会根据命题打开思路，同时让丰富的“写情”呈现出来，让真实的“写困”暴露出来，再指向“利病自明”的“因问施教”，使学生逐步明晰问题，积累写作经验，具备学习、生活与表达情感的一般写作能力。

一、为何“因问施教”？

笔者曾经将三年级到六年级同类题材的习作进行对比，发现了一些“变”与“不变”：变的是，越往高年级，习作字数越多；不变的是，素材狭窄化、构思程序化、表达模式化。难道教师数年兢兢业业地训练学生写作，学生的写作能力却毫无提升吗？笔者在观察中产生了思考。

（一）强势引导，固化思维

第三学段习作要“懂得写作是为了自我表达和与人交流”。可实际上，学生鲜少是为了自我表达和与人交流写作，更多地是为了命题要求。教师的强势引导和佳作例文的示范，占据学生的思维空间。习作的内容与形式都指向习作教学的“结果”，而缺少了“我思故我在”的过程。

（二）技法统一，千篇一律

高年级的习作大多数指向写“具体”的写人记事类习作。大多数教师仅仅在人物的“动作、语言、神态外貌”上不断地追问：“这样写具体了吗？请再写得具体一点。”不仅如此，表达情感也为牵强附会的首尾呼应、层层排比所替代；分段也要求开头、结尾围绕中心一唱三叹，以免离题；为了条理清楚，只用三、五段式写文章。然而，文章是作者情感表达的工具，作者望物生意，由意生情，才能落笔成文——怎能统一编排“表达情感”？“分段”是伴随行文的表达需要所运思而生，岂能整齐划一地教给学生“三段式”“五段式”？

（三）目标无差，教点一致

统一授课、统一指导的习作教学课堂，往往以教材安排的习作目标作为统一目标。这样看似没有问题，实则是不尊重写情的教学样态。要知道教学本来就有两个重要的起点，“教”的起点是教材的“逻辑起点”，而“学”的起点是学生的“现实起点”。教学是否有效，就在于教师是否能做到“逻辑起点”和“现实起点”的有效沟通。尤其是习作，受教师教学水平、学生认知水平、学生习作积累的诸多方面影响，统一命题的习作在不同的班级中反映出的习作问题是相差甚远的，若“一厢情愿”地从“逻辑起点”端做目标、教法、写法的教学活动，便不能教到学生所需处。

（四）自改缺失，诊断笼统

2022 版新课标从第二学段开始就提出“学习修改习作中明显错误的词句”①，第三学段更是进一步要求“修改自己的习作，并与他人主动交换修改”②。可是，笔者在进行某 4 所学校习作评改的抽样问卷调查时，得到这样的数据：“教师统一改评，学生再无修改”占 82.8%，“教师统一改评，学生自主修改，教师再无评改”占 9.3%，“教师统一改评，学生自主修改，教师再书面评改”占 6.2%，“教师统一改评，学生自主修改，同伴互相评改，教师再书面评改”占 1.7%。从以上调查结果来看，学生的自改能力无法得到有效的发展。由于没有要求自改，学生难以形成自改习惯，更为重要的是学生缺乏教师评点之后的自改，也就缺失了针对问题重构文章的运思过程。再加上习作评语大都很笼统，学生缺失了自改的“指路标”和“脚手架”，自然很难展开有效修改。

二、如何“因问施教”？

教师当以“一课一诊断，一题一专策”的目标理念投入课文单元的“先写后教”习作教学中，让“写思”走在教学指导之前，让“写困”成为“反思力”生发的动机，让“写策”推动思维重构，让“写评”转化策略向着习作构思力、表达力高效生长。

---

①②中华人民共和国教育部. 义务教育语文课程标准（2022 年版）[S]. 北京：北京师范大学出版社，2022.

（一）写“思”于前，写作需求先发生

在“问题解决”习作教学中，学生的习作思维在指导课前就已经发生了。教师依据教材单元习作安排布置写作任务，让学生自己阅读教材习作编排的单元训练内容，并先行写作。这样一来，学生必须独立完成以下几个思维环节：①领会。独立提取概括关键信息，领会习作的任务和要求。②唤醒。学生要自我唤醒生活经验，调动积累的写作原材料。③选材。学生要根据题干的核心意义，选择确定“积累”中最适切的写作素材。④构思。学生基于自己原有的写作经验展开原生性构思——遣词、造句、构段、谋篇。如此一来，不但避免了学生习作选材立意形式的趋同化，而且大大促成了学生习作原生性思考的“独立发生”。在“先写”的四个程序中，有容易进入的思维环节，也存在思维的“愤”“悱”（疑问、困难）。学生经过先行写作之后产生自我肯定和“愤”“悱”，便期待通过教师的指导来推进：“自我肯定”，需要“后教”的验证；“愤”“悱”需要“后教”的点拨。从而，写“思”于前，让学生写作需求越来越明晰。

（二）写“困”反思，“诊治”目标达共识

发现习作的普遍性“先写”问题是“因问施教”习作教学的关键所在。教师在批阅“先写”习作时，应以覆盖面广的普遍性问题作为当堂教学的核心，还要把引导学生发现“普遍性问题”（以下称为“共问”）作为重要的教学目标。这样，锻炼学生思维的回想习惯——写得对不对？写得准不准？能不能反映我的想法？怎样写才能更好地把想法表达出来？这样推动学生发现问题解决问题，久而久之完善习作知识和能力体系，“习作元认知”就会形成自动化反馈——每每写完，每每回鸣，每每产生新的习作能量！

笔者曾经以“因问施教”的教学过程，在不同的班级执教“童年趣事”习作，每个班级所反映出的“共问”是有较大差距的。首先当然要明确这篇文章的习作意义，通过“写什么”“为什么写”讨论，大家发现：原来写“童年趣事”，要把自己经历的“趣”写出来，让自己和他人都感受到童年的天真、快乐和美好，从而珍惜向往美好的童年，再根据习作意义，去集体反思表达上的问题。样本一是农村薄弱校的班级，“共问”表现为叙事笼统，记流水账，详略不当，没有写出“趣”。样本二是县城优质校，大部分学生能在选材中表现“趣”，事件的叙述过程较为完整，但是拟题不“趣”，过程不能突显“趣点”。样本三是沿海发达地区学校，整体班级

反映情况为描述的过程完整，凸显“趣”点，能展现出童年生活的快乐，但是文题不“趣”，且开头结尾模式化，呈“排比式抒情”，不能展现个性化的童趣。

（三）一问一策，习作类比明方法

“问题解决”习作教学的核心是“一问一策”，因此，写作策略一定是解决此次习作“共问”的标配；探索过程一定是以学生作为学习的发现者、思考者，点拨过程一定是以教师作为“构思”的引导者、组织者。那么，如何达成上述的“一定”？如何最终指向习作思维的重构？“读写结合，类比提升，提高思维效益”是有效途径。对比是促进思考最快捷的学习方法，学生在比较中往往很快能分出高下，由此再细致地分析二者之间的优劣在哪里，原因是什么，自然就能找出“劣”者精进的方向。而教材中的习作都安排在一个单元后，明显指向“向阅读学写作”。因此，在发现“共问”后，教师可以挑选出“共问”针对性强的课文或相关文段，领着学生采用在发现、甄别、争论、迁移中修改问题例文的办法，重构自己的习作。下面以“童年趣事”的“一问一策”为例进行说明。

样本一的问题在于“叙事笼统，记流水账，详略不当，没有写出‘趣’”。针对整个篇幅的“一问一策”采用方法如下：①把典型“病文”整理成思维导图，对照习作要求发现详略比例方面出了问题，导致写这件事的主题没有凸显；②为教师提供的《冬阳·童年·骆驼队》文章画思维导图，发现整篇文章仅仅是以开头的只言片语作为事件的引言，其余部分都是“趣”；③群策群力“找出趣事情”，标出“病文”详略；④匹配“追问趣细节”的办法，把“趣”的部分写得生动、具体、有意思；⑤迁移“找出趣事情”“追问趣细节”的方法，修改自己的习作。

样本二的问题在于“拟题不‘趣’，过程不能突显‘趣点’”。针对拟题的问题，可以出示班级指向三类“趣点”的好题——好玩的“趣”、悬疑的“趣”、诗意的“趣”，回忆自己的文章内容，重新拟题——让文题能体现内容，能吸引读者读进去。针对“过程不能突显‘趣点’”的“一问一策”：①出示典型“病文”，发现“最好玩”的“鞋子陷入泥浆”这一细节被一笔带过了；②出示《冬阳·童年·骆驼队》中“学骆驼咀嚼”一段，发现“短镜头特写”法，迁移选择修改“鞋子陷入泥浆”时“鞋尖、鞋面、鞋沿、鞋底、鞋带、后跟”等部分“陷进去的样子”“拔出来的样子”“走路时的样子”；③发现“英子和爸爸谈驼铃”中“长镜头延伸”的写法，迁移修改“两个哥哥笑话我‘泥浆探险家’”的片段；④运用“短镜头特写”“长镜头延伸”写法修改自己的习作。

样本三的主要问题在于“开头结尾模式化，呈‘排比式抒情’”，则可迁移本单元课文《冬阳·童年·骆驼队》《祖父的园子》“要言不烦、中心突出、情感自然、画面丰富”的开头方式，让“趣”的中心在开头就能催化读者产生阅读期待。

（四）评改相融，无痕更新习作“元认知”

2022版新课标提出“过程性评价”，要将评价的环节融于课堂的活动当中，以“评价”促习得。这样的理念，是很值得提倡的。课程标准将小学阶段的作文活动称为“习作”，就是在强调习作的“习得”过程。关于习作习得，张志公先生有一法叫作“多作多改”①。他在《读写门径》一书中提出“多写成篇的文章”，且“反复地改”，其中强调“揣摩”：首先是“通篇检点”。如对《童年趣事》这篇习作，我们要求学生检点题目是否能把“趣”的感受传递给读者，是否能把表达“趣”的所见、所闻、所思、所感具体地写出来，是否能够根据“趣点”来安排文章的部分，是否能够通过开头结尾传递自然的趣意，等等。根据这样的“检点”，来做调整修改的过程就是“揣摩通篇”的过程。其次是词句的润饰。历史上贾岛“推敲”，王安石改“绿”等美谈不胜枚举。教师可指导学生在修改的过程中运用更为妥帖的词句，更准确地表达自己“快乐”的样态、心情等。这样来看，“揣摩”的过程不就是“过程性评价”的评改相融而习得的过程吗？“前写”，正是基于学习起点的全盘构思。“发现问题”正是学生在教师的引领下对自己习作水平有目的地评价；“通篇检点”到“通篇修改”的经历，正是学生自我“揣摩”锻炼习作功夫的过程。常写，常评，常改，体会写作的“好”，吸收写法的“益”，学生习作元认知会不断更新，走向回看观照、“利病自明”的自觉。

概而言之，“因问施教”习作教学最有价值的地方就是学生的“身体力行”——着眼于习作的真实“写情”，立足于习作的真实“需求”，发现利于习作发展的有效方法：一方面主动地去积累生活与表达，自发地发展自己对生活的敏感度；另一方面，在“揣摩”中养成严肃认真、一丝不苟地“利病自明”的态度。整个小学阶段都这么“揣摩”着“长大”着，便能达到张志公先生所提出的目标：“内容准确、文从字顺、条理清楚、明晰确切，能如实地表达自己的有用的知识、见闻、健康的思想感情的能力。”②

① 张志公. 读写门径[M]. 北京：北京教育出版社，2014.

② 张志公. 读写门径[M]. 北京：北京教育出版社，2014.

单元统整：盘活习作的过程

写作即过程。习作，不可能一蹴而就；习作本身就是一个认知逐渐完善的进阶——对于每个写作者，都是如此——对于刚刚学习写作的儿童，尤甚。

《义务教育课程方案(2022年版)》提出“探索大单元教学”模式，实现“知识结构化”的目标。[①] 李功连教授强调：“通过单元教学实现课程目标更需要强化单篇的教学价值，由单篇组成单元实现教学内容结构化、教学过程整体性，彰显教学评一致的课程改革思想。”[②]同样对于某个习作实践性知识的形成，必须厘清“习作序列”，知晓该习作训练点在整个教材系统中承前的位置和启后的发展与提升功能；眼中要有“本单元习作编排的科学组成”，以及每一栏目的训练目标、课例意义及详略取舍的关键点；把习作有机融入单元学习全过程，让习作能力有条不紊地增长。

一、习作能力要点与习作课程的关系

语文教科书努力尝试构建相对独立的作文教学体系，采用了“读写分编，兼顾读写结合”的编排方式。尤其是从三年级到六年级语文教科书，按照学生习作能力的发展序列，有计划地编排了8个习作单元，帮助教师突破习作教学的重难点。如六年级上册“围绕中心意思写”在联通的作文教学体系内进行教学构建的尝试中，我们要弄清楚如下问题：六年级上册“围绕中心意思写”，作为习作单元与其他7次习作训练之间有何联系？与常规单元是如何共同构建“记实”习作教学序列的？作为习作单元的编排有什么特殊意义？以此，我们方可确定本习作单元的教材意义以及教学目的。下面以本习作单元作一探讨。

---

① 中华人民共和国教育部. 义务教育课程方案(2022年版)[S]. 北京：北京师范大学出版社，2022.

② 李功连. 基于核心素养的语文单元教学：内涵、模型与策略[J]. 课程·教材·教法，2024(2)：112-118.

(一)读“习作单元”序列

纵观整个小学阶段 8 个习作单元分别聚焦的内容主题及能力要点，习作主题内容涉及课程标准指出的“记实作文”“想象作文”“应用文”三大类，以“记实作文”比重最大(表 2-4)。

表 2-4　小学阶段习作单元的内容主题及能力要点

册次	内容主题	能力要点
三年级上册	观察	仔细观察，把观察所得写下来
三年级下册	想象	发挥想象写故事，创造自己的想象世界
四年级上册	写事	记一次游戏，把游戏过程写清楚
四年级下册	写景	学习按浏览的顺序写景物
五年级上册	写物	搜集资料，用恰当的说明方法，把某一种事物介绍清楚
五年级下册	写人	初步运用描写人物的基本方法，尝试把一个人的特点写具体
六年级上册	围绕中心意思写	从不同方面或选取不同事例，表达中心思想
六年级下册	表达真情实感	习作时，选择合适的内容写出真情实感

不难发现，“围绕中心意思写”之前的“观察、想象、写事、写景、写物、写人”6 个相对独立的内容主题，集中落实一个具体表达训练要素，从一点上着力提升学生的表达素养，呼应各册语文教科书每个单元的习作以及小练笔等，建立联系，形成合力，力促学生从中年级的“写清楚”逐步转向高年级的“写具体”，在掌握基本“观察、想象、写事、写景、写物、写人”写作能力的基础上，学会表达“中心”，再表达“真情实感”，最终达成小学阶段习作能力“内容具体、情感真实”的训练目标。因此，本单元的序列意义是基于前习作能力的首次“有中心”的表达。

(二)读“写人记事”序列

从表 2-5 中可以看出，写人记事习作所关涉的训练目标是由一个长期的、线索清晰的、循序渐进的过程来落实和达成的，呈现出基本的训练序列。而

“围绕中心意思写”既不是“写人记事”序列的起点，也不是终点。语文教科书将其安排在六年级上册颇有“承上启下”的讲究：如果没有之前的写人记事序列训练，学生要“表达中心思想”必然会存在材料不能支撑“中心”的尴尬，自然无法达成“真情实感”与“适合的表达方式”的目标。再对比前后，该单元之前，无论是独立习作单元，还是常规单元习作，甚至“小练笔”，都仅训练“写好一件事”，而本单元的表达训练要素首次提出学习“从不同方面或选取不同事例，来表达中心思想”。因此，“写人记事文”序列意义要落实好本习作单元是在“写好一件事”的基础上学习从多角度选择、组织、写好材料的“起点”。

表 2-5　第三学段“写人记事”的习作内容及能力要点

册次	习作内容	能力要点
五年级上册	“漫画”老师	结合具体事例写出人物特点
	我想对您说	用恰当的语言表达自己的看法和感受
五年级下册	那一刻，我长大了	把一件事的重点部分写具体
	他______了	尝试用动作、语言神态描写，来表现人物的内心
六年级上册	______让生活更美好	写生活体验，试着表达自己的看法
	围绕中心意思写	从不同方面或选取不同事例，表达中心思想
	有你，真好	通过事情写一个人，表达出自己的情感
六年级下册	让真情自然流露	习作时，选择合适的内容写出真情实感
	心愿	习作时，选择适合的方式进行表达

二、“盘活单元”的习作基本过程

（一）对照读栏目，落实教学目标

我们可以先将“导语”“交流平台”“初试身手”“大习作”等栏目分开独立解读，再对照着读，这样，既可以深化执教者对于教材编排单个栏目的理解，又在互为补充中明确各栏目设置如何为学生成功写出“大作文”服务，如此便可以因“材”施教，盘活教材资源，为成功习作搭建脚手架。

1. 读导语页，明要素

语出南朝梁国萧统《文选序》的“以立意为宗，不以能文为本”，揭示本单元的习作主题——意为笔先。它所提倡的并不是只取其思想内容，不看重写作技巧，而是与墨子的“先质而后文”有异曲同工之妙，强调的是“中心意思”的重要性。高年级学生更应明确写文章是“为了自我表达和与人交流”，有了明确的表达意旨，才能达成有建构意义的言语表达与交流，从而实现习作的交际功能。

要达成有意义的表达与交流，仅有“中心”当然不够，还要学习如何用材料表达中心。单元导语分别指向：

①体会文章是怎样围绕中心意思来写的——以“围绕中心意思写”为任务驱动，向阅读学写作。

②从不同方面或选取不同事例，表达中心意思——既是对习作提出的新要求，又是习作表达的新方法、习作活动的新思路。

对于独立习作单元来说，解读单元导语的顺序可以从习作单元的功能出发，先确定习作的关键词“不同方面”“不同事例”“表达中心意思”，再从习作目标出发，向阅读学习“怎样围绕中心意思写”。具体思考为：

①哪种类型的文章从“不同方面”写？

②哪种类型的文章选取“不同事例”写？

③不同文类如何组织“不同方面、不同事例”的材料反映中心？

④不同文类如何衔接“不同方面、不同事例”的材料以为中心服务？

⑤不同文类在“不同方面、不同事例”中采用哪些适切的表达以表现中心？

这些问题恰恰是在以往的独立习作单元和写人记事文中都不曾涉及的，教师有必要领着学生从不同维度去向阅读学习“怎样”围绕中心意思写，在提升习作思维力的同时，提升学生有目的地阅读的能力。

2. 读“大习作”，明要求

既然“为写好一篇习作服务”，既然“以立意为宗”，既然“大作文”是本单元学习的重要目标，我们就必须阅读“大习作”的要求，与导语中的“单元要素”对比一番：是外延更宽泛？是有所局限和侧重？是更具体化？这样，向阅读学写作，才能做到详略有致、取舍有度。为此，语文教科书编者在“大习作”中提供了4段话，可谓段段都重要，段段有要求，段段皆为“单元要素”的具体化（表2-6）。

表 2-6 “围绕中心意思写”要素细化表

中心	文类	写法	顺序	评价
一个汉字 (可选/可自拟)	写事 (生活事/想象事)	从不同方面 或选取不同事例	先列提纲 再写作	围绕中心写

在“从不同方面或选取不同事例，表达中心意思”的基础上，“大习作”提出四个方面的具体要求：一是训练精练概括中心的能力；二是在课文阅读中，侧重体会写事类文章“从不同方面或选取不同事例”表达中心意思的组织方法和表达特色，其余文类进行拓展性阅读；三是训练用围绕中心列提纲的方法甄选素材的能力；四是强调分享交流，注重评写要求一致。

3. 读“交流平台”和“初试身手”，明重点难点

独立习作单元的“交流平台”和“初试身手”各有妙用。“交流平台”选取了两篇课文，说了两个“把中心意思表达充分”的小窍门：一是再次紧扣单元要素“从不同方面或选取不同事例”写；二是将重要的部分写得详细些、具体些，将“大习作”的写法再细致化。而“初试身手”，一是围绕“戏迷爷爷”学习选材，二是从题目入手，思考选材和组织材料。如何积累素材、选择素材、组织素材是教学的重点。据此，本单元习作目标可以确定为：①明确中心意思；②选择组织材料；③详略分明，写出精彩。

(二)对比读文章，辨析用文思路

四篇课文，四类文本，四个角度，四种写法，颇有讲究(表 2-7)。

表 2-7 “围绕中心意思写”用篇的写法特点表

用篇	文章	文类	写法特点
课文	《夏天里的成长》	散文	角度切换
	《盼》	写事文	情节跌宕
习作例文	《爸爸的计划》	写人文	典型举例
	《小站》	写景文	以小见大

之所以说《盼》是“为写好一篇习作服务”的主要阅读课文，是因为三个方面：一是从“大作文”要求写“生活事”“想象事”来看，训练文类定向于“写事文”，《盼》就是实实在在的写事文；二是“交流平台”指向写法学习的重点是“重要部分详细写”，举的例子紧扣“盼”字来生动描写；三是《盼》的作者铁凝围绕“我”盼穿新雨衣这一心理活动，选取了“我”得新雨衣、盼着变天、央求去买酱油未果、盼雨停赏美景、穿上新雨衣、走在街上等系列小事，脉络清晰地表现“我”盼的心理变化，塑造了好奇、小机灵鬼、纯真可爱的“我”的形象，是学生向作家学习写作的极好范例。

那么，其他三篇文章是否不教？或者说，它们不能做“例子”用？当然不是！《夏天里的成长》的文章布局非常清晰，可在单元之初给予学生强烈的“从不同方面写，表现中心意思更充分”的观感。《爸爸的计划》选取了“关窗户”和“制订暑假计划”两个典型事例来突出“爸爸爱订计划”的中心意思，并且在文章中“计划”一词重复30次之多！（《夏天里的成长》中“长”字重复20次。）《小站》则采用“以小见大”的选材方式。因此，习作例文可置于“大习作”之前，以“典型事例、以小见大”等选材技法指导选材，并以重复“中心词”的小妙招指导习作阅读；也可置于初次试写后，将其作为对照调整、修改的范例。

（三）以“写”盘活“读”，加工习作过程

基于以上的“序列”解读和“单元”解读，本单元的教学设计原则为：写为目标、取舍教材、变序教学、提取方法、素材加工。

1. 读群文，解写法

通过“单元导读”与“大习作要求”对比互读，明确本单元的习作要求。再带着“从不同方面或选取不同事例，表达中心意思”的中心议题开展《夏天里的成长》《盼》《爸爸的计划》《小站》群文阅读活动，围绕中心意思作出相关“文类”“写法”“材料”“详略”等方面的思维导图，使学生初步感知“从不同方面或选取不同事例表达中心意思，再详略得当地使用相关表达手法，使中心意思更加丰满”的方法。

2. 瞄中心，丰体验

明确本单元的习作要求后，教师可以要求学生确定自己想写的一两个字，并围绕此字搜集相关素材。一是提早确定“大习作”的“中心”，就有较长的时

间不断向阅读学写作，完善自己的写作构思；二是明确“中心”的素材积累，搜集的是最近发生的事件，既保证了事件真实鲜活，又培养了学生有意义地留心生活的习惯；三是锁定的“中心字”以两个字为宜，既确保近期积累的素材中有“典型事例”可以表现“中心”，又避免“中心”过多、盲目堆积。

3. 选典型，列提纲

教科书中的“交流平台”和“初试身手”栏目可结合起来用。教师可指导学生先集中讨论“交流平台”中素材多样性的话题，自由分享该段时间积累的素材，再关注“初试身手”中的 8 条素材，并提问：如果用一个字表现中心，你会用什么字？而后，教师让学生围绕“迷”初选与中心意思相关的所有材料，再甄选出两三个能表现“迷”的典型材料，继而迁移到自己所选择的中心字，围绕中心字精选典型材料，并根据要求列出提纲，互相交流所选素材是否能凸显中心。

4. 绘跌宕，写具体

教师先指导学生读“交流平台”的要求：“将重要的部分写得详细些、具体些，才能给读者留下深刻印象。”再指导学生对比读《盼》，并学习以“心情变化的小事件促成一波三折大中心”的方法，选择、组织与中心紧密相关的两三个“小事件”，以“对话或动作表达心理变化”的方法将习作的重要部分加工得具体、详细，并完成习作。

5. 比群文，评改添

鼓励学生将自己的习作比对之前做的群文思维导图，或找准一篇文章对比学习，选择合适的角度，如“以小见大”“重复中心词”等，修改一两点。

“习作”本是非常复杂的认知活动之一，它涉及内容、取向、任务、语言、思维、审美等诸多认知，以及心理因素。因此，教师要积极改变观念，让习作教学由“成果导向”转向“过程导向”。面对真实的认知问题，学生应把“作品成果”分解成具体的操作性活动，如立意、拟题、构思、习作、评改，同时把这些活动融入整个单元的各个活动中去，从而完成从感知到回忆、从形象到抽象、从内部言语到外部言语的习作实现过程。由此，学生可实现在相对较长的时间单位里，从容不迫地让习作伴随着学习，成为不断与自我对话的体验场，成为不断进阶成功的获得场，成为“我会写”“能写成”“还要写”的创造场。

读写融通：建构习作的意义

“发展型学习任务群”强调“表达”作为语文实践活动目标的深度阅读行为。自古以来就有名人大家作“读写”关系的论述。杜甫说“读书破万卷，下笔如有神”，而宋人陈辅却说“万卷人谁不读，下笔未必有神”。可见“读破”，关系着“有神”与否。

正如潘新和教授在《不写作，枉为人——潘新和语文学术随笔》一书中，肯定前人所说“读书如借债”，继而说“写作如报恩”。这“借债”与“报恩”之间的关系，在不同的学段应有不同的互动样态。如前文阐述，低年级“依素写话”所指向的是从读到写的“语素”意识的形成；中年级“依法观察”所指向的是从读到写的“生活”意识的浸润；高年级“依意习作”所指向的应该是“思想”意识先行，去汲取阅读营养，思考表达方式，建构表达意义，始终在阅读与表达中做深度融通，从而发展“读者意义”为“作者意义”（表2-8）。

表2-8　不同学段读写互动样态一览表

学段	表达模式	“读写”互动样态
低年级	依素写话	“语素”缺失，重点培养从读到写的“语素”意识
中年级	依法观察	“观察”缺失，重点培养从读到写的“生活”意识
高年级	依意习作	“想法”缺失，重点培养“思想”意识，深度融通阅读与表达，汲取阅读营养，思考表达方式，建构表达意义

一、高年级的读写关系——深度融通

“‘读’不是一种消费，而是一种‘投资’，是‘再生产’。”[①]这样由“吸纳”转化成“再生产”，即是“读破”——把读书作为认识、思考的过程，并在其中发

① 潘新和. 不写作，枉为人——潘新和语文学术随笔[M]. 福州：福建教育出版社，2014.

现、理解、辨析、筛选、提炼、创造，把所读的“过滤”后变成表达的养分，转化为表达者的素养。

随着这一教学理念的转变，教师以“阅读与表达”融通来指导学生的读书和写作。其最重要的建构点是文本的核心价值，例如“文学阅读与创意表达”就直指“文学语言和形象的独特魅力”，再逆向设计学习的真实情境，驱动学生在主动阅读中“了解文学作品的基本特点，欣赏和评价语言文字作品……表达自己独特的体验与思考，尝试创作文学作品”，实现学习从结果型“成品”到过程型“作品”的价值性转变。在文学阅读赋予学生事实性知识、方法性知识的同时，学生也同时赋予文学作品以生机与意义。如语文教科书六年级“革命题材”小说《金色的鱼钩》中“学写致敬词”的项目式学习任务设计，就是探索凸显文本核心价值的文学阅读与创意表达双向建构、互促共生的路径(表 2-9)。

表 2-9　文学阅读与创意表达的双向建构路径及内涵一览表

建构路径	学习内容	内涵说明	目标体现
结果导向	建构读写任务	“留住”核心价值	“感受文学语言和形象的独特魅力”
创设情境	提炼关键内容	理解核心价值	“了解文学作品的基本特点，欣赏和评价语言文字作品”
组织语体	创新表现形式	鉴赏核心价值	“表达自己独特的体验与思考”
真实运用	生成言语经验	外化核心价值	“尝试创作文学作品”

二、读写融通的表现——双向建构

(一)结果导向，在“留住”中建构读写任务

《金色的鱼钩》安排在六年级的小说单元，其阅读要素是“读小说，关注情节环境，感受人物形象”。本课是略读课文，是落实本单元语文要素的尾篇。学生已在教师的指导下，学习了《桥》和《穷人》两篇精读课文，着重体会人物的语言对话、心理活动，并结合情节和环境描写，大体感受人物的轮廓形象。因此，六年级学生在《金色的鱼钩》预习检查中，大部分能检索摘抄出该文的长征背景“草地”、老班长的外貌(第 2 自然段大体形象、第 23 自然段聚焦描写)，

以及事件的主要内容，并且能感受到老班长舍己为人、舍生忘死、忠于职守等的英雄形象（表 2-10）。

表 2-10 《金色的鱼钩》基本信息检索表

人物	背景	外貌	事件	形象
老班长	1935 年秋天，红四方面军进入草地	1. 个子挺高，背有点儿驼，四方脸，高颧骨，脸上布满了皱纹 2. 瘦得只剩皮包骨头，眼睛深深地陷了下去	炊事班长照顾战士们走出草地，牺牲了自己的生命	舍己为人 舍生忘死 忠于职守

由表 2-10 看来，学生似乎领会了小说的要旨——既能提取关键信息，也能领会主题主旨。但是，细读下来，存在以下两个关键性问题。

1. 对小说的理解表现为碎片化，理解只是停留在表层

首先，文章篇幅相较于同组课文更长，足足 34 自然段都散落着老班长的言行，学生在逐段阅读“言行”、交流互动时，所产生的大多是碎片化的认知。其次，文章的背景也较《桥》和《穷人》更加“隔”。如果学生没有理解背景，就不可能进入文本，贴近真实的文本情境，与文本中的人物所思所感同频共振，进而把文字读到心里去。因此，就学生对于人物形象的经验性概括——“舍生忘死、忠于职守”等词语来看，并不能读出任何与老班长的特殊形象紧密关联的感人色彩。

2. 只有感受，可能不久就会忘记，而失去阅读好书的价值

学生由阅读学习产生的感受还只是表层意义，如果不及时应用、深化，就很容易遗忘。爱德加·戴尔的“学习金字塔”理论揭示了学习效能的秘密：阅读的吸收率仅仅是 10%，而转教别人或立即应用的吸收率达到 90%。特别是阅读文本与学生的真实生活相距甚远时，不能在认知上形成熟悉的对话，自然不能刺激大脑皮质对其有吸收性的反应。

如何在学生的脑海里“留住”有价值的文本？2022 版新课标第三学段“文学阅读与创意表达”任务群的学习要求指出，要“运用讲述、评析等方式，交流自

己的情感体验”。[①] 余文森教授也指出：表达是对阅读和思考的检验，学生到底有没有读进去、有没有想明白，关键看他能否清晰地表达出来。[②] 阅读目标是“感受人物形象”，运用目标是“展现情感体验”。既然要“展现”，就必须站在文本的全局观上，聚焦“这一篇”文本所强调的背景、情节构思、人物塑造，才能通过言语材料，把其中所折射的独特文学魅力与人文价值展现出来，达到二者的双赢。

基于此，从“表达”逆向“阅读”的“语用样本”格外重要。它要满足：在内容上，是对文本核心内容的思考内化——沉入字里行间具身体认；在形式上，是对核心价值的升华再现——在运思中表达主题思想，达成“运用讲述、评析等方式，交流自己的情感体验”。因此，把该课的语用任务设定为“给英雄写致敬词”。既然是“致敬”，就要让学生怀着崇敬的心情进入文本；既然对象是“致敬的人物”，就必须结合文本的方方面面，整体阅读这个人身上“人无我有、人有我特”的“感动点”；既然是“词”的形式，就要提炼契合人物精神的“非常”之处，这样才能直击读者的心灵，从而受到教育、被其感染，而不是直接摘抄。同时，要考虑用怎样的语言形式才能凸显“致敬点”，实现“致敬词”是在学生认知加工后的活运用、再创造。

（二）创设情境，在理解中提炼关键内容

“在内容与形式的关系中，内容起着主导和决定作用，因此，写作教学应从内容入手，即首先让学生明白‘写什么’。这是公认的教学基本原则。”[③]新课标理念倡导下的“内容”，不是为“写”而“写”，而是在“阅读与表达”的双向建构过程中，逐步发展语言、思维，促进人的社会化，提高人的审美品质和文化内涵，让学生终身受用。教学《金色的鱼钩》，要在“学习语言材料”与“体会革命英雄内心”之间发掘真实的创作意义——歌颂革命先辈们平凡而不朽的牺牲，更要让后辈们深刻体会革命精神，深入感受爱国主义精神，体认英雄模范的高

① 中华人民共和国教育部. 义务教育语文课程标准（2022 年版）［M］. 北京：北京师范大学出版社，2022.

② 余文森. 论阅读、思考、表达的教学意义［J］. 全球教育展望，2021（8）：25-43.

③ 施茂枝. 这样教写作不难——基于小学生心理特征的写作教学序列与模式［M］. 北京：高等教育出版社，2018.

尚品质，从而陶冶性情、坚定志向，树立正确的世界观、人生观和价值观，为学生从小“植入红色基因，打好中国底色”①。

1. 创设“有价值”的情境，是写好“致敬词”的前提

有效的学习情境，能打通学习与生活，引导学生“接触并掌握某学科的主要概念和原理”。本课教学确立“读英雄文章，写英雄诗篇，向英雄致敬”的项目主题，以“‘星星火炬’公众号向全体少先队员征集‘给英雄写致敬词’”为活动情境，以利用阅读材料写好致敬词为主要任务。推动学生在写致敬词时产生阅读的诉求，并主动思考：“提取哪些与展现英雄形象相关的关键信息？”“要如何提炼这些关键信息，才能更好地体现‘致敬’？”

2. 提炼“有价值”的内容，是写好“致敬词”的关键

汪曾祺说，“语言不只是载体，是本体”“思想和语言之间并没有中介。世界上没有没有思想的语言，也没有没有语言的思想”②。在教学中，自可先聚焦一篇课文为写致敬词的素材，指导学生明确“写什么”—— 高度提炼文本中有价值的材料，让思想和语言统一起来。下面以《金色的鱼钩》为例展开论述。

(1)关键信息。提取与展现英雄形象相关的信息，如表 2-10 呈现的基本内容。重点讨论问题“要如何提炼这些关键信息，才能更好地体现‘致敬’”。关于创作，汪曾祺提醒，“笔要紧紧地靠近人物的感情、情绪，不要游离开，不要置身在人物之外。”“拿起笔来以后，要随时和人物生活在一起”。③因此，需引导学生一次次甄别提炼内容的标准：什么是最感动的？为什么最感动？是否能让读者感动？

(2)事件背景。要让学生正确认识与理解红军过草地的战略决策，还是有一定难度的。教师通过问题引思，组织学生交流：“你们知道那是怎样的草地吗？为什么一定要过？”结合史料，提炼突出历史的关键词：“二万五千里长征”，聚焦草地环境恶劣的关键词：“水草地”“沼泽”“无边无涯”，让学生迅速进入革命战略重大转折的大背景，通过老班长让鱼汤给小战士这件事体会老班长的高尚品德，也为他的牺牲埋下伏笔，凸显环境描写和人物形象塑造的紧密

① 中华人民共和国教育部. 革命传统进中小学课程教材指南[EB/OL]. (2021-01-19)[2022-08-22]. http://www.moe.gov.cn/srcsite/A26/s8001/202102/t20210203_512359.html.

②③ 汪曾祺. 汪曾祺的写作课[M]. 南京：江苏凤凰文艺出版社，2020.

联系。

(3)外貌描写。对老班长的外貌描写主要集中在两处：①“快四十岁了，个子挺高，背有点儿驼，四方脸，高颧骨，脸上布满了皱纹”；②“虽然瘦得只剩皮包骨头，眼睛深深地陷了下去”。组织学生思考：在致敬词中，提取哪些外貌词，更能体现人物形象？从而发现第①处的形象冲突在“四十岁”与“布满皱纹”，可见老班长饱经风霜；第②处的形象变化快，“皮包骨头”和“眼睛深陷”的外貌变化背后，是他全心全意要把三位“小病员”带出草地的决心。故而，从外貌描写提炼出关键词：“四十岁”“布满皱纹”“皮包骨”“眼睛深陷”。

(4)典型言行。老班长的言行所折射的是可贵的甘于付出与自我牺牲精神。教师在组织交流后，引导学生进一步思考：课文随处可见的是老班长令人感动的言行，若每一笔都要迁移到“致敬词”中，就不能形成人物的“非常”形象；只有提炼出典型言行，才能突出老班长的人物“独立性”“特殊性”，让读者记住的同时，还深受感染。因此，我们提炼的“言行”，自然要聚焦于老班长所做的“非常”之事：“取出一根缝衣针，烧红了，弯成个钓鱼钩”是事件的起因，也是核心；“嚼着几根草根和我们吃剩下的鱼骨头，嚼了一会儿，就皱紧眉头硬咽下去”是老班长舍己为人的过程性表现；“突然间，他的手垂了下去”是事件的结果。再度提炼出关键词：“缝衣针制的鱼钩”“硬咽下的草根和鱼骨头”“牺牲自己”。

(5)精神品格。对于老班长精神的提炼，当然也要与“非常之事”完全贴合。此时，学生发现“舍己为人、舍生忘死、忠于职守”等词语都较为宽泛，并不是为老班长量身定“写”的，不足以体现“这个人”的创作价值——“贴到人物来写”。为了量身定“写”，就要结合老班长的言行，来提炼他的典型品格。

(三)组织语体，在鉴赏中创新表现形式

语言是本体，也是载体；适当的形式，表现适当的内容。有了写作的内容，就要思考如何用适当的形式来表现，才能更明确地转化为言语材料中的“致敬点”，凸显英雄值得后人敬仰学习的部分，让人“一看就明白，一听就记住”，深受震撼和鼓舞，便于传扬开来。《金色的鱼钩》教学中，如果仅仅把之前提炼的内容组织成叙述性语言，则略显平淡，并不能起到表达情感的作用：在红军二万五千里长征过水草地时，老炊事班长护送伤员过草地，用缝衣针钓鱼给伤员吃，自己饿得皮包骨、眼睛深陷，最后牺牲自己。他舍己救人的精神，熠熠闪

光。可以借助什么语体来建构“致敬词”？叶圣陶对于“抒情诗”的定义，可以给我们一些启发。

1. 抒发“我”的情感

“编成几句和谐的语言，把当时的情感纳在里头，朗吟着或者低唱着。”①强调交际语境——以“我”的身份向“您”致敬，触发学生意在笔先，把课文中碎片化的星星点点连贯成充分的情感，激荡于心间，确保文本真挚情感的流露。

2. 内容具体

“必得把当时眼中所见、心中所想化为具体的语言，然后可以见得感动在什么地方，以及感动到何等程度。”②要求每一篇致敬词都把具体事件的“感动点”拎出来，减少细枝末节的叙述，让所有的语言都只呈现故事要素中的“非常”内容——以“非常背景”铺垫沼泽环境极度恶劣，渲染氛围感；把老班长饱经风霜、饥病不堪的“非常印象”推到读者面前，引发学生思考：为什么才“年过四十”，他就“布满皱纹”？经历了什么事情，让他“眼窝深陷”“皮包骨”？进而带领学生聚焦“非常情节”中老班长那令人感动至深的“鱼钩”，以及无法直视的“硬咽下的鱼骨头”，此时，老班长的“非常精神”溢满心胸。

3. 节奏合适

“语言的节奏适合当时的情感，然后歌咏起来可以收到宣泄情感的效果。”③根据“致敬”需要，可以短语排列、长短句交错，以凸显“可歌可泣”的画面感。比如，把之前引导学生“拎出来”的“感动点”短语，根据“背景”“形象”“情节”“精神”做分行有序排列，既突出“感动点”，也推进表达“致敬”的层次感、氛围感：

二万五千里长征
水草地，沼泽，无边无涯
满脸皱纹皮包骨，眼睛深陷
缝衣针制的鱼钩
硬咽下的草根和鱼骨头

---

①②③ 夏丏尊，叶圣陶. 七十二堂写作课：夏丏尊叶圣陶教你写文章[M]. 北京：开明出版社，2017.

宜用反复、排比的手法来强调结果、增强语势、放大精神。在《金色的鱼钩》中，最令人传唱的是老班长并不是不能活，而是为了伤员能活着走出草地、为了把生的希望留给“我们”，奋尽全力，最终牺牲。因此，牺牲固然要强调，但更要一唱三叹的是老班长的初心——要把“我”生的希望给“你”啊！这里可以用反复的手法呈现出来。在对精神的表达中，以象征的意象“非常物件”体现“非常之人”的“非常精神”，不失为一种好方法。“金色”当然不是“鱼钩”的本色，而是老班长的革命精神赋予鱼钩以“金色”。因此，可用“金色”象征老班长的精神品质，再以反复的手法呈现，在一唱三叹中，以“金色”向老班长致敬：

把生的希望给你，给你——

鱼钩，金色

老班长，金色，革命精神，金色

永永远远，熠熠闪光

教学过程可分三步走：①依据小说特点，讨论恰切的表达形式；②学生和老师当堂创作“致敬词”；③交流言语范本，反复朗读、分层朗读——感动在其中，促发自主创写“致敬词”的激情。

（四）真实运用，在实践中生成言语经验

师生共同经历在《金色的鱼钩》阅读中的“致敬词”创作过程，即高质量的“阅读与表达”相融共生、双向建构的过程。在“给英雄写致敬词”的活动情境下，以“什么最感动？为什么最感动？怎样让人感动”为阅读活动的起点，把视角定位为面向“整体”的阅读活动，通过“人物”来串联地思考“背景、事件、精神”的“感动词”；再从形式出发，选择“长短句简述事件、排比句歌咏精神”的抒情方式，入情入境地将课文的内容转化成“致敬词”的表达输出。这正是余文森教授谈到“有价值的表达”中的第三种转化——“用途（功能）转化”，即能够将所学知识进行有机组合，加工成新的作品或产生新的观点，这种表达力的核心是设计和创新能力。在《金色的鱼钩》教学中，力求将课文的价值最大化，实现第三种转化，增添知识本身的功能，丰富课文本身的现实意义——让英雄模范的美好形象深入学生的心灵。通过致敬词创作活动中的思考，学生不断加深体验，不断内化，用最贴近“共鸣”与“宣传”的方式，把不同英雄人物所经历的非常事迹和非常精神更好地表现出来。

“学习”的前方是“应用”，是在新的、不同的、现实的情境中使用知识。

“读英雄文章、写英雄诗歌、向英雄致敬”的项目主题，以“给英雄写致敬词”为活动情境，引导学生深情回顾曾经学过的讴歌革命英雄人物的课文。可先将六年级下册第四单元的学习活动提前到该课来“预热”：《毛主席在花山》《十里长街送总理》《飞夺泸定桥》《狱中联欢》等，都是以伟人或者革命先烈的典型事例来反映理想信念、爱国情怀、艰苦奋斗、无私奉献、顽强斗争和英勇无畏等革命传统。前两篇侧重“关注外貌、神态、言行等描写，体会人物的内心和品质”，后三篇侧重“体会场景、细节，描写蕴含的感情”。再指导学生以《金色的鱼钩》中提炼的“阅读习作双向建构”方法，迁移到本单元其他革命题材课文以及课外革命文化作品，形成以“非常之人，非常之事，非常之举动，非常之精神”体会革命文化类文章的阅读思维结构，并为英雄烈士写“致敬词”。最后回到评选“致敬词”的大情境任务，对照阅读支架“事件背景、人物肖像、感人事件、革命精神”，在小组辨析、全班交流评价中，落实读写思维，生发审美体验，增强文化自信，形成新的认识、新的价值。

以上的“建构读写任务—提炼关键内容—创新表现形式—生成言语经验”所形成的教学范式，正是“阅读是吸收，写作是倾吐”①的生动落实。它说明了“读”“写”不是两回事，而是融合审美、文化、思维共同进阶的语言运用的一回事，“吸收”为的是“倾吐”，“倾吐”促进了高质量的吸收。“输入”通过理解、筛选、甄别、创造，能够马上转化成有意义的“输出”，这种实现自我价值的高峰体验是无与伦比的！阅读，成为前人智慧的馈赠；习作，成为前人智慧的赓续——这不仅仅是“借债”和“报恩”，更是文学、文化、思想、意志、境界的“传承”和“升华”！

① 叶圣陶. 好读书而求甚解[M]. 北京：开明出版社，2017.

第三章

提升素养：儿童习作的评价模型

习作评价工具应服务于表达素养发展。“注重学生在真实情境中综合运用知识解决问题的能力”，让语文学科知识和学生生活“发生关系”：“做”指向真实情境中的实践活动；“用”指向表达日常生活与审美感受的读写融合语言运用；“评”指向逆向评价，以促进更好地“做其事”“用其言”“增其慧”。

“做-用-评”合力：让读写与“完整的生活”相连

前文《“以人为中心”的习作课程价值、内容与工具》中提出，“以人的发展为中心”的核心理念，让习作回归“表达与交流”的本真诉求，让习作的过程成为浸润生活的过程，成为积极发展表达动机的过程，成为真实而深度地增长语慧的过程，让习作成为有意义感的生命成长活动。习作评价的“过程性”，不能只关心“习作能力”的增长，而是要形成“做-用-评”合力，以在真实的生活中做事为前提，驱动观察、认识、情感、思想为动机来表达功用。评价，既要针对“用”，促进语慧的增长；也要针对“做”，去增长为人处世的智慧。

一、做是根本和前提

叶圣陶先生有一篇文章叫《拿起笔来之前》，他认为，写文章难不难决定于动笔以前的准备工夫怎么样。准备工夫够了，要写就写，自然合拍，无所谓难。准备工夫一点儿也没有，或者有一点儿，可是太不到家了，拿起笔来样样都得从头做起，那当然很难了。[①] 可见，做准备是“拿起笔来”的前提。

让我们想想：“写文章”的准备要如何“合拍”呢？一方面当然是在实际生活中做好“做事”的准备，不从这里出发，作文就成了空中楼阁、无源之水，毫无价值可言；另一方面是做好“文字”的准备，即文字的形式、文字的练习、文字的运用等的准备，这样才能在“拿起笔来”时能写得出来，同时交流成功。

（一）做好生活的准备，再来作文

2022 版新课标在“前言”部分开宗明义，“当今世界科技进步日新月异，网络新媒体迅速普及，人们生活、学习、工作方式不断改变，儿童青少年成长环境深刻变化，人才培养面临新挑战。义务教育课程必须与时俱进，进行修订完

① 叶圣陶. 落花水面皆文章：叶圣陶谈写作[M]. 北京：开明出版社，2017.

善"①,"教学建议"提出"关注互联网时代语文生活的变化，探索语文教与学方式的变革"，就是指导躬耕于课堂的老师们——作文要与时俱进，要伴随当今世界少年儿童真实的成长环境变化，这样才能引领儿童在习作中关注"家庭生活"、参与"学校生活"、感受"社会生活"、创造"个人生活"，从而拥有丰富、生动、积极的物质世界与精神世界。

如写景主题习作(表 2-11)，教师要有意识地带领学生去感受"这儿真美""这是一个好地方"，我们生活的是"缤纷世界"。最好让学生能打开感官，与环境互动起来。让学生去校园的"秘密丛林"里穿梭，去劳动基地中劳作，在健康步道上光脚丫跑起来，去林间感受微风、倾听虫鸣，在旅行中感受一步一美景、一乡一风情。在与美丽家园、壮美祖国的亲密接触中，满足儿童乐于探索新事物、新发现的心理需求，使其发自内心地经历着"这儿真美""那儿真美""到处真美"所构成的美丽而安心的成长环境。向美之心人皆有之，贵在停下脚步去经历，方能发现生活原来那么值得热爱，值得书写。

表 2-11　语文教科书写景主题习作梳理表

册别	标题	内容
三年级上册第五单元	我们眼中的缤纷世界	写最近观察的印象最深的事物或者景物
三年级上册第六单元	这儿真美	把我们身边的美景介绍给别人
四年级上册第一单元	推荐一个好地方	推荐自己喜欢的地方
四年级下册第一单元	我的乐园	分享带给自己快乐的地方
四年级下册第五单元	游______	写自己游览过的地方
五年级上册第七单元	______即景	写大自然变化的神奇和美好

又如写事主题习作(表 2-12)，自然要让学生真正做起来。学生在课间、在课后、在假期里去游戏、去活动、去旅行，切身体验"玩得真高兴"，尊重自己且内心愉悦开朗。在生活中经历"我的心儿怦怦跳"，感受到不同事件给心灵带来的

① 中华人民共和国教育部. 义务教育语文课程标准(2022 年版)[S]. 北京：北京师范大学出版社，2022.

不同投射，“惊喜”“害怕”“紧张”“激动”，学生带着不同的心情把每一次“特殊事件”收入记忆的百宝箱，成为珍贵的人生印记。去学习、去尝试，去经历从失败走向成功，在“生活万花筒”中一次又一次地体悟“那一刻我长大了”。

表 2–12　语文教科书写事主题习作梳理表

册别	标题	内容
三年级上册第八单元	那次玩得真高兴	玩的过程写下来
四年级上册第五单元	生活万花筒	写一件生活中印象深的事
四年级上册第八单元	我的心儿怦怦跳	写一件令你的心怦怦跳的事
四年级下册第六单元	我学会了______	写学会的“最有成就感”的那件事的经历、体会
五年级下册第一单元	那一刻，我长大了	写成长过程中印象最深的一件事

当然，学生写想象类习作（表 2–13），也需要做生活方面的准备。比如写《二十年后的家乡》，需要学生去充分参与当下“家乡”的生活，才能真切地产生对某些方面的“改变”希望，才能写出内心所期待的“二十年后”。写《神奇的探险之旅》，需要学生对山川、森林、河流等野外生活有了解或经历，才可能有根据地猜想可能出现的装备、险情、困境。《变形记》是生活与学习的真切感受，触发了“我要变形”的想法；《笔尖流出的故事》是校园生活、社区生活及村庄生活的缩影；《插上科学的翅膀飞》则是描写身处信息技术飞速发展的时代。这些都是学生积累了人与人之间相处的社会经验，积累了生活中的经验，所自然而然生发的想象和创造。

表 2–13　语文教科书想象主题习作梳理表

册别	标题	内容
三年级下册第五单元	奇妙的想象	大胆想象，创造出属于自己的想象世界
三年级下册第八单元	这样想象真有趣	选一种动物做主角，大胆想象，编一个童话故事
四年级上册第四单元	我和______过一天	编写“和神话或童话中的某一位人物过上一天”的故事
四年级下册第二单元	我的奇思妙想	把你想发明的东西画出来，写出来

册别	标题	内容
四年级下册第八单元	故事新编	重编一个龟兔赛跑的故事
五年级上册第四单元	二十年后的家乡	大胆想象二十年后的家乡会发生什么巨变
五年级下册第六单元	神奇的探险之旅	编一个惊险刺激的探险故事
六年级上册第一单元	变形记	发挥想象，把你“变形”后的经历写下来
六年级上册第四单元	笔尖流出的故事	选择环境和人物，展开丰富的想象，创编故事
六年级下册第五单元	插上科学的翅膀飞	让我们写一个科幻故事，将头脑中天马行空的想象记录下来

“所有社会实践全都是写文章的准备功夫。”①有了在生活中的全面实践，学生才能怀着满满的“好生活”“好事情”“好心情”，将“说话”“作文”融入为“好生活”的一部分，迫切地“说好话”“写好文”。就像季羡林在耄耋之年自诩：“我吃的盐比年轻人吃的面还多，走过的桥比年轻人走过的路还长，而且有多次翻过跟头，何为人生，我早已参得透透的。一拿起笔来，必然是妙笔生花，灵感一定会像江上清风、山中明月，取之不尽，用之不竭。想到这里，我便手舞足蹈了。”②

（二）做好“文字”的准备，再来作文

有了生活的准备，有了不吐不快的欲望，却没有文字的准备，是没法子写成或者写好文章的。老舍讲“凡是能写些文艺作品的人都是先在语文上用过功夫的”。③ 像郭沫若、茅盾等现代作家，幼时就练习写文章，到了二十来岁的时候已然写得很好。他们不仅读了不少古典和现代的好作品，他们的生活经验还是作品的资料。有了内容，也明白了形式；早已预备好，拿起笔就能刷刷地写。

1. 读起来

做好“文字”的准备，首先要读起来。“要写作，便须读书。读书与著书是不可分离的事。”2022 版新课标整合阅读与写作，以相互融通的语文学习内容

① 叶圣陶. 落花水面皆文章：叶圣陶谈写作[M]. 北京：开明出版社，2017.

② 季羡林. 季羡林谈人生[M]. 杭州：浙江人民出版社，2016.

③ 老舍. 老舍谈写作[M]. 北京：百花洲文艺出版社，2019.

呈现，就是这样的道理。除了每个习作单元的内容设计，围绕“单元习作”做好课文引路、例文示范的读写促进样态，教师还要积极搭建课内外“向读育写”的平台。例如，四年级上册第四单元以“神话”为主题，来组织训练阅读与习作，阅读编排了《盘古开天地》《精卫填海》《普罗米修斯》《女娲补天》等国内外经典神话故事；习作安排的是“我和______过一天”，选择一个感兴趣的神话或童话人物，想象自己与他过一天会发生的故事。这样的单元组元为儿童阅读神话和童话创造了良好的读写情境。教师可以引导孩子转变阅读者为参与者的视角，就以“我和神话或童话故事主人公过一天”为主线，真正投入教材中编排的4个故事里，去领略神奇神话的情节和形象。再扩大阅读的范围，以课本中的神话故事为导读，打开儿童阅读“中国神话故事”“外国神话故事”的阅读视域。这样在一篇一篇、一本一本的比较阅读中，儿童以浮想联翩的方式与神话故事、神话人物对话，丰厚了对神话文化的认同，对神话审美的认知，对神话情节的理解，对神话人物的向往。这样下笔写出的故事，有依有据，有情有味，更是对神话文化的创造性继承。

2. 攒起来

读好书，先是文字内容的丰富，再是文字材料的积攒，才能遣词造句满足表达生活的需要。2022版新课标在“课程内容”方面，首个任务群就是“语言文字积累与梳理”，表述为：“本学习任务群旨在引导学生在语文实践活动中，积累语言材料和语言经验，形成良好语感；通过观察、分析、整理，发现汉字的构字组词特点，掌握语言文字运用规范，感受汉字的文化内涵，奠定语文基础。”在课程目标的不同学段各有“积累”的具体要求。例如，第一学段重在“阅读”中积累词语，在“表达”中乐于运用从阅读和生活中学到的词语。语文教材从二年级开始长线培养在“阅读与运用”过程中积累动词、量词、形容词。第二学段指向“在写作中运用自己平时积累的语言材料，特别是有新鲜感的词句”。相应的三年级上册教材就重点训练“关注”“感受”“积累”新鲜感词句，所谓“新鲜感”就是过去没有接触过的词句。孩子们对新的东西是怀有强烈好奇心的，因此新鲜感的目标落在兴趣上，打开自己的丰富语言宝库，积累言语材料，丰富起来，积攒起来，方能说明白、写清楚、写生动。

3. 联起来

言语经验的积累，需要帮助孩子做好前后言语经验的串联式增长。比如说第一学段重点培养孩子“写想说的话，写想象中的事物”，用什么方法来写呢？当然最佳的方法就是借助“想象”来写。要知道形象思维在这个阶段，常驻在孩子的思维认知里。此阶段的儿童是想象的天使，是天生的诗人。那么相应做的准备应该是“如何教孩子用想象的方式来表达”。想象的表达方式之一是“比喻”。教材中首次练习比喻句是在二年级上册第四单元《黄山奇石》语文园地四“字词句运用”中：“______像______。”第二次是在二年级下册语文园地二的“字词句运用”中：“田野(什么事物)葱葱绿绿的(怎么样的)，像一片(什么量词)柔软的绿毯(怎样的什么事物)。”不但训练了“像”字句，还融合了形容词、量词的练习。在二年级下册语文园地七的“字词句运用”中，继续练习用不同的词来写好比喻句，形成了创造比喻句的能力联结链。以日趋丰富的比喻句群，来打开学生们小脑袋瓜子里浪漫绮丽的形象世界，化形象为文字。

语篇的准备，也是同样的道理。四年级上册第五单元《生活万花筒》是写事类文章的起步，指导学生按一定的顺序把事情的“起因、经过、结果”写清楚。在之后的写事习作过程中，分别联结并侧重指导“写出事情的变化”“写清楚事情的经过和感受”“把学做这件事的经历和体会写清楚”“把印象最深的部分写具体”“围绕中心意思写”。每一次语篇能力的训练，都成为后一次语篇进阶的基本功，谋篇布局的意识拾级而上，谋篇布局的本事也跟着拾级而上。

二、用是关键和核心

不下水，绝不可能会游泳；不动笔，绝不可能会作文。换一句话说，只有下水了，才能感受到游泳的快乐；只有大胆动笔，才能感受到作文的快乐。

文字是生活的一部分，是沟通交流的媒介，是文化传播的媒介，是传递思想的媒介，是交流情感的媒介。文字是重要的“成事”“成就”媒介——这一点应该是没有人能否认的。学习任务群的理念指引我们，要根据具体的交际情境和交流对象来设计“有用”的语文实践活动，让学生在真实情境下以清楚得体的表达有效地传递信息，来做成事、成就人。因此教师要搭建内容、形式和语言之间的习得平台，让学生有章有法地用、无拘无束地写，去阅读与记录生活，去表达情感和想法，通过写作发现生活的美好，通过做中作文、用中作文、创中作文实现“拿起笔”的价值与功用。

语文教科书三年级下册第六单元围绕“多彩童年”这一人文主题编排组织学习内容，该单元编排了三篇精读课文《童年的水墨画》《剃头大师》《肥皂泡》，一篇略读课文《我不能失信》，习作是聚焦“身边那些有特点的人”，习作要求是通过事件，把人物特点写清楚。将这个习作目标分成三个子目标：①能用“雅号”描述人物特点。②尝试用系列表现展现人物特点。③能按顺序写一件事，表现人物特点。旨在让学生联结已有的生活与表达的“准备”，进一步发现与丰富生活，在读写中感受周围人、事、景物的美好与纯真。由此结合“多彩童年”的人文主题，创设评选“最美童年创客官”语文综合实践活动；分解本次习作目标，并嵌入在单元课文中练写联合习得写法过程，写下联结读写知能的《联读日记》。由“色彩”绘制童年场景、“科学”玩转童年游戏、“影音”寻访童年人物、“文字”点亮童年、“创客”共享童年”这五个“联读日记”子任务，来达成“最美童年创客官”的活动目标。

联读日记①：表达素材，“色彩”绘制童年场景

通过“读写绘 · 诗配画仿写”《童年的水墨画》，唤醒童年场景，去发现场景中“有特点的人”。在学习了《童年的水墨画》后，选择童年里最有趣的场景，结合信息技术和美术课上学习的构图方式，根据有活动的地点、有丰富的色彩、有快乐的身影等创作要求画一画，再仿造课文配上一首小诗。绘画、仿写的过程就是学生打开记忆、搜索记忆的过程，勾起自己对快乐童年中有趣场景的回忆，让一个个快乐的身影跃然在画面和诗行里，唤醒学生对童年斑斓场景中发生的事及人物特点的初步感知，从而达到使用新技术留存童年生活的快乐，为习作表达收集素材的子目标。

联读日记②：表达顺序，“科学”玩转童年游戏

制作肥皂水并分享过程，其中聚焦“善于在游戏中动脑”的童年形象，启动对“鲜明特点”的感知。冰心的童年，碰上阴雨天，最大的乐趣就是吹肥皂泡。你也想做泡泡水吗？快来试一试吧！温馨提示：小组讨论、查找资料或请教科学老师”。学生在小组讨论或请教老师后进行制作肥皂水的材料准备，并以家长协助或同学合作的方式进行制作；一边制作一边在记录卡上记录表示动作的词，再借助顺序词“先、接着、然后、最后”连起来说一说制作过程，最后录制视频，分享制作肥皂水的实践过程和感悟。让学生在实验和表达中，感受到“善于动脑动手”的快乐，学会“按顺序表达，才能把事情说清楚”，为单元习作“能按顺序写一件事，表现人物特点”铺设了支架。

联读日记③：概括表现，“影音”寻访童年人物

在学习课文《剃头大师》时，重点结合“小沙”“我”“剃头师傅”生动的行为表现，体会“胆小鬼”“剃头大师”“害人精”的形象，感受到童年生活的天真无邪、童真童趣。观看电影《剃头匠》，通过行为表现进一步了解剃头匠的职业及特点，并借助山形图概括其行为表现。试着给电影里的剃头匠起“雅号”。围绕关键句，把行为表现串联起来，练习写好一件事并写清楚，如“他是一位__________的老爷爷”。

联读日记④：单元习作，“文字”点亮童年

联结三次日记经验，完成习作《身边那些有特点的人》。通过“童年的水墨画”（儿童学习活动场景）和“剃头匠”（儿童生活接触场景），学生具身认知“身边那些有特点的人”（小伙伴或者“大朋友”），并采用图文结合的方式制作“身边那些有特点的人”的雅号牌，向爸爸妈妈介绍身边最有特点的人：首先说清楚这个人是谁；根据特点取一个雅号，让听者印象深刻；借助“行为表现”气泡图，说明人物的特点。在介绍的过程中，可以使用“手机备忘录”等小程序把说话内容录音并转换成文字，成为“证据”以备调控改进介绍的方法和内容。回顾单元学习中的“身边那些有特点的人”，将人物与特点相连。欣赏同学制作的雅号牌，结合行为表现气泡图，评一评其日常表现是否能表现“雅号”的特点，并修改雅号牌。用上本单元之前三次联读日记所习得方法，用一件事来表现人物特点，要求：自拟关键句，按事情发展的先后顺序，串联生动的行为表现。

联读日记⑤：创意习作，“创客”共享童年

制作童年小书，了解父辈童年。设计《综合性学习展示》，亲子合作或小组合作将童年的快乐编成一本小书，做成视频发表在公众号上进行投票。我们将选出“最美童年创客官”，展示在学校 LED 大屏幕上。再由“我们的童年”走向“父辈的童年”，指导学生采访父辈，并使用多种方式多种媒介记录他们的童年生活。

综上，以单元学习主题整体设计读写活动，指向真实情境中的“童年里做的事”；以“联读日记”为载体，指向“分解任务”的语言实践；以评选“最美童年创客官”为目标，以进阶型的语言习得活动来记录、梳理、表情、达意、创造；用好“童真的语言”，发现与表达“童年里的有特点的人”。这样的“创客童年”经历是对童年生活的成全，既尊重习作成长过程，为习作思维搭建脚手架，逐渐形成了他们

“写事件表现人”的章法，又培养儿童学会交往与尊重，用欣赏的眼光去发现身边的人(不同年龄、不同职业、不同身份)都各有特点。正因为如此才成就了缤纷可爱的社会大家庭，从而更增强自我的认同感和归属感。当然，文字写出来，传播开来，对他人也有用。同伴读了，明白“有特点的人”是这样写出来的；不同的人来分享阅读，亦可从作品中感受到“有特点的人”的正能量，联想起“我的童年生活”中的那些人、那些景、那些事，这是多么美好的情境啊！

三、评是价值和落实

“厄尔(Earl，2013)就提出了评价的三种类型，即学习性评价(assessment for learning)，为了推进学习而进行的评价；学习的评价(assessment of learning)，为了评定学习水平而进行的评价；学习式评价(assessment as learning)，为了让学生在学习中学会评价而进行的评价。”[①]显然，这三种类型评价的区别在于意义轴，即每一种评价对于学习的意义不同。我们这里指的“评价”，是嵌套在教学过程中的评价，也是学习性评价和学习式评价相互融合，以“具体指导”和“学会评价”互为有益补充，关注学生习作“做”和“用”整体过程的具体性指导和伴随反思，能推进习作过程“做”得有价值、“用”得有进步。

(一)“做”得有价值

“为什么写”永远比“怎么写”更重要。正是因为写的动机因素是学生自己亲身经历的，或者耳闻目睹印象深刻的，才值得让学生“拿起笔来”。老师必须在评价过程当中不断建立学生“我手写我心”的真实感、价值感、意义感。因此教学过程中的第一评价要素，便是“做得有价值”。应热情鼓励学生不断去体验生活，勇于实践，丰富自己的生活经验宝库，催化自己的思想与思考的活跃、独立与成熟。

低年级习作贵在以评价的方式，指导学生认同并发展自己的生活。一年级下册“字词句运用”通过表情写心情。老师在评价时，不但要肯定“喜欢高兴”的自己，也要鼓励孩子正确面对自己的负面情绪，建立正确的情绪观。二年级下册写“想养小动物”，通过重点评价“想养小动物”的想法，来引导学生“自己的事情能自己完成”以及“对小动物的关爱”。

---

① 刘徽.大概念教学：素养导向的单元整体设计[M].北京：教育科学出版社，2022.

中年级的写作贵在以评价的方式，推动学生去感受生活。比如，三年级上册第一单元习作《猜猜他是谁》的评价标准是“看看他们能不能猜出你写的是谁”，指向在日常生活中同学之间的熟悉程度，是否能如实地抓住特点并反映在作文里。这也是具体指导学生更主动地了解同学、善交朋友。三年级下册第六单元习作《身边那些有特点的人》，则是通过理解“小气球”里的雅号，到评价学生起的“雅号”，指导学生去联想“为什么给他起这个雅号”“让你想到生活中的哪一件事或哪些行为表现”，具体指导学生深入生活中去了解人物的特点。

高年级的写作贵在以评价的方式，帮助学生去达成准备知识与准备生活之间的链接。例如，六年级上册第一单元的《变形记》，老师引导学生在“积累素材环节”重点评价“变的动力”，去叩问“生活的触发”或者“知识的触发”；在选材环节，重点评价“变形客体”和“变形愿望”之间的关联度，去思考“意愿动机”和“客体性质”的适配程度，进一步促进学生发现知识是重要的、生活是重要的。学习知识，能够完满生活，能够让自己的大脑变得更充盈，思想变得更深刻，表达变得更有意思。

（二）“用”得有进步

1. 前置量表，逆向指导“写的要素”

以核心素养为导向构建素养型的写作评价新样态，需要采取“以结果为导向，以始为终”的逆向设计模式，变正向思维为逆向思维：确定预期结果—明确适合的评估证据—设计学习体验和教学。[①] 教师根据学生的写作预期成果，以及每一次需要提供怎样的学习支架来设计评估量表，以支持根据评估量表来具体指导学生的写作过程。同时需要注意的是，评估量表不应是教师在教学中的硬植入，而应当通过学生的学习活动水到渠成地形成“写作指导量表”（亦是“评价指导量表”）。例如，前文所提到的“联读日记”的大单元读写综合实践活动。每一次联读日记的创作，都融入在读写教学活动中形成相关要求及评价标准（表 2-14）。

① 威金斯，麦克泰格. 追求理解的教学设计[M]. 2 版. 闫寒冰，宋雪莲，赖平，译. 上海：华东师范大学出版社，2021.

表 2-14 《联读日记》的大单元读写综合实践活动评价量表

活动	目标	评价要素
“色彩”绘制童年场景	积累表达素材	①有场景。②有画面。③有人物
“科学”玩转童年游戏	学习表达顺序	①能写“特点”关键句。②能准确填写动词。③能按顺序说清楚过程
“影音”寻访童年人物	概括人物表现	①能用“行为”概括人物特点。②能用事件把行为连成一段话
“文字”点亮童年	形成表达认知	①雅号显特点。②行为表现显特点。③具体事例显特点
“创客”共享童年	拓宽表达渠道	①能把本单元联写内容汇编成册，书本制作有封面、封底、页码等的，评为“优秀小创客”。②自制小书内容丰富，设计合理，装帧美观，并能为相应的联写内容配上插图等的，评为“审美小创客”。③能融合视频、音频等制作电子小书，内容新颖有趣、富有创造力的，评为“智趣小创客”

2. 全程干预，跟踪优化“写的方法”

全程伴随评价，以分解写作过程，跟踪优化、有机融入来推进习作能力、巩固表达思维，从而形成习作意义。其间，素材的指向、素材的选择、意义的获得、问题的发现、目标的聚焦、推进加工的方法均与习作的意义相匹配，整个评价过程即是学生优化实践表达的过程，如课例《变形记》（表 2-15）。需要强调的是过程性评价要点及意义要有机融入教学过程，而不提倡各教学环节都一一采用量表来进行硬植入式评价，这样会把整体言语思维变得支离破碎。应尊重言语思维持续性、连贯性的特点，潜移默化地在“顺理成章”的言语环境中影响与推进习作方法的运用力与进阶力。

表 2-15 全过程跟踪优化评价模型（以课例《变形记》为例）

教学环节	评价内容		评价意义	
素材积累环节	记录内容 记录途径 记录原因	记录了哪种动物的什么特性？ 从哪里获得的信息？ 为什么记录？	依意积累 点燃动机 储备想法	变成什么？

续表2-15

教学环节	评价内容		评价意义	
“教前写”环节	选材与意义的适配	“变形”是否适合成为“愿望”的代言人？	依意选材	为什么变？
类比例文环节	“前写”与主题的间距	是否以“变形”为视角去展现愿望？ 是否就“愿望”把重点部分写具体？	依意聚焦	做了什么？
加工例文环节	重点部分能否凸显意义 表达方式能否符合文体	可能会看到怎样的风景？ 可能会遇见怎样的事件？ 可能会产生怎样的体验？ 可能会改变怎样的想法？	进入意义 复盘构思 搭建支架	还可能做什么？ 想什么？ 改变什么？

3. 复盘回顾，统合形成“写的思路”

复盘式的回顾评价，帮助学生完整地回顾本次习作运思过程。我们可以借助习作过程支架提问，以“作品讨论会”（图2-10）为情境设置，学生围绕问题开展自评、互评等，多向度地撰写评语，从中不断收到“为什么要写”“怎么写出来”“怎样能写得好”的反馈，形成“写的思路”，从而完善自我与习作的意义建构。

《变形记》作品讨论会

亲爱的同学们，祝贺大家都完成了《变形记》的创作！现在就“谁变成什么？是否能感受到变形的愿望？变形后做了什么事？对哪个部分最感兴趣？”展开评价讨论。可以先自我评价，再请同学评一评，看看“是否想与你一同变形”。

我是________，这是我创作的____________。我觉得自己写得__________，____________________________。

我是________，阅读了____________，我（想/不想）和他一起变形，因为____________________________。

图2-10 复盘式评价表（以课例《变形记》为例）

“做-用-评”合力，可将习作评价的意义与习作的内容、形式结合起来，与真实世界、真实“发生”、真实问题、真实情感、真实想法等联结起来。学生在习作中不断联结过去、思考当下、面向未来，不断产生新的认识、新的认知、新的意义，以“过好完整的生活”，从而成为“完整的人”。

第四章

走进课堂：儿童习作的呈现样态

我们眼里的大千世界
——缤纷多彩
我们笔下的大千世界
——真诚，善意，美好

亮一双眼
走进大千世界
——同你我他

执一支笔
书写大千世界
——同你我他

写着写着
评着评着
改着改着
就这样慢慢地长大了！

新课标背景下习作起步：一步一个“新”脚印

——《我们眼中的缤纷世界》(三年级)教学实录及评析

(授课地点：建阳师范附属小学)

2022版新课标以“识字与写字”“阅读与鉴赏”“表达与交流”“梳理与探究”这四大语文实践活动为主题分别描述各学段的目标要求。较之《义务教育语文课程标准(2011年版)》的“五个方面”(识字与写字、阅读、口语交际、写话/习作、综合性学习)更为凸显语文课程的整体性，例如，将“口语交际”与“写话/习作”整合为“表达与交流”，将“综合性学习”归入“梳理与探究”。新课标还在“课程内容”一章，以“发展型学习任务群”(含“实用性阅读与交流”“文学阅读与创意表达”“思辨性阅读与表达”)整合阅读鉴赏与表达交流，使“阅读与鉴赏”和“表达与交流”语文实践活动融为一体。

三年级是习作的起步年级。如何在新课标的目标要求和学业质量的指导下，用现行教科书开展习作教学，尤其是习作起步，就成了我们必须思考和探索的重要课题：一是“一步一个脚印”；二是“一步一个‘新脚印’”；三是追求“生活-阅读-表达一体化”。

【教学实录】

一、回顾“寻美之旅”，唤醒“缤纷世界”

师：(呈现幻灯片)今天我们要一起走进——(学生齐答：“我们眼中的缤纷世界”。)从第一单元开始，我们就已经走进了“缤纷世界”，开启了“我愿成为——最美‘发现官’”之旅。我们走进了怎样的缤纷世界呢？

生：第一单元，我们走进了校园、教室。

生：第二单元，我们走在美丽的金秋小路上，有小区的路、上学的路、郊外的路。

生：在第五单元中，我们去观察了动物和植物。

师：它们就构成了我们眼中的——(学生齐答：缤纷世界。)看，大家还把这学期日记中的“缤纷世界”都汇聚在思维导图里呢！(播放“学生美篇作品”)原来我们这学期走过这么多的缤纷世界，寻找了这么多的美(图 2-11)。

【专家点评】

学生的成长总是循序渐进的。习作是学生语文和精神成长的见证。因此，习作是一步一个脚印积累的。阎老师一开课，就让学生回忆过去的“脚印”——写过的习作，从而温故知新；又运用“思维导图”等方式对以往知识进行结构化，以便迁移。同时，借助现代信息技术——“美篇”，呈现学生的习作成果，强化学生的学习成就感，激发学生的习作热情。

师：今天的习作是不是要把所有寻找到的“美”都一股脑儿写出来？(学生有的点头，有的摇头)请认真看看我们的习作要求。(幻灯片呈现：把我们最近观察时印象最深的一种事物或一处场景写下来)

生：写印象最深的一种事物或一处场景。世界那么大、那么缤纷，我们不可能把所有的“印象”都写在一张纸上。

【评析】

现行教科书的一次次习作，是“规定”动作，有明确的要求，并不是完全的“不拘形式”，因此，引导学生读教科书，读懂编者意图，也是习作指导的“规定”动作。“我们眼中的缤纷世界”何其宽泛、何其杂芜，学生何处下笔？教师的作用往往在于点到关键处：“一种事物或一处场景”是客观存在，“印象最深”是主观感受，因此，这次习作，是主观与客观的融合。这个环节是先“点”一下，给学生一个整体(“印象”)轮廓，启发学生整体思考。

师：请你睁大眼睛，认真浏览这些词条。你的眼睛在哪一个词条上定住了，就把它分享出来(图 2-12)。

生：我最想分享的是美食，尤其是我们平时爱吃的炸鸡腿，它金黄金黄的，看着都诱人。

师：颜色让你印象深刻。

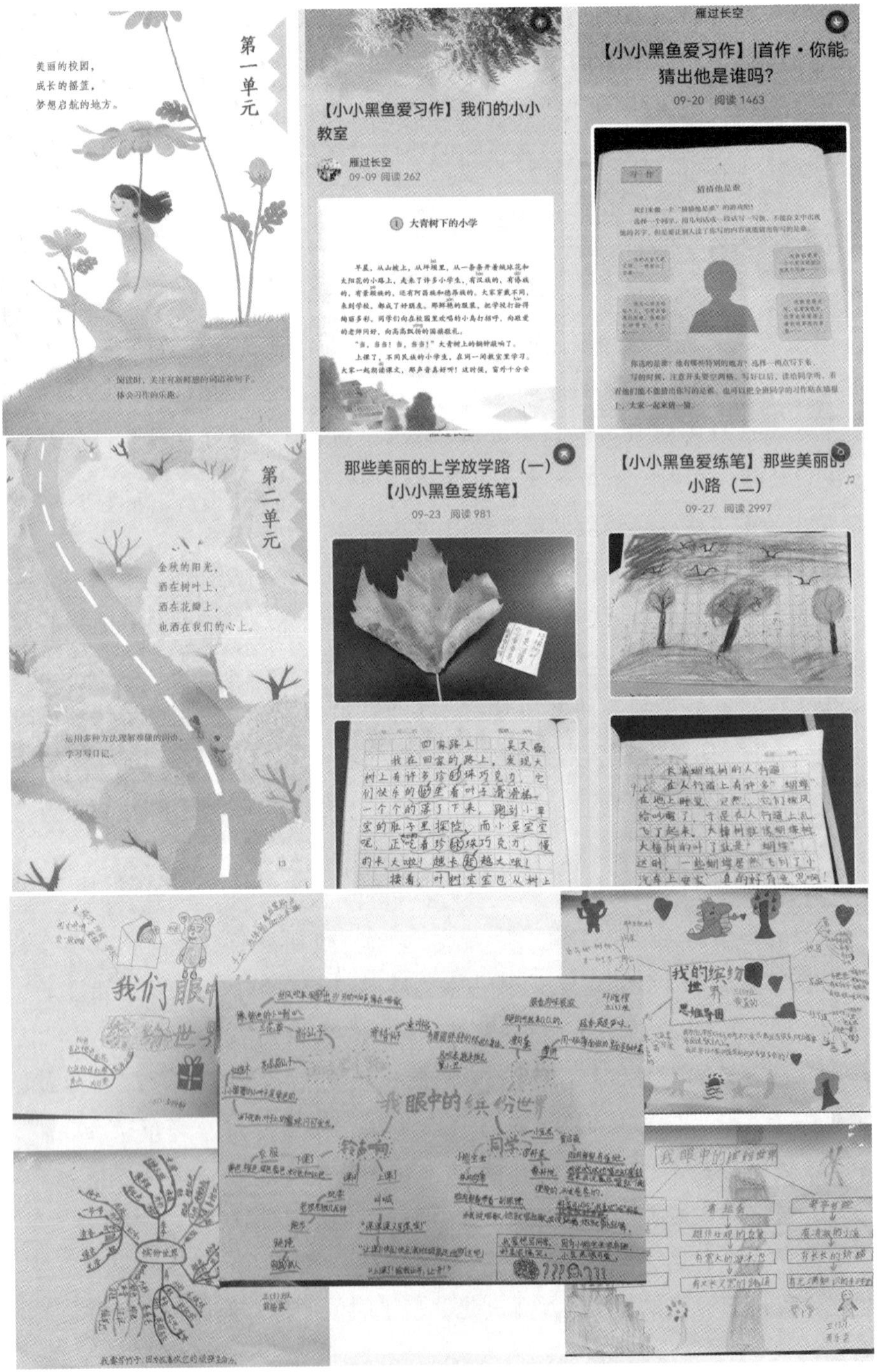

图 2-11 “我们眼中的缤纷世界”学生思维导图作品示例

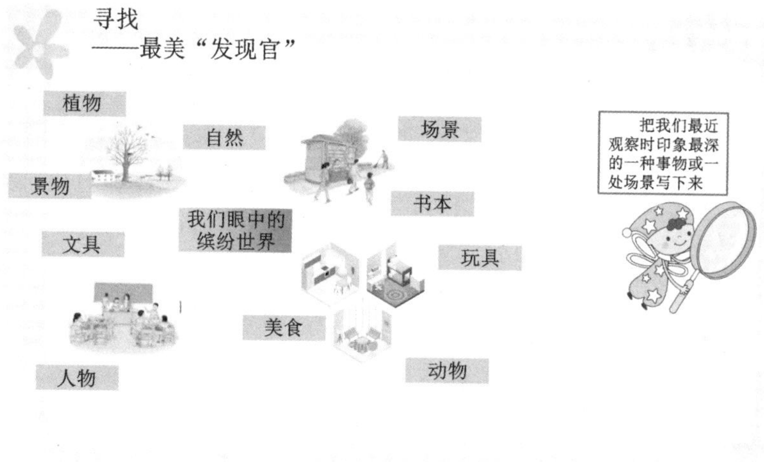

图 2-12 “我们眼中的缤纷世界”分解观察图例

生：我印象最深的是场景，花花世界里的花都开了，就像彩色的地毯，非常美丽。

师：样子让他印象最深刻。

生：我选植物，因为我看见了含羞草，碰它一下，它就会缩起来像小尾巴一样。

师：哟，你们发现了吗？他获得印象的方法与其他同学都不一样。令他印象深刻的是什么感觉？

生：触摸的感觉。

师：我们发现了，刚才大家说的大都是一种事物【板书：事物】，或者花花世界是一处场景【板书：场景】，还有——景物【板书：景物】。同学们说到的颜色、样子以及含羞草卷起来的变化，让我们形成了脑海中的——（生：印象。）非常好，这就是印象。【板书：印象】你是怎么形成这种印象的呢？有的同学用看的方法，有的同学用的是——（生：触摸的方法。）

师：你看，我们班的小朋友多厉害呀！我们用“五感观察法”走进了我们眼中的缤纷世界，发现了缤纷世界的美。【板书：五感观察　发现美】

【评析】

习作起步，从说到写，先说后写，“我笔写我口”，符合学习语言运用的规律。说，省时，以便教师及时指导，给予示范；说，省力，以便教师帮助学生打开思路(或发现类别)。但是，说只是“起步”，只是“入口”，终究不能代替写。这个对话环节，阎老师拿捏得刚刚好：一方面，从学生的说中，捕捉住“教点”(也是习作训练的“生长点”)，如，内容——可以写哪些方面，方法——可以用哪些方法获得习作内容(“五感观察”)，目的——发现美、记录美、创造美；另一方面，学生的说以及老师对说的指导，提纲挈领，为写和改留下足够的时间和空间。

二、再现“寻美之旅”，表达“缤纷世界”

师：如果你想把这“印象”传递给更多的人看，有什么好方法？

生(齐)：把它写下来！

(一)第一次写评

师：对，把它写下来。现在就请你打开你的“五感”，回忆你观察的过程，然后把你印象最深刻的事物写下来，让更多的人感受它的美。十分钟，开始吧！

(学生独立习作。教师巡视，个别指导)

师：写完的同学小声地读，看看句子通不通顺，有没有写错别字。

(学生朗读习作，修改习作)

【评析】

习作指导课，是基于“学生习作实践”这个前提，在“学生习作作品”这个基础上进行的。换言之，如果没有学生的习作实践和习作作品，学生纵然“出口成章”也不是习作指导课，教师纵然指导得“头头是道”也不是习作指导课，因为学生往往“提笔忘字”“下笔无言”。习作，是“写”出来的文字，不是“说”出来的声音。这个环节，是“一次习作”：首先，花十分钟，时间有保障；教师“个别指导”，空间有余地。其次，写完修改，学生“小声地读”，“看看句子通不通顺”“有没有写错别字”，定“标”精准——2022 版新课标在第二学段“表达与交流”明确要求“学习修改习作中有明显错误的词句”。

师：老师刚才巡视一圈，发现大家都很有自己的想法，可见我们这学期的“最美之旅”真是“走”得不错。特别是我看见有位平时腼腆的小女孩，她写得真好！

（指名投影展示同学作品）

师：如果希月同学眼中的缤纷世界，让你产生深刻印象，请举手。

（大部分学生举手）

师：说明习作很成功哦。给你的印象是——

生：这里的花很多，颜色也非常美。

师：你从哪里感受到的？

生：我和妈妈走了过去，有好多种花，有菊花、玫瑰花等，让我们觉得这里有非常多种类的花。并且它们的颜色也有很多种，“有红的、紫的、粉的、黄的、橙的，好多种颜色，让我数都数不清”，让我们觉得花海公园真是五彩缤纷。

师：你看，希月同学写得好，雅静同学评得也好。希月能观察到花花世界的花种类多、颜色美，同时让读者产生了深刻的印象。阎老师把“观察放大镜”送给你！【板画：】

师：同学们再读，你发现她运用“五感观察法”中的哪一“法”最突出？

生（齐）：看。

师：她看见了花的——品种非常多，看见了花的——颜色非常多。

师：看来希月同学还可以获得“写作智慧树”。【板画：】当然，我们还要提建议哦。你想给她提什么建议，能让她把花花世界写得更好？

生：希月可以用更多有新鲜感的语句，比如比喻、拟人，或者还可以用一些非常好的词语，例如：花的颜色很多，五彩缤纷，五颜六色等。

师：哪里可以加一些比喻或拟人？

生：比如，我和妈妈走了进去，看到了好多种花，有菊花仙子、有玫瑰花公主。

师：更生动起来了！我们可以种下一朵“新鲜感表达花”。【板书：新鲜

感表达🌷】

生：可以用“摸”的方法来写出花朵。花朵的花瓣可能是柔软的，冰冰凉凉的。

生：还可以写出花的味道有多香，或者如果是臭的话，就可以写出它有多臭。

（哄堂大笑）

师：那真的叫我眼中的——缤纷世界。当然花还是香的多！我们更喜欢香喷喷的花儿。

师：老师还有个建议，同学们请看标题——（指“我们眼中的缤纷世界”）有问题吗？

生：有。虽然题目是《我们眼中的缤纷世界》，但我们读题却不知道你“眼中的缤纷世界”到底是什么，有什么特点。

师：对呀，我们说题目是文章的“眼睛”。谁来帮她改一改？

生：美丽的花海公园。

生：五彩缤纷的花海公园。

生：神奇的花海公园。

师：这样，我们就在题目中把“美”给表达出来了。【板书：表达美】

【评析】

上一个环节是“自改”，这个环节就是“众改”，也是“评改”。限于课堂的时间和空间，教师的“教”只能是“面向个体”示范，实现“面向全体”提质。其效果如何，关键在于：第一，找准“个体”——有代表性；第二，组织“全体”参与评改实践，且认真倾听；第三，紧扣教学目标，一步步实现既定目标。（当然，还有最重要的“教学伦理”，如人格尊重等。在此不赘述。）这三个关键点，阎老师都把握得恰到好处。如，所选的是“平时腼腆”的学生此次写得比较好的作品，既让“腼腆”的同学展才，又让同学有话可评，此其一。其二，组织同学从四个角度评价，先整体后局部（都紧扣教学目标，如“印象”“五感观察”“拟题”），先“长善”（发现优点）后“救失”（提出建议）。其三，阎老师适时点拨、鼓励，通过提问、板书等推进教学，提升思维。

（二）第二次写评

师：我们要进行第二次修改或继续往下写，写的过程中一定要想清楚你印象最深的是什么，多用几种观察方法，用一些有新鲜感的词语。这是写好“印象”的“金钥匙”。【板书：习作金钥匙】

（学生二次习作，八分钟左右。教师巡视，个别指导）

师：写好的同学小声朗读三遍，一查错别字，二查语句通顺，三看自己的作文是否用上“五感观察法”和有新鲜感的词句，让人产生深刻的印象。

师：大部分同学写好了，咱们的“习作金钥匙”现在又变成了——【板书：评价金钥匙】（图 2-13）

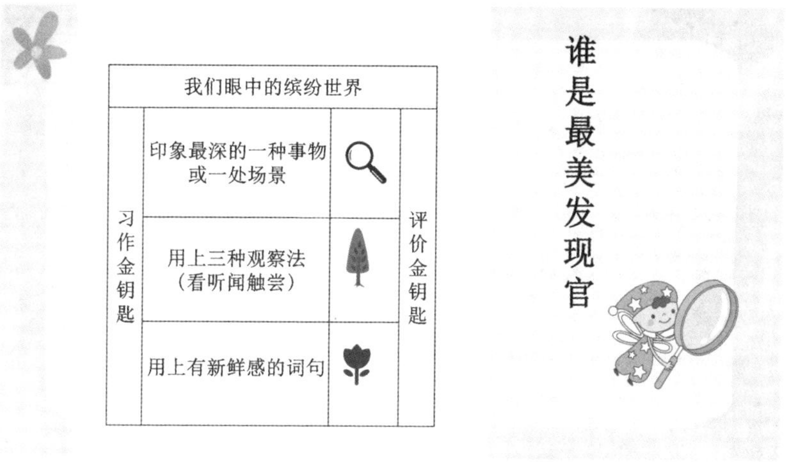

图 2-13 《我们眼中的缤纷世界》写评要求

师：如果他的习作让你产生深刻的印象，就在评价单上的“放大镜”旁画一个笑脸；使用了三种以上观察法，就在“智慧树”旁画一个笑脸；一处有新鲜感表达，就在“表达花”边画一个笑脸。看看谁能得到习作的三件“法宝”。五分钟，同桌互评开始吧！

（五分钟后，老师检查评价结果，大部分同学得到了三件“法宝”。教师再分别请写动物、植物、食物的三位同学展示作品）

师：先从谁开始朗读？

生：食物，食物……

师：好吧，民以食为天。同学们边听边感受。（三位同学分别朗读《好笑的人参果》《金鸡》《小萝卜》，教师相机互动，加深“印象”）

师：听了他们的分享，你感觉到我们的世界怎么样？

生：很缤纷！

师：最喜欢谁的作品？

生：我最喜欢锦轩同学的“小萝卜”，它居然是三叶草的根茎，还能用来做汤喝且有药用价值，非常神奇。他不但观察了，产生了想法，还去查了资料，才把“小萝卜”写得这么好。

师：是啊！我们有了发现，更要产生想法，去书本里查一查，就真正成为“缤纷世界”里的小小生活家了。【板书：查　小小生活家】

【评析】

习作之所以称习作，是因为要强调“习”——练习、学习——的过程。小学生习作，不是不要“成品”，而是更强调“过程”——写写、评评、改改、写写……在这个过程中，既享受独立思考写作的乐趣，也享受同伴、老师帮助的乐趣，更享受因帮助而修改和进步的乐趣。正所谓“知之者不如好之者，好之者不如乐之者”。这个“二次评议”较“一次评议”有明显的“进阶”：一是用评价工具（也是思维工具）——“评价金钥匙”做支架，对照习作要求一一评价，突出评价的目标导向；二是精选有代表性的习作，“朗读–听读”评价，既增加习作者的成就感，又培养其朗读力（朗读是一种修改习作的好方法）和倾听力；三是发现学生采用了新的“观察”方法——查资料。三年级的学生能够主动查资料并引用资料，是非常了不起的，所以，老师“大张旗鼓”地表扬，并不着痕迹地将习作与生活紧密地联系起来了。

三、再踏“寻美之旅”，“缤纷世界”更“缤纷”

师：我们三年级的“寻美之旅”——走进缤纷世界太有意义了。你看，这个世界的美是无穷无尽的。（课件出示：生活中不缺少美，只是缺少发现美的眼睛。——［法］罗丹）我们还将继续向前进（课件出示：第六、七、八单元导语页）（图 2–14）。我们将走到祖国各地去寻美，走进大自然去寻美；我们将用心观察与伙伴之间、与大人之间的美好的情感。缤纷之旅——

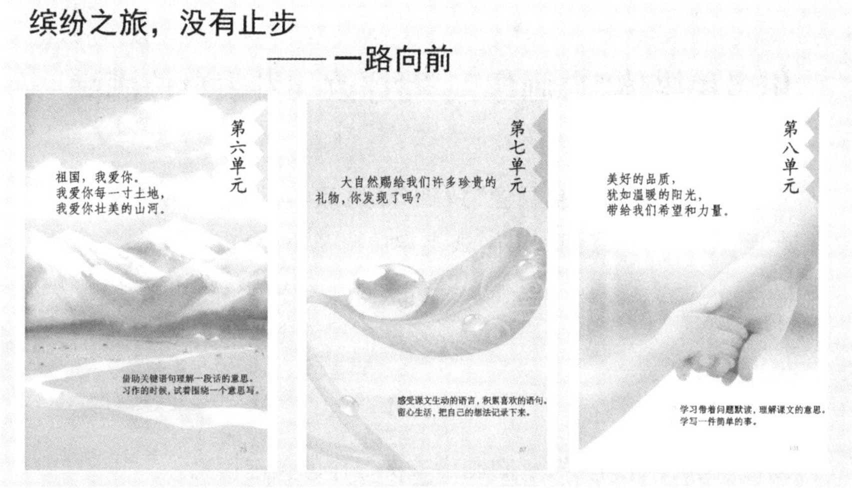

图 2–14　第六、七、八单元导语页

生（齐）：缤纷之旅，没有止步，一路向前！

师：同学们，刚才小伙伴给你提出了很多宝贵的建议，回去之后请好好修改，让自己的缤纷世界更加缤纷、美丽。

【评析】

语文教科书从三年级开始编排“习作单元”，有重点地、系统地练习观察、想象，有顺序地写清楚、说明白，表现人物特点；围绕中心意思写，表达真情实感。三年级上册的八次习作，基本围绕练习“观察”周围世界展开。阎老师在短短的收尾环节，既引导学生回顾——温故，又引导学生展望——知新，既强化习作的目标意识，又增强习作的自觉性。同时，突出习作与生活的联系、习作与“审美创造”的联系，提升习作的综合价值。

综上课例和评析，不难发现阎老师“习作活动”的设计独具匠心：一方面以“寻美之旅”为主题将八次习作贯穿起来形成整体，一步一个脚印向前——每一个脚印都是新的且踏踏实实的；另一方面把习作与生活打通使之密切联系，形成“生活–阅读–表达”一体化的“语文生活”。这是对新课标“表达与交流”和“发展型”三个学习任务群指导下的“习作”教学的有益尝试和成功探索。

（点评专家：黄国才，福建省普通教育教学研究室，正高级教师，特级教师）

用多种媒体“自画像”：写评改与发表自信满满

——《我的“自画像”》(四年级)教学实录及评析

(授课地点：武夷学院附属小学)

【预学任务】

(1)预习《我的“自画像”》，圈画出本次习作的关键信息。

(2)运用之前学习的习作方法，尝试写自己的外貌。

(3)尝试用图画、表格、思维导图、音视频二维码等制作多种媒介融合“自画像”海报。

【教学实录】

一、聚焦“特相貌”，建立“画像”自信

师：亲爱的同学们，下午好！其实，阎老师早就从你们校长和老师的朋友圈中认识了你们。我就在想啊，什么时候能来给你们上一节课呢？这个机会就来了！阎老师又想啊，我要先熟悉你们，要不咱们怎么交朋友呢？于是我们就做了一些预学作业。在预学作业中，有好几个小朋友的“相貌”吸引了我的目光。

师：别的小朋友是为“小黑头”烦恼，但是华蕾同学却认为小黑头在鼻子上跳舞。瞧！她露出多么自信的笑容！你能告诉老师，你为什么叫华蕾吗？

生：可能爸爸妈妈希望我像花蕾一样绽放自我。

师：刚才的“小黑头”会跳舞，现在来了一个“小黑人”。“小黑人”在哪里？你们觉得这个“小黑人”黑不黑？

生：不黑。

师：这个红扑扑的小脸蛋啊，我把你叫作小苹果，好不好？

生：好。

师：还有一个脑门儿大的同学也引起了老师的注意。我刚才就在找他了。我问他，你是华熠吗？他点了点头。你看大脑门里装满了智慧。最主要的是他挺喜欢自己的，给他鼓个掌。

师：我们通过刚才这样一分享一交流，就发现了我们班的同学呀——你看两个蕾蕾，你们爸爸妈妈给取这个名字的时候希望自己的孩子像花蕾一样绽放，果然孩子就成长为很自信的孩子。虽然有小黑头，虽然是小黑人，但是你们喜欢这样的自己。你看华熠爸爸妈妈给他取名字的时候就希望大脑门能熠熠闪光，他也成为这样的自己。我想还有一个意义，希望他能好好学习、报效祖国，让中华熠熠闪光，这个名字非常有意义。通过这样的交流，阎老师更对认识你们、了解你们充满了期待。稍后的四十分钟，就让我了解你们、走近你们好不好？

生：好。

师：一言为定！

二、选择"海报"素材，让"自画像"有用

师：今天要上的是《我的"自画像"》，语文教科书要求我们从几方面把"自画像"写清楚？

生：爱好、外貌、性格、其他。

师：课前交流时，同学们发现写清自己外貌的特征，就能引起阎老师对你们的注意。我们把外貌的特征称作"外在描写"【板书：外在（相貌）】，那么性格、爱好、其他就可以称作——

生：内在描写。

师：太棒啦！【板书：内在】

（老师展示预学作业"自画像海报"）

师：通过做海报的形式，阎老师看到了丰富多彩的你们。有的同学用简笔画画出了自己的兴趣爱好，有的同学用思维导图给阎老师呈现了丰富多彩的公益生活。你看！这位同学用照片和奖状说明"我画画真棒"！阎老师还通过扫二维码了解到她叫——

生：蔡英琳。

师：她在生活中怎么样？

生：她对音乐、弹琴、舞蹈等格外感兴趣。

师：那这堂课当中你最想让阎老师了解你哪一方面的特点呢？

生：我想让老师了解我喜欢跳舞。

生：我最想让老师知道我的耳朵会动。（让耳朵动了动）

生：我的性格活泼开朗、乐于助人，但容易被激怒。

师：你为什么有两方面都想让老师了解呢？

生：因为我对自己的性格特别苦恼，想请老师多多包涵，也想请老师帮帮我。

师：大部分的同学说的是自己的优点，可以让老师支持你的长处。但也有同学是写这样的方面，（课件出示“海报”内容：易怒、内向、马虎……）把这些方面写出来也很好，老师就可以把特别的关爱给特别的你啦！

三、把“多方面特点”写清楚，让“自画像”有意义

（一）把一个“特事例”写清楚

1. 讲“特事例”

师：那好吧，孩子们，语文教科书告诉你，最想写的特点要通过什么来说明？

生：事例。

师：对啦！你们刚才说的爱好、兴趣、性格等，都是你的特点。【板书：特】而“特点”要通过事例来向他人说明，我们把它叫作“特事例”。【板书：事例　清楚】

师：怎样才能把事例写清楚？

生：举例子。

师：在举例子的过程中注意什么才能写清楚？

生：注意细节。

师：哎呀，我连事情始末都不知道，就能注意细节了吗？提示：《生活万花筒》……

生：起因、经过、结果。

师：对，四年级上册就学过要把事情的起因、经过、结果写出来。但是我

们这次有一个升级，就是事件的过程要体现你最想写的人物特点。【板书：起因、经过、结果】(手指向板书：特)

2. 写“特事例”

师：好吧，任务来了——把一个“特事例”写清楚。开始写！

(学生独立习作，老师巡视指导。时间八分钟)

3. 评“特事例”

师：一双双亮亮的小眼睛看过来啦。这个同学名字叫——(生：江唯一。)有没有让老师和同学们了解他写的特点呢？

生：有。爱画画。

师：哎呀，你们怎么知道的？

生：他描写了他的画被选上去展览。

师：哦，原来有一个很典型的例子，就是他的画被选上去展览，说明他不但爱画画，而且画得好！真有说服力！还有哪里让大家知道他爱画画？

生：他也在开头点题，他非常喜欢画画。

师：非常好，他写了一个关键句【板书：关键句】，而且写了一个特事例说明爱画画。

师：有建议吗？请你说。

生：他写得比较平淡，我认为可以一波三折，比如先是落选了，经过努力重新被选上了。

师：好像这个小朋友没有看明白这个事件。我们一起来梳理一下这个事件好不好？江唯一同学写“我”十分喜欢画画，首先是中心句，明明白白地告诉大家他爱画画，接着说了事情的起因是老师告诉他，他的画被收去展览了。画被收去展览了，是落选了，还是中选了？

生：中选了。

师：对呀，这个故事是有起因的，被收去展览了。如果是你，心情怎么样？

生：如果是我的话，我会很开心。

师：为什么？

生：因为绘画的台阶升高了一步。

师：对呀，获奖是最开心的事情，但是经过却是“我不知道该不该开心”，有些奇怪哟。因为江同学没有把习作写清楚，所以大家没有看明白。(面向江唯一同学）现在，我们现场连线一下江唯一。你到阎老师跟前来。请问，为什么不开心？

生：我觉得不应该骄傲，应该保持谦虚。

师：原来呀，他认为不应该喜出望外，而应该更加进步。大家看结果是什么？

生：他又收获了两张奖状。

师：现在把起因、经过、结果都交代清楚了。但好像有一个地方是不太对的，起因有五句话，而经过……你自己说。

生：经过就一两句话，结果用了三句话。

师：好，孩子们，本学期第六单元习作有一个非常重要的内容，教我们把事情经过写清楚。

（老师出示第六单元习作要求）

生：要写出事情的变化。

师：是的，讲究一个字——变。你怎么就从参加这个展览到获得了两张奖状呢？你能和大家说说，是怎么变出来的吗？起码有三个步骤才能变成两个奖状吧。【板书：变①②③】

生：应该先画完，再拿去评比，评比完才能展览，展览完才有奖状。

师：真好！一是在家里重新画一张更好的画；二是兴高采烈地把画交给老师，得到老师的认可和指点；三是“我”满怀期待地把画拿去评比，这时候“我”又获得奖状了（老师将关键信息进行板书摘录）。所以，江唯一发现了吗，你爱画画从哪里体现出来？

生：从努力和变化的过程中体现的。

师：回到结果，我也要表扬你（面向江唯一同学），你写出了感想“在画画这条道路上继续前进”，真是爱画画的孩子呀。【板书：变、想】

4. 改“特事例”

（课件出示要求：是否有关键句？是否写出了“经过”的变化？结果能否表达感想？）

师：请对照以上三点进行修改，能改一点就算胜利。时间五分钟。当然前面没写完的同学可继续写完，修改的时候用红笔。

（学生修改习作，老师巡视指导。时间五分钟）

5. 再评“特事例”

师：谁来分享自己修改的部分？

生：我改了自己从内向到外向变化的过程。第一点改的是妈妈对我的鼓励，第二点是爸爸的建议，第三点是我怎么想的。（作品投屏分享）

师：真好，她改的爸爸、妈妈、自己的想法，经过她的不断努力，真的更加大方开朗了，写出了性格变化的过程。

师：请江唯一来说说好不好？看看通过我们共同的点评，他是否有进步。

生：第一处是我精心准备了画，第二处是被老师选中拿去评比，最满意的是，评委老师在里面评选，我在外面紧张等待的过程。（作品投屏分享）

师：那这个过程就体现了江唯一对自己的画充满了什么？

生：期待。

师：掌声送给他，我们班的同学真的越改越棒了。我刚才就看到有的同学加了关键句。你加的关键句是——（作品投屏分享）

生：我是一个开朗、乐观的人。为什么？听我慢慢讲。（声音小、轻，显得没自信）

师：你们在听他讲的时候，有没有感觉他是一个开朗、乐观的人？

生：没有。

师：他读的声音和他的性格完全不一样。我们鼓励他一下。请用乐观的语气说，再来一次。

生：我是一个开朗、乐观的人。为什么？听我慢慢讲。（生鼓掌）

师：怎么样？真不错。所以啊，好文章三分写，七分读，用自己的声音来传递自己的文章，文章就能增色不少，也能让自己更自信。

（二）把一个“事例串”写清楚

1. 讲“事例串”

师：同学们用“特事例”向老师展示了自己的一方面特点，光这样老师还不足以了解整体的你、立体的你、多方面的你。你们可能还要再写另一方面，让阅老师更了解多方面的你。那你们还是用“特事例”来说明吗？

师：看这个是什么？（课件出示《我们家的男子汉》插图与片段）

生：我们家的男子汉。

师：看这个写法和之前的有什么不一样？

生：一件事分成三点。

师：是一件事分成三点吗？你来补充。

生：他分了三个情况，写自己爱吃。

师：是啊，他盼着吃时，可以等三刻钟；他喜欢吃时，可以编谜语；他没得吃时，就吃拇指。所有的吃货都有共同的心态，老师看到很多同学海报上有写自己是吃货。爱吃的人是随时随地都爱吃。谁还可以这样说一段？

生：我高兴时爱吃，伤心时爱吃，我平时都很爱吃。

师：具体说，你高兴时——

生：我高兴时吃得很快，我伤心时吃得比较慢，我平平无奇的日子里就常速吃。

师：不同的心情用不同的速度吃。有的人可能早晨醒来，眼睛一睁开——

生：我早上醒来，就在想今天早饭吃拌面；上午上课的时候，就在想中午吃焖豆腐；下午放学的时候，就在想晚饭吃什么、夜宵吃什么。

师：你看，不仅可以换时间，咱们还可以换地点。喜欢吃的人换地点，怎么说？我有时走在回家的路上，有时走在哪里呀？

生：我走在回家的路上，想着妈妈晚上会做什么菜，是红烧肉，还是鱼汤？想着就流口水。跟爸爸逛街时，看到街上的好吃的，就拉着爸爸要买，不买就赖在那不走了。快过生日的时候，我又在想爸爸妈妈会准备什么好吃的，是肯德基，还是一顿火锅呢？

师：你还会请同学们来分享是不是？同学们，我们一旦有一个特点，就会有一连串的事情表现这个特点，是不是？我可以换时间、换地点、换情况来列举事例说明一个特点，这时候这些事例连在一起就变成一个事例串。【板书：事例串】

2. 用“事例串”

师：我给大家五分钟，请用事例串写你另外一方面特点，让阎老师认识另一方面的你。

（学生修改习作，老师巡视指导投屏。时间五分钟）

3. 评“事例串”

师：同学们，通过投屏，我们看到大部分同学能借助事例串说明自己另一

方面的特点。(随机投屏学生作品，边演示边评价)

(三)把“我的自画像”写清楚

1.评价习作

师：同学们写“特相貌”，让阎老师注意到你；写一个“特事例”，让阎老师认识了你；写一串“特事例”，让阎老师多方面了解你。我们来做个自评吧。像这样有写出自己的特点的，画一颗大星；写一个“特事例”的，画一颗大星；写一串“特事例”的，再画一颗大星！来，收到所有星星的，冲阎老师点点头。

2.欣赏习作

师：那现在小组合作交流，推荐出一个最棒的作品来，我要贴在上面展示的哦。

(八个小组纷纷推荐出优秀作品粘贴在黑板四周，形成一幅“自画像”墙报)

3.发展经验

师：同学们，你们最想听谁的介绍？

(生推荐，被推荐人上台)

师：(1)介绍时加开头、结尾，使得自我介绍更完整；(2)介绍时，请借助海报，图文并茂；(3)你可以推荐大家扫一扫。现在请你开始介绍吧！

(生读习作)

师：这样的自我介绍和平时有什么不一样？

生：我觉得这样很丰富、很生动，让我们产生了深刻的印象。

师：对啊，当你们将自己的海报从报告厅移回教室，贴到黑板上，不单单是你们的同学们，每一个来你们班上课的老师都会很了解你们、熟悉你们、发现你们，而更好地关心你们。

四、发展“小画像”成为“大画像”，让“自画像”有可能

(一)赠送名人传记，让“大画像”成为可能

师：同学们，从古至今，许许多多名人会留下自传，在写的过程中发现自

己、了解自己，也让别人能认识自己。阎老师就带了一本享誉世界的伟大人物的自传送给大家，那就是海伦·凯勒的《假如给我三天光明》。我们放在班级里，看看我们班的孩子们能不能汲取一些使自己从“小画像”画到“大画像”的本领，好不好？

（二）借助媒介“隔空”互动，让“更好的我”成为可能

师：你们这次的“自画像”是“画”给谁看的？

生：给您看，让您认识我们。

师：那阎老师马上就要回建阳了，怎么收看你们制作好的“自画像”海报呢？

生：把海报通过微信一份份发过去。

师：这样也可以。但是一份份接收太零散了，有没有更好的方法？

生：可以做成一个画册寄给老师。

生：可以把所有同学的海报都做成一个二维码，再发给老师。

师：太棒啦，谢谢你！其实阎老师也写了一个《我的“自画像”》，通过“美篇”送给你们。现在我就发送给你们的班主任老师，让班主任老师发给你们的爸爸妈妈，回去你们也可以接收到老师的“自画像”。回家以后，同学们可以观察一下，阎老师的“自画像”和你们观察到的今天的我有什么不一样，好不好？

生：好。

师：希望我们可以继续借助这样隔空的交流，越交流越发现自己，越肯定自己，越发现自己，越喜欢——

生：自己。

师：好，下课。

【专家点评】

儿童写作课堂“意义感”的建构与展开

我始终认为，儿童天生就是富有想象力和创造力的作家。即使是在还不会写很多字的时候，他们就已经开始了各种自由无碍的想象，以及由此而来的对语言组合的探索。每每读儿童或长或短的文字，我总能感受到他们对身边生活

观察的敏锐和独特，也容易被他们流露的各种情感牵动。想象到他们用一双稚嫩的小手，可能是在安静的书桌前，也可能是在窄小的木凳上，真诚地写下他们生命成长中的每一个瞬间，表达他们对世界哪怕不成熟的看法，我就不由自主地感叹：这是一件多么美好的事情！作为教儿童写作的教师，最应该也最需要做的就是呵护儿童的表达欲，在精要的点拨中让儿童获得精神和语言的双向成长。细读阎晶晶老师执教的《我的“自画像”》课例，我惊喜地看到了这种“意义感”的建构与展开！

1. 在师生交往中打开儿童精神世界的自我观照

“认识你自己”，这是镌刻在古希腊德尔菲神庙门柱上的箴言，也是许多哲学家穷其一生思考的核心问题。儿童从小就对与自己有关的一切话题产生好奇：我从哪里来？我是个怎样的人？从这个角度来说，儿童每天都在与他人的交往中反思和建构自我，以形成关于自我的画像。如何引导儿童全面认识自己，是《我的“自画像”》写作教学首先要明确的重要问题。阎老师对此有非常深刻的认识，引领儿童在有意义的学习活动中观照自我、悦纳自我，不断超越自我。

每个生命都是独一无二的存在。在描写和刻画自我的过程中，儿童的心理可能比较复杂。一方面，每个儿童都希望得到老师和他人的肯定、鼓励；另一方面，儿童可能也会面临着一些成长的烦恼和困惑。儿童会把这些心理活动不加掩饰地呈现在自己的笔端，就如这些可爱的孩子笔下的“小黑头”等词句。对于乐观、开朗的孩子而言，这些外貌上的特质被看作一种独特的标记；对于敏感、缺乏自信的孩子而言，这些特质可能会是一种如影随形的困扰。在轻松、愉悦的对话中，我们可以看到阎老师对每一个孩子外貌的欣赏，一句“最主要的是他挺喜欢自己的，给他鼓个掌”不仅肯定了这位学生，还传递出“悦纳自我”的观念。对自己外貌缺乏自信的孩子，也能从老师的肯定中获得鼓励。

在自画像海报展示环节，我们可以看到阎老师的课堂应变能力。当一位学生提到“我的性格活泼开朗、乐于助人，但容易被激怒”时，阎老师及时给出回应：“大部分的同学说的是自己的优点，可以让老师支持你的长处。但也有同学是写这样的方面。把这些方面写出来也很好，老师就可以把特别的关爱给特别的你啦！”儿童敢于真诚地把自己的缺点暴露出来，说明他们已经开始具备了反观自我的意识和自觉。这点同样值得教师肯定！

课堂的尾声更显教师智慧。首先，阎老师引导孩子们将目光从自我画像转移到中外名人的传记上来，特别提到海伦·凯勒的《假如给我三天光明》这本自传，鼓励学生从伟大人物身上汲取更多的精神力量。儿童渴望超越自我，这些名人正好提供了榜样。在这样的学习活动设计中，儿童不仅看到了自我画像扩展为自传的可能性，而且进一步获得了超越自我的内在动力。其次，“隔空”互动创造了教师和学生更多认识彼此、了解彼此的契机。学生将自画像海报汇总、传递给教师，教师也将自己创作的《我的“自画像”》分享给学生。这是一种多么真诚的交往！师生双方精神世界的敞开，让写作活动自然地充满了意义感。

在我看来，儿童写作课堂不是教师给学生提供范文、灌输策略的跑马场，而应是儿童和教师在写作的分享中感受生命的多样与丰富、获得看世界的眼光和思维，从而建构出对于写作活动的深层价值认同，即我们常说的“让孩子爱上写作”。教师只有真正意识到儿童生命个体的独特性，意识到写作活动同样是儿童对于自我精神世界的一种探索和表达，才能创造出更多贴近儿童的写作情境和任务，才能发自内心地欣赏儿童每一个稚嫩的语句，才能与儿童就作品及内心世界展开更多深入对话。写到这里，我不由想起了山姆·史沃普在美国纽约皇后区一所小学开办“写作工作坊”，让孩子们为写作疯狂的事例。《我是一支爱写作的铅笔》中的奥秘，很大程度上是因为教师在和孩子们的真诚交往中，点燃了儿童自由表达的热情，让每一次写作都变得富有趣味，且让他们感受到写作对于生命成长的意义。我想，阎晶晶老师的课堂也具备这种魔法和魅力。如果她未来能有更多富有创意的探索，完全可以带着孩子们创造出如山姆·史沃普课堂那样的奇迹。

2. 在情境创设中增强写作的交互性和对象感

本质而言，写作是个体表达自我、寻求交流的一种重要方式。如果个体的写作能够被他人肯定和认可，产生进一步的互动，甚至对社会产生一定的影响或推动，那么，写作的意义和价值将得到更多确证。为了增进创作者和潜在读者对象之间的交流，需要创造更多的情境。与此同时，创作者也需要在写作中考虑潜在读者对象的背景知识、阅读偏好等。过去，我们的作文教学比较偏重文章技法的传授，比较忽视对写作情境的营造和对写作对象的考虑，这在一定程度上削弱了写作活动自身的意义感。进入 21 世纪以来，越来越多的学者意识到这一问题，强调在写作教学中营造真实(或拟真)的交际语境，引导学生树立“读者意识”。阎晶晶老师特别善于学习，注意到了写作理论的上述变化趋势。《我的“自画像”》这一课例尤其注重写作情境的创设，增强了写作过程的交互性和对象感。

课始，阎老师便提及，“早就从你们校长和老师的朋友圈中认识了你们”“我要先熟悉你们，要不咱们怎么交朋友呢”。这些看似简单的拉家常，将写作活动引到“我的自画像”这一议题中。孩子们通过学习单和海报，展现了自己多方面的特点。写作指导过程中，阎老师发现，江同学没有把习作写清楚，且写出了“我不知道该不该开心”这样的句子，让很多同学看不明白。她巧妙引导学生采用现场连线形式，和同学们进一步互动。通过这样的交流，江同学的思路打开了，将事情的经过写得更加仔细。显然，这是借助读者的视角帮助学生修改和完善自己的作品。

习作欣赏和交流环节同样体现了写作的交互性和对象感。在西方一些国家的小学教室里，常常会固定设立一个“作家之椅”的位置。孩子们可以在老师指导下，朗读、分享自己的作品。通过这样的朗读和分享，孩子们可以从听众那里获得更多反馈和建议。阎老师设置的“小组作品推荐”和“现场自我介绍”同样具有这样的效果。小组内部的讨论、推荐，以及将不同学生的作品张贴到教室的墙面上，为孩子们创造了一个互相评议、学习借鉴的机会。“现场自我介绍”环节，更是体现了阎老师对写作交互性和对象感的重视。例如，她要求学生在介绍时添加开头、结尾，也可借助海报，还推荐大家用“扫一扫”。被推荐的学生在现场做自我介绍，也能感受到自己的作品被欣赏的愉悦。教师进一步提示，可以将海报从报告厅移回我们的教室，会有更多的老师了解你们、关心你们。简短的几句话，也在倡议学生增加写作的交互性，让学生更多地感受到写作的价值。此外，教师在课尾安排了“借助媒介隔空互动”的学习活动，再次让学生感受到写作的交际属性，也让师生的生命在时空的跨越中进一步关联，情感也得到升华。

好的儿童写作课堂，是写作情境的灵动创设，是儿童凭借写作与自我、万物、他人(包括老师)对话的过程。教师只要站在这一高度，就能创造出一个更加包容、宽松的交流环境，能更加鼓励学生与同伴、他人展开互动。在这样的互动交流中，学生写作的对象意识(或称“读者意识”)也能得到自然的锻炼。当然，这里也要提到，无论是统编小学语文教材还是当下的小学写作课堂，对于“读者意识”的重视程度仍显不足。针对不同的写作对象，《我的“自画像”》在内容选择和语言表达方面还可以再做一些调整。比如，一般而言，针对同龄的小伙伴，内容要选择对方比较感兴趣的部分，语言要尽可能轻松、易懂，甚至带有几分幽默；如果面对的是长辈，语言表达尤其要注意礼貌原则，内容或许也要进行精简。这也是值得阎老师在未来继续探索的方向——让儿童写作的对象感更明晰。

3. 在策略分享中支持儿童写作的全过程

伯雷特和斯卡达玛亚两位学者指出，尽管儿童较早就成了一个成熟的口语表达者，但书面写作能力的成熟却要晚得多。在口语对话中，对话伙伴为他们提供了大量的支持，生成对话的内容对于儿童和青少年来说并不困难；但在书面语言的写作中，外部的线索或提示没有了，需要写作者通过一定的线索找到替代性资源来生成内容。因此，分享给儿童一定的写作策略便显得尤为重要和急迫。一个好的儿童写作课堂，应当在儿童写作前、中、后的不同阶段提供策略指导。

在整节课的教学中，阎老师为学生提供了丰富的写作策略。课前，通过任务单、思维导图等形式，驱动学生梳理自己的各方面表现。课中，阎老师带着学生围绕“把多方面特征写清楚”这一任务，开展了“把一个‘特事例’写清楚”“把一个‘事例串’写清楚”两个主要学习活动。在第一个学习活动中，阎老师引导学生复习之前学过的写作策略“写明起因、经过和结果”，同时呈现了关于自我介绍的一个新的写作策略“关键句、变化、感想”；在第二个学习活动中，阎老师引导学生借助“不同时间、地点和情况”这一写作策略，通过多个事例表现“我”的另一个特点。自评阶段，阎老师引导学生根据课堂生成的习作要求进行评价，这也是一种有效的写作策略。由此，儿童的写作始终在有方向的引领中展开。这些写作策略也慢慢内化为学生的微技能，最终凝练成为实实在在的写作素养。特别值得肯定的是，这些写作策略并非教师直接灌输给学生，而是顺应着教师与学生的对话自然生成，并在此基础上归纳、提炼。尽管这些写作策略仍存在进一步讨论和改进的空间，但对正处于写作起步阶段的儿童来说，这些现场生成的写作策略给他们的写作活动搭建了有效支架，使得他们的写作进程能够更加顺畅地进行。

统编小学语文教材高度重视写作策略的编排，相比以往有了很大进步。然而，教师需要清醒地意识到，写作是一项复杂的创造性活动。儿童使用的写作策略可能有共同之处，也可能存在许多差异。统编小学语文教材呈现的写作策略相对比较宏观，可以进一步细分为更加微观的子技能。阎晶晶老师在这方面做了一些尝试和转化，其中的探索和努力值得肯定。未来还需要进一步思考：通过一件事（或多件事）来表达自己的特点，要抓住哪些核心的写作策略？体现事情变化的起因、经过和结果这一逻辑链条必不可少，但“感想”是否必须？从写好一件事到写好多件事，儿童还面临着哪些实实在在的困难？只有教师时刻秉持“儿童立场”，始终保持和儿童的对话、分享，才有可能挖掘、总结出那些鲜活、有效的写作策略。此外，在写作策略梳理、提炼的过程中，教师还要注意到文体特征自身的影响，同时要处理好指向段落生成和篇章架构的不同写作策略的平衡。

我这里还提出另外两个值得思考的问题：第一，在写人记事方面，这一课开发的写作策略与其他课开发的写作策略形成了怎样的互补关系？如果教师能够将自己指导学生开发的这些策略汇总起来，梳理其中的内在关联，或许能分析自己在写人记事类文本教学过程中形成的实践智慧，以及可能存在的问题。第二，如何处理共性的写作策略教学和个性化的写作策略之间的关系？教师可以引导全班学生共同学习相关的写作策略，但也要始终留有余地，鼓励更多的孩子分享自己可能用到的其他策略。如此，儿童便更能够理解写作活动自身的独特性，也更能以一种包容的心态欣赏他人的作品，形成对多种文本风格的理解和认知。

总之，阎晶晶老师执教的《我的“自画像”》这一课例，为我们展现了一名卓越的小学语文教师秉持的关于“儿童写作”的教育哲学——指向师生交往，以及在此基础上生发出来的对于写作活动交互性和对象感的深刻认知。与之相随的，是阎老师和儿童一起梳理、归纳的一条一条鲜活的写作策略。有了这些要素的支撑，阎老师的写作课充满了意义感。儿童创作的过程，是他们精神生长的过程，更是他们自觉锤炼、提升语言素养的过程。真诚期待阎老师在儿童写作指导这条道路上能够有更多富有创意的探索，能够不断呵护和激发每一个儿童的表达欲，陪伴儿童用写作这一方式记录下他们成长中的点点滴滴；也真诚期待阎老师能够成为中国版的山姆·史沃普，在成就学生的同时成就自己幸福、美好的教育人生。

（点评专家：黄志军，语文教育博士，华东师范大学教育学部副教授，硕士研究生导师）

“沟通”是“关爱”的桥梁：交流意识与交流方法相得益彰

——《我想对您说》(五年级)教学实录及评析

(授课地点：三明市明溪县实验小学)

【教学实录】

一、“对您说”的主题——明语气和方法

(一)明话题

师：今天，我们上课的话题是什么？(出示课题)

生(齐)：“我想对您说”。

师：前天，我收到了咱们班同学积累的素材。我们班同学，审题能力非常强，所有递交上来的内容，都能符合这次习作的要求。(展示学生素材)有的同学想对爸爸说，别做低头族；有的同学想对朋友说，请你帮帮我提高成绩，我带你去吃大餐；有的同学想对老师说，感谢老师“春蚕到死丝方尽”；有的同学想对交警说，因为有你们，才保证了交通安全；还有的同学想对航天员叔叔说，我们要学习你们不怕苦、不怕累、为祖国做贡献的精神。现在我们把掌声送给自己。

师：现在请同学们认真阅读语文教科书第 88 页的要求，思考一下：为什么老师说你们的素材积累都达到了本次的习作要求，让你们把掌声送给自己？

(出示语文教科书第 88 页)

生：每个同学都知道向所选择的对象表达自己的想法，所以老师说我们审题能力强。

师：非常好。不但对象明确，表达的想法也很明确。在这么多素材当中啊，阎老师觉得有一个素材，特别适合作为全班共同加工的习作材料。我想认识一下，这是谁写的？

生：我叫李宇哲。

师：请把你的素材读给大家听，其他同学边听边想：为什么老师会选择他的素材作为本次习作课的加工内容？

（素材1：爸爸，您是我的信仰，您是我的教师，您还是我的奋斗目标，可是最近的您却有些不寻常。当妈妈在叫您吃饭时，您却拿着手机，盯着它。当您吃完饭时，又从口袋里掏出了一个玩意儿，瞪大眼睛，专注地研究。当我拉您去公园时，您却说工作上有事儿，让妈妈来陪我。我多希望您有一个健康的身体啊！可是您沉迷于手机，迟早会戴上眼镜的！求您了，不要再做低头族了！爸爸，请您别再这样了！多陪陪妈妈和我吧！）

生：因为他爸爸是个低头族。

师：咱们班的同学家长是低头族的请举手。

师：所以这件事情是普遍现象，大家都有同感。再猜，还有什么理由呢？

生：开头提出的观点很好。

生：有具体的事例。

师：具体的事例是以前发生的，还是现在发生的？

生：现在。最近发生的事例才能写出我们的想法。如果是离我们很远很远的事例，想法就很可能不是真实感受。

师：所以，我们选择素材的时候，千万不要去贪大、贪高、贪全，要——（出示课件）

生：真实事例，新鲜深刻。

（二）明语气

师：那么，这节课要做的事就是把合适的素材加工成《我想对您说》。这次的习作要求对你有什么写作方法的提示呢？

生：用书信的形式。

生：用恰当的语言表达自己的心里话。

师：把"用恰当的语言"在书本上圈起来。

（师出示另一篇学生素材）

师：你们对比一下这两篇素材的语言，哪篇更恰当？

（素材2：上个周末妈妈生着病，两眼无神，眉头紧锁地躺在床上。刚闭上眼睛，妹妹就开始哇哇大哭。她毫不犹豫下床，穿上拖鞋，跑到婴儿床边，低声唱歌哄妹妹。当妹妹慢慢闭上眼睛时，我一个箭步跑到妈妈房间，垂头丧气地说：“妈妈，我有一题不会做！”顺风耳的妹妹，立马被惊醒。妈妈一边哄妹妹，一边看我的作业，细声细气地说：“罗伊，等我把她哄好，再来教你。”我点点头，回到房间开始研究这题。妈妈急匆匆地跑来说：“哪题?”妈妈揉揉眼睛，打着呵欠，我知道她很困，便忧心忡忡地说：“妈妈，我会做，你去睡觉吧。”她反而说：“没事，我再帮你检查下。”）

生：第二篇。因为第一篇的内容比较简洁，第二篇的内容比较细腻。

师：细腻就符合本次的习作要求吗？想想这次习作对于语言的要求是什么？

生：第二篇更好，因为第二篇用恰当的语言，生动形象地写出了妈妈生病了还要带妹妹和帮我看作业。

师：那题目换成《我的妈妈》不就好了吗？

生：我选择第一篇，因为第一篇用的称呼是您，好像在跟爸爸说话一样，而第二篇称呼用的是妈妈。

师：是的。第一篇，更有对话感，因为今天咱们写的是我要跟您说话呀，所以，对话非常重要。在称呼上，第二篇的“妈妈”，都要改成什么？

生：您。

（三）明方法

师：再比较一下，你觉得第一篇还有哪些地方是表达得更准确的？

生：第一篇，他直入主题，没有更多其他的描写。

师：没有其他描写，直奔的是“我”的——

生：观点。

师：在这个文体中亮明观点、主题明确，非常重要——你想对他说什么。【板书：主题明确】

生：第二篇素材是完整叙事，主题不明确，“妈妈”看了可能会想：是关心我太累呢，还是对我的付出表达感谢呢？

师：再看看第一篇素材，从哪几方面表达“我”的观点？

生：举例子。【板书：举例子】

生：说道理。

师：爸爸这样做好或不好的道理。【板书：道理】最后一个部分，还给出了什么？

生：建议。

师：是呀，当爸爸看完这一篇有主题、有举例、有道理、有建议的“我想对您说”，我想他肯定不会拒绝吧。好的，那咱们今天这篇习作完成了。你觉得这一篇还需不需要加工？

生：需要。

师：哪里需要修改？

生：想法还不够，事例也不够具体。

师：嗯，没有把完整的观点表现出来。

师：聚焦完事例和建议，还有吗？

生：还要写出看手机的危害。

师：是的，道理还没写清楚呢。所以，三部分我们都要加工。加工这一篇“劝爸爸别玩手机”，意义重大。如果你把这篇习作写好，不但对你的家人有好处，对每个同学也是有帮助的，对社会上的每一个人都有帮助。所以，我们接下来，就来加工事例。

二、“对您说”的事例——还原场景，夹叙夹议

（一）还原场景

师：请同学们看看这三个事例，思考小作者为什么要举这三个事例，他想表达什么。

生：表达爸爸沉迷手机，不陪伴“我”。

师：是的，忽视对家人的陪伴。现在我们就一起来加工第一个例子。你的脑袋里仿佛就出现了似曾相识的画面——你家开饭啦！

师：我想问全班同学，你们怎么知道“开饭啦”？

生：听声音——妈妈叫：“吃饭啦，吃饭啦！”

师：很好，“吃饭啦，吃饭啦！”您像没听见似的——

生：您像没听见似的，窝在沙发上拿着手机，迟迟不来到餐桌旁。

师：很好，窝着的状态出来了。我们可以用一些修辞，还原当时的状态，才能让爸爸认识到自己的错误。【板书：状态】

生：您像一只大懒熊，趴在那里，不停地划着屏幕，仿佛没听见似的。

师：有的时候，爸爸被请到饭桌上，眼睛依然没有离开手机。谁来加工？

生：“吃饭啦，吃饭啦！”当我把香喷喷的鱼丸夹进您的碗中，您的眼皮儿都舍不得抬起，手指不停地点按着，嘴里说着：“你吃，你自己吃，我这里事情还没有处理完。”

（二）添入感受

师：同学们，仅仅是还原了场景，爸爸就能感受到我们对他的失望吗？还应该加上什么？

生：我的心里话。

师：我要劝他什么？

生：爸爸，我看着您，无奈地摇摇头，心里问：“您什么时候才能用心品尝美食呢？”

师：当状态加上想法，跟例子一起出来时，你爸爸肯定已经感受到了自己对家人的忽视，家人心灵受到了伤害。现在已经把例子写得很好了，爸爸已经有了感受。那接下的例子，可以不写了吧？

生：不行。

师：为什么不可以？

生：一个事例不足以证明爸爸爱玩手机，要多角度来突出强调。

（三）加工片段

师：那么，就请左边的同学加工第二个事例，右边的同学加工第三个事例。把当时的想法写出来，让你的爸爸认识到自己错了。（学生加工片段）

（四）评改片段

师：其他同学做好评判，评判的标准是有没有写出状态，有没有加上想法。让爸爸感受到“对不起，我真的错了”。

生：（读加工后的片段二）您好不容易吃完饭后，又懒洋洋地从口袋里掏出一个玩意儿，瞪大眼睛、低着头专心地研究。之前，如果我有不会的题，您总是仔细地教我。而现在，我有不会的题，您总是说：“不会，去问度娘。”

生：（读加工后的片段三）“爸爸，我们去公园吧！”当我请您陪我去公园时，您却冷冷地回我一句：“我工作还有事要忙，让妈妈陪你去。”我的心宛如饱满的球，被针刺的话语扎破了。而您却又回到沙发，掏出手机死死地盯着连载小说，宛如被手机控制的木偶。爸爸，请您放下手机抬起头，看看我和妈妈担忧的眼神吧。

……

师：谁来评一评他们的加工成果？

生：状态和想法都写出来了，还原了当时的感受，而且语言非常真挚。爸爸一定会感动的。

师：这样写，都写到我们心里去了。每个人可以结合自己不同的情况，有的想法多写一些，有的状态多写一些。这样写完事例，再表达想法，叫作“夹叙夹议”。

三、“对您说”的道理——理据确凿，讲究语气

（一）引用证据

师：听了这么多同学真挚的话，如果爸爸在现场听，会怎么想？

生：我听后会觉得，是该管管这个家了。

生：我知道错了，因为这个手机，让我和你们渐渐地疏远。我以后不再玩手机了。

师：其实，我更关心的是爸爸的——

生：身体。

师：是呀，是爸爸的身体健康。那么，刚才同学们并没有把危害写清楚，而且口说无凭，爸爸会相信吗？

生：不相信。

师：为什么爸爸不相信？

生：因为没有把经常看手机的危害写出来。

生：说的话要有科学道理。

师：对呀，要专家说的话，才有可信度。否则，我凭什么听你这个小孩子的话。那我们怎么去找有可信度的理由来支撑自己的观点呢？

生：网络里。

师：网络中查找的，也要有可信度的内容哦。请你说。

生：借别人的例子来证明。

生：还可以查查书本。

（二）加工“道理”

师：阎老师从网络上找了一位专家的说法。请你的脑袋快速提取有用信息，眼睛不能眨哦，耳朵不能闭哦。（播放专家谈论玩手机危害的视频）

师：现在请你用上科学道理加工“说服爸爸”。

（习作时间五分钟）

（三）分享评改

生：（读加工后的片段）爸爸请您放下手机吧！您知道这对您的伤害有多大吗？专家告诉我们，常看手机，视力会急速下降，情绪会变得焦躁，注意力会变得下降，腰颈会出现很大的伤害；如果您长期看手机，就相当于一个失去社交能力的人。您看，玩手机有这么多危害，您不能再玩手机了！

师：觉得他的描述说得很好的，请举手。

生：他把危害都说清楚了，特别还说明是专家说的，让爸爸见识到了危害。

师：还有问题的请举手。

生：我们给家长提意见的时候，不能让他感觉我在批评他。

师：而我们要让他觉得我们是在——

生：关心他。

师：所以，讲道理，你要注意说话的态度。请把讲道理的语气改一下。

（学生分享修改后的习作）

四、“对您说”的建议——排比铺陈，情深意切

师：非常好，我相信爸爸听完这段话以后，他就更觉得要改正了。同学们，习作改完后，刚才有同学说了，还可以给爸爸一些具体的建议。我们可以提建议，让爸爸的时间拿出来干什么呢？

师：我先开个头哦，然后你们再接下去。爸爸，您可以陪着我们到夜间的林间小路去散散步，问候月亮和星星——

生：您可以陪我们一起去游乐场玩好玩的娱乐项目。

生：我真希望您能坐下来陪我们吃一顿完整的饭。

生：陪我和妈妈去草地上野餐，去感受清风和鸟鸣。

生：请您陪我们一起去旅游，去感受风景的魅力。

生：请你和我们坐在小船上，在海边畅游。

师：像这样的排比，你的爸爸看了后还能拒绝，不放下手机吗？所以，我们的建议要具体。

【板书：具体】你看，我把同学们刚刚说的，全部放在里面，变成了一篇范文。

（范文示例，老师配乐朗读）

爸爸：

我想对您说，您是我的信仰，您是我的老师，您还是我奋斗的目标，可是最近的您却有些让我失望……

“吃饭啦，吃饭啦！”这已经是妈妈第三遍在喊您了。您嘴上喊着“嗯”，却像没听见一样，屁股仿佛是用502胶牢牢地粘在了沙发上。您知道饭菜都凉了吗？您吃完饭，连嘴角的饭粒都没来得及擦，又从口袋里抽出了一个玩意儿。爸爸，今天的牛肉汤可真不错，您不再来两碗吗？我想把您拉到公园里去走走，您却说要工作，让妈妈陪我去。您手机里的小视频永远无穷无尽，有那么多段子等着您……可我更等着您和我去公园锻炼身体呢！

爸爸，我是多么在乎您的身体！您知道吗？昨天老师在课堂上给我们看了视频，过度使用手机有不少危害呢！您最近不经常说头晕吗？我想可能就是手机惹的祸吧！使用手机使脑袋前倾，就会使脊椎顶部的神经受到挤压，导致头痛、脖颈僵硬……还会伤及听力，伤害眼睛，减少睡眠，对身体健康极为不利。特别会影响交往。您依赖手机的这段时间，我们家庭之间的交流都减少了，出游的时间也减少了呢！

想一想，您放下手机后的我们愉快的家庭生活吧！每天您回到家，我就可以跟您聊聊学校发生的好玩的事。饭后我们可以出去运动，出去散散步，记得我们在夜空里寻找北斗七星的情形吗？每个周末我们可以去郊游，去登山，去问候美丽的大自然；一起去看一场电影，也是很不错的选择呢！

亲爱的爸爸，请放下手机吧！这个单元有好几篇关于亲情的课文，特别是吴冠中先生写的《父爱之舟》，我喜欢极了，晚饭后我读给您听，好吗？

期待您陪伴的儿子

11月5日

师：当爸爸看到这样的一封信，他会有什么感受？

生：自责。

生：马上放下手机。

生：愧疚极了。

师：正是因为我们运用了恰当的表达方式，才把我们想说的话，说到了谁的心里去？

生：爸爸。

师：孩子们，我们这篇文章，加上称呼、署名，就成了一封信。

五、“对您说”的形式——信件派送，真情传递

师：那么，这堂课我们改完了别人的文章，我们还是要有自己的作业。阎老师想问，你给自己布置什么作业？

生：写一封信给我想对他说的人。先要说明主题，然后举例子，用上状态和想法，接着说道理，最后提出实用的建议。（看着板书提示说）

师：好的，那我这堂课，这样子就达要求了吗？

生：没有。

师：还有什么要求？

师：我把这封信写好后，还要怎么样？

生：给我们写的对象看。

师：对了，这才是这次写作的目的，让我们学会把心里话说给对方听。让他接收到我的想法、意见和感受。所以，同学们，这是本次习作最重要的，请你以信封传递或是电子邮件形式，把信件传递给收信人，让你的话真正传递到他的心里去。如果你把信交给他，他感受到你的情感、想法以后，也请你把反馈传递给我，让我能感受到你们之间的情意。

【专家点评】

《义务教育语文课程标准（2022 年版）》指出：语文课程要围绕立德树人根本任务，充分发挥其独特的育人功能和奠基作用。阎晶晶老师在这一课程理念的指导下，致力于课程育人视域下的习作教学研究，让习作满足学生自我表达和与人交流的心理需要，作为人的思想与情感交流的主要工具，成为人生命活

动的一个重要部分。一言以蔽之，即通过习作教学帮助学生成为一个更好的人。她执教的五年级上册第六单元习作《我想对您说》充分彰显了这一习作教学思想，主要表现在以下三个方面。

1. 育人导向

本次习作内容为“我想对您说”，具有鲜明的交际性和强烈的对象感。阎晶晶老师在指导学生习作的过程中，始终将交流的目的、对象放在重要的位置，如引导学生积累真实的素材，明确真实的交流对象，交流的目的是为对方的健康着想，交流的方式是用恰当的语言让对方感受善意、易于接受、受到感染……这不仅仅是在教学生学习表达技巧，更是在引导学生学习怎样关心别人、尊重别人、帮助别人，在此基础上表达自己的真实感受和看法，实现人与人之间思想和情感的交流，使习作服务于自己的生活，让生活因为习作变得更加美好，也让自己通过习作成为更好的人，成为像叶圣陶先生所言的“精于思想、富于情感、工于表达”的人。

2. 学生中心

以育人为导向的习作教学，天然地以学生为学习的中心、课堂的中心、写作的中心。在本节习作课中，首先，“写什么”来自学生：课的伊始即展示学生积累的真实素材。其次，“怎么写”尊重学生：如“两篇素材的语言，哪篇更恰当?”“这一篇还需不需要加工?”“哪里需要修改?”这些问题全都指向学生真实的思考和表达，源于老师对学生的充分信任和尊重；在实践操作方面，阎晶晶老师更是给予学生足够的时间空间，让他们自主加工片段、评改片段，在言语表达的实践中提高习作能力。最后，“为什么写”基于学生：本次习作中，交流的对象是学生自己定的，交流的内容也是学生自己定的，为什么要对这个人说这些内容，也全都凭他们内在自我表达和与人交流的真实需要。在此基础上，老师进一步推己及人，赋予习作社会价值，引导学生认识到“如果你把这篇习作写好，不但对你的家人有好处，对每个同学也是有帮助的，对社会上的每一个人都有帮助”。以学生为中心的习作，不是外在于学生的要求，而是融入他们的生活，成为他们生命的一部分。

3. 依意而作

“依意习作”是阎晶晶老师提炼的课程育人视域下小学习作教学范式之一，

这里的“意”是指交流与表达的中心意旨，也就是“为什么要写”。第三学段的学生已经懂得写作是为了自我表达和与人交流，也能够根据表达的目的、交流的对象、交际的语境来调整和运用语言表达技巧，如内容选择、详略处理、遣词造句、语气态度等。因此，在本课教学中，阎晶晶老师有意识地引导学生为自己的“意”加工素材，不断增强他们的作者意识，如：对比哪种称呼更有对话感，思考为什么要举三个事例，和长辈讲道理要注意态度和语气，运用排比提建议、增加感染力，等等。所有这些表达的技巧都是服务于作者思想与情感的传达、服务于写作目的的达成、服务于人与人之间真诚美好的交往。依意习作，不仅能有效提高学生的习作能力，也能进一步促进习作与学生自我、与生活的密切联系。

课程育人视域下的习作教学，以人的发展为本，真正体现以学生为中心的教学理念。实现习作教学功能的转变，能够充分发挥语文课程立德树人的独特价值，值得学习和借鉴。

（点评专家：卢永霞，福建教育学院副教授，福建省名师）

选择融合多种表达方法：推广与传承家乡风俗

——《家乡的风俗》(六年级)教学实录及评析

(授课地点：厦门市安兜小学)

【教学实录】

师：同学们，我很喜欢音乐，给大家带来的礼物就是四段音乐。你们听听是哪个区域的音乐？

生：内蒙古。

师：真好，答对了，来击掌。第二段。

生：江南地区。

师：紫竹调。再听听第三段。

生：大西北。

师：秦腔，陕西，大西北，很粗犷。最后一段。

生：闽南。

师：来，击掌。听到这样的音乐，这样的旋律，我们就可以感受到一份民风，一份民情。今天，我们的习作主题就是——

(全班齐读：家乡的习俗)

师：很好，亲爱的同学们，那我们就准备上课吧。

一、家乡民俗文化执笔人——选择素材，“选什么”“为什么选”

师：在半个月以前，我就请咱们班的同学积累“家乡的习俗”的素材。今天，我们要通过“选素材”“加工素材”来写好这篇习作，评选出咱们班的“民俗文化大使”。

师：首先，我们来看看大家积累的素材。“普度、拜天公”“博饼、牙祭”“捣年糕、吃饺子、赛龙舟”，还有“拜拜、开门”……这么丰富的具有闽南特色的风俗，如何选一个最值得推荐的，把它加工成习作？

师：这是阎老师积累的五个素材，我选的是“大年夜，包饺子”。快速浏览，想想我为什么选它作为“最推荐”？

生：因为您家过年吃饺子的时间跟我们不一样。我们这里几乎所有人都是在大年三十晚上吃饺子，您那里是在年夜饭过后才包上的，初一早上吃，所以很特别。

生：饺子馅儿也是有特色的，是大葱馅儿。

师：你看，他多会读书呀。阎老师的祖籍在北方，我们老家过年吃饺子的风俗跟南方不大一样。过年吃饺子跟平常吃，有什么特殊的地方吗？

生：这里有个彩头，饺子交子交好运，年年都有金元宝。

师：这是有寓意的。还有，你说。

生：全家老老小小分工和面，其乐融融。

师：非常好，这三位同学，把我选择素材的理由，都找出来了。

（出示：特别、参与、寓意）

师：第一，方式是特别的，外乡人不懂，所以我要推荐。第二，参与是特别的，全家人都参与，多团圆呀。第三，寓意是特别的，代表着美好的希望。所以，老师给它一个“特”选材。【板书：“特”选材】现在，请你选出最值得推荐的素材，画上一颗红心。然后，用一两个词，或者更多的词，批注上你的理由。用时两分钟。

师：哪个同学来分享一下，你最推荐的习俗是什么？

生：我想推荐的是剪窗花。推荐的理由是窗花剪出来非常好看，有过年的气氛，有寓意，十分特别。

师：她推荐的是手工艺类的风俗。

生：我推荐的是端午节包粽子，因为粽子外形好看，味道好，有着浓浓的传统文化意义。

师：他推荐的是美食类。

生：我推荐中秋节，有游神，就是带神明逛整个村庄。

师：她推荐的是神明类的习俗活动。

生：我给大家推荐的是元宵节之夜的偷菜。在我的家乡，元宵节这天，大家都可以互相偷别人家种的蔬菜，而且只能用手拔，如果菜是完好地拔出来的，寓意着来年一帆风顺。

师：哇，我们完全没有听过，就特别希望了解“偷菜”的习俗。这个是民间的习俗活动。

二、家乡民俗文化推广人——加工素材，“是什么”“怎么做”

（一）聊方法，依素加工

师：我作为外乡人，听大家这么推荐，还是没有完全了解这些风俗怎么具体开展，那要怎么办？

生：写具体，说明白。

师：两个词，把我们要干的事情说出来了，就是我们要把家乡风俗写具体、说明白。首先写具体。（教师指着课件内容）

生：是什么？

师：然后说明白。（教师指着课件内容）

生：怎么做？

师：那要怎么写具体呢？我们来看一下刚刚学完的老舍的《北京的春节》，它是一个很好的例子。大家看一下，在《北京的春节》里，老舍先生对于这四个重要的日子，不同类型的习俗活动，分别是用什么方法来进行加工的呢？

生：对于美食，我们可以写它的材料、做法还有它的色香味。【板书：色香味】

生：在写神明的时候，可以引用它的故事。【板书：传说】

生：在元宵节灯会的时候，我们可以用场面描写，写出当时的灯会是多么美丽和壮观。

师：他的场面描写用了什么样的句式？

生：用了排比。

师：于是这个灯会的场面就铺满了一条又一条街。所以呀，我在做活动的时候，可以用上场面描写的方法，把各个点都点一下，连起来就是一个面。【板书：场面描写】还有一个，请你来。

生：用记叙的方式来描写大年初一的庙会。

师：是的，当大家不知道这个庙会是怎么样的时候，我就一五一十地把它写出来，这就叫记叙的手法。谢谢你。【板书：记叙】经过同学们这么一指点呀，我就获得了许多的加工习俗的好办法。那么，你们就教教阎老师吧。你们觉得要在素材当中使用哪些方法，能够让你们了解这个活动是怎么进行的？

生：全家老小纷纷和面，擀皮儿，包馅儿，写当时的这个场面，让我们感受一家人其乐融融的画面。写到初一早上吃饺子，可以写写它的原料和色香味。吃着吃着，发现饺子像个元宝，肯定是有一个传说流传下来的，可以写一写。

师：他概括得条理清楚，非常完整。老老小小抓场面，大葱馅儿做美食，然后写上相关的传说，好厉害。这个同学是实至名归的“三条杠”！

(二)用方法，书面加工

师：正是这样，你们可以根据不同的素材选择不同方法来加工。你们先将相应的方法批注在素材的旁边，然后把它扩充成一整段的文字，让我这个外乡人知道这个习俗“是什么”“怎么做”。八分钟，开始。

(学生独立加工素材八分钟)

师：我们请一个同学来分享。其他同学认真听，认真捕捉他的信息：他写的习俗是什么？用上了几种加工方法？还可以用上什么加工方法？

生：(朗读自己的作品)中秋节放孔明灯。中秋节那天，家家户户放着孔明灯。相传在孔明灯上写着自己的愿望，孔明灯就会飞到天空。如果孔明灯是直上云霄，就象征着来年会有好运发生，所以家家户户都把自己的愿望写在孔明灯上，让它飞上云霄。有时，还隐隐约约看见几个字眼在天上。

(三)评方法，评改加工

师：同学们觉得他写得怎么样？你觉得他用上一种加工方法，请竖一个大拇指；用上两种加工方法，请竖两个大拇指；用上三种加工方法，请竖三个大拇指。

师：大家都竖一个大拇指，为什么？

生：(七嘴八舌)他用上了传说。

生：用上传说的方法，让我们感受到放孔明灯代表着美好的希望。

师：请坐，说明你很会听。你也很会写，写出美好的愿望，引起大家共鸣，都想去放孔明灯。但是，好像放不起来——

生：因为他没写孔明灯的制作方法。

师：怎么放孔明灯？那要用什么方法来加工？

生：做法。

师：对，要把它的做法写出来。还有吗？

生：做好的孔明灯长什么样子。

生：怎么放孔明灯呢？

生：既然孔明灯是家乡的传统，那么，还要加上场面描写。

师：说明有很多人在看。

师：现在，来满足同学们的要求。（面对写“孔明灯”的学生）首先，是要写它的样子。

生：孔明灯的材料有纱布，有四根支架，中间还有一根蜡烛。

师：说了材料。怎么制作呢？

生：咱们家人做孔明灯时是拿一些竹条，编成一个长方体一样的框架。再在框架表面糊一层纸（底面千万别糊）。然后在烛台上放一根蜡烛，从孔明灯底部放进灯里。点燃蜡烛，在空旷的户外，孔明灯就会升上天空。

生：点燃蜡烛，不是立马就会升上天空，还要等底面的砂纸糊起来以后，才缓缓升上天空。

师：孔明灯慢慢升入天空，有很多人在看呢！现场谁来描绘？

生：有的小孩，头一回看到这样壮观的场景，开心得拍手直跳。

师：小孩拍手。

生：有的少年，抬着头朝天上看，直到孔明灯飞走，消失不见了，他还在原地盯着。

师：少年张望。

生：有的爸爸妈妈带着孩子双手合十在胸前，默许着来年的美好心愿。

师：而“我”呢？

生：我激动地看着自己放上天空的孔明灯，站在那儿，说不出话来。

师：你看，咱们班同学真的很会写。经过大家这么加工，就把怎样放孔明灯写具体了。

（四）比例文，“写出味儿”

师：阎老师昨天晚上也加工了一下自己的素材，和你们的还有一点点不一样。

（师读加工后的《包饺子》）

年夜饭后，所有的灯都亮起来了。我们家的电视机前，早就摆上了大圆桌子。圆桌正中央是大面盒子。爸爸把面粉和成超大的面团，再分成大团子。姑父把揉好的大面团揉搓成长条，切成小剂子。那边爷爷才叫一个厉害，他把四个小剂子叠在一起，用手转着捏，变魔术似的就捏出四张饺子皮儿。奶奶、姑姑、妈妈在调馅儿，调的是北方特有的大葱猪肉馅，那透香的大葱味儿直窜屋顶，**屋里每个人的脸上都是幸福的味道**。再看颜色就更让人欢喜了，翠绿的葱，鲜红的肉，**让人尤为心情舒畅**，再包进雪白的皮里，**像一个个胖乎乎的元宝摆满桌子，就更是好看了，让人忍不住就想让它早早到锅里滚一滚**。可是，不行的！这饺子必须等到初一早上才能吃，**那才是——元宝到来年，元宝到年年**。那一个个雪白的饺子，**正是阖家团圆的幸福和希望**。

师：我写的跟你们的有什么不一样？

生：写出了包饺子时的感受，因为包饺子体会到了幸福感。

（五）再加工，“用方法”“融体验”“美寓意”

师：亲爱的同学们，风俗之所以能一辈一辈地流传下来，成为一个地方约定俗成的文化，是因为这样的美食、这样的活动，区别于其他的美食、其他的活动，是因为人们有共同的希望。所以，我们除了要用上一定的方法，还要把我们特殊的体验和情感融入其中。【板书：融体验、美寓意】现在，请你看看你原来的习作，哪儿加工得不够，你再加进去。你觉得哪儿需要加入体验、喜悦、幸福、期待，就加进去。最后每一个活动，都是有寓意的，都是人们美好的希望。给你们五分钟，开始吧。

三、家乡民俗文化传承人——赏习作，结成集

师：好，时间到。其实，同学们能够不停地往下写，说明你们已经有了思路。那么现在能够把习俗写清楚“是什么”的，请举手。写具体，用上方法，写出“怎么样”的，请举手。加入了特殊的感受，“写出味儿”的，请举手。好，现在就请你给自己点个赞，在你的习作本上画一个大星，说明你们都可以当民俗大使。现在阎老师想请“剪窗花”的同学读给我们听，好吗？

生：（读作品《剪窗花》）我们一过年就喜欢剪窗花，用红色的纸，寓意今年红红火火。首先，拿一张红纸；接着，画上图案，对半剪。这是最简单的。还有难的，全家也就我奶奶会剪，她虽然年纪大了，但剪得十分精美，一点儿不

含糊。纸张是圆的，奶奶剪了条大鲤鱼，鱼上的每一片鱼鳞都剪得十分清楚，鱼儿栩栩如生，那旁边的小浪花，看着像是鱼真的在水里游；上面还有年年有鱼的字样，这样寓意年年有余。说话间，奶奶手上的小鱼儿剪成啦！“来，快贴起来，过个好年！”奶奶那有着深深皱纹的脸上漾着喜悦的神情。我激动得大喊：“贴到客厅的窗上吧！”妈妈拿着窗花，爸爸去找胶水，他们一起把“年年有余”贴到了窗户上。阳光照射下，一整张图案投射在地上，十分好看。

师：大家的脸上漾出了幸福的笑容，就证明了写得真好！我也觉得非常好。她不仅让我这个外乡人知道他们家乡的习俗是什么，怎么样，而且融入了自己的特殊的体验，最后还写出了年年有余的美好寓意。

师：习俗是一道菜，一项当地的民俗活动，一方庇佑水土的神明，它是那源远流长的手工艺，还饱含着美好的希望；是孩子仰望天空的期许，也是咱们一方乡音，一份浓浓的乡愁。

师：请同学们回去以后，继续加工重点部分。可以学着《北京的春节》，按照时间顺序，添上其他部分；也可以像《腊八粥》那样，重点写一样活动，更多地融入自己的参与体验，添上开头结尾，形成一篇完整的“民俗”习作。最后请你们的老师把它们结成集，就像阎老师手上的这一本由范亚昆主编的《地道风物》。我相信我们班的集子可以更好地传播民俗，分享快乐。同学们，再见。

【专家点评】

“十里不同风，百里不同俗”，民俗文化是我国民族文化的根源，是中华民族最根本的文化基因。民风民俗对人们的价值观、道德观、审美观和社会心理等方面有着重要影响，是社会团结与和谐的重要“黏合剂”和“推进剂”。阎晶晶老师执教六年级下册第一单元习作《家乡的风俗》一课，带领学生选择融合多种表达方法，并通过契合学生期待的“家乡民俗文化执笔人、家乡民俗文化推广人、家乡民俗文化传承人”三项任务活动的铺展，环环相扣。在阎晶晶老师创设的沉浸式的习作课堂上，学生对家乡的风俗通过深入了解、深层互动达到深刻认同。阎晶晶老师把“民俗”深深地烙进学生的心里，努力实现以文化人、培根铸魂，提升学生核心素养的目标。

1. 深入了解，唤醒对家乡民俗的审美

阎晶晶老师把唤醒学生对家乡风俗的审美、激起学生获得审美愉悦和审美期待巧妙地融入“素材的积累和选择”之中，且作为“头等大事”来对待。《义务教育语文课程标准(2022年版)》在第三学段习作目标中指出：“养成留心观察周围事物的习惯，有意识地丰富自己的见闻，珍视个人的独特感受，积累习作素材。”积累和选择素材是写作的起点，阎晶晶老师敏锐地把握住了这一点，提前半个月布置学生积累“家乡的习俗”的素材，让学生从习以为常的日常生活和普通事物中，发现家乡的民俗之美。在示范交流中她让学生体悟“为什么选”，明白只有合乎题旨的素材，才可以被加工成符合要求的习作，很好地加强了学生课外积累和课内指导的联系，遵循了写作的规律，落实了课标精神，唤醒学生对家乡民俗的审美，很好地激发了学生对家乡民俗文化的初步热爱。

2. 深层互动，增进对家乡民俗的体验

习作之前学生对中华传统习俗中蕴含的人情美、文化美并非一无所知，通过对《北京的春节》《腊八粥》《古诗三首》《藏戏》等课文的学习，他们已初步走进了中华民族的民俗画卷之中，初步感受到了民族习俗的温馨和美好。阎晶晶老师通过“家乡民俗文化推广人”这一任务活动让学生充分沉浸在家乡的民风民俗之中，以“素材的加工”为载体，做到了学生与学生，学生与教师，以及“习作方法的探究与体验”与“对家乡民俗的体验”这三个方面的深层互动。

加工素材有方法，但是教师的语言无法将“怎么加工素材”的“秘诀”和盘托出，即便学生听懂并记住了依素加工的“秘诀”，也不等于真正掌握了，因为他们缺乏深刻的体验。阎晶晶老师深谙此理。她只用“三招”便将教、写不难变为现实。第一招“聊方法，依素加工”。在单元统整思维下，阎晶晶老师先将学生带到那片“熟悉的水域”——刚刚学完的老舍的《北京的春节》，让学生沉浸其中，在轻松的“聊”中探究、发现依素加工的若干“方法”。第二招“用方法，书面加工”。“方法”是否可用、是否好用取决于“方法”的来源。在体验式学习中，学生完全参与其中，完全成为学习的主人，加上老师的点拨，他们获得了属于自己的依素加工的方法，他们加工的又是自己积累和选择的素材，所以课堂上的八分钟，便成为学生“有办法”的八分钟，用笔快乐倾吐的八分钟。第三招“评方法，评改加工”。点评习作是教师的“重任”，同时又几乎成为教师的共同“难点”。但是在本课的教学中教师却通过“同学们觉得他写得怎么样?”将“锅”“甩”给了学生们。阎晶晶老师既“甩锅”也“甩点评之法”：“你觉得他用上一种加工方法，请竖一个大拇指；用上两种加工方法，请竖两个大拇指；用上三种加工方法，请竖三个大拇指。”通过引导同伴讨论方式参与点评，学生“以方法看加工”，他们关注的重点不在于哪里写得好，而在于哪里加工得好。这样，学生对“依素加工”的方法又有了不同程度的体验和领悟，有助于将“习得”之法进一步迁移运用于加工自己所选的素材。此外，在习作教学中，示范不是唯一的方法，却是教学的重要措施。如何让习作更有“味儿”，这个不好说，但是在本课的教学中，阎晶晶老师将自己加工的素材适时地展示出来。这种展示从素材到习作的“优秀范例”，可以让学生从中探究和发现加工之法，直观性非常强。课堂上，阎晶晶老师一句“和你们的还有一点点不一样”就自然而巧妙地把学生带到“对比研究”之中，学生在老师的朗读声中，体悟“美寓意”之法，也感受着在老师笔下的家乡风俗之中蕴含着的那份特殊的“幸福”和“希望”。

3. 深刻认同，品味家乡民俗的美满

如果说“家乡民俗文化执笔人”和“家乡民俗文化推广人”这两个任务活动是学生对家乡习俗之美由“感性”到“理性”的推进，“家乡民俗文化传承人”则是对感性和理性的完美融合。要将家乡的风俗“写出味儿”是挺难的一件事，但是课堂上很多学生做到了。“剪窗花”的同学就是一个典型，她将自己特殊的体验和对年年有余的美好寓意融进自己的字里行间。老师的一句“让我这个外乡人知道他们家乡的习俗是什么……”既是精到的点评，也是师生对蕴含着幸福美满的家乡民俗的深刻认同。“离家三里远，别是一乡风”，学生们深刻体会到不仅有“剪窗花”，还有“赛龙舟”“吃饺子”“捣年糕”等。这些风俗活动在深层次上，无不凝结着中华儿女对幸福和美满的最深切的追求和期待。在这样的习作课上，阎晶晶老师不是单纯地在教习作，而是在用语言文字培育民族的下一代，通过语文课程落实立德树人的根本任务，是对中华民族民风民俗的最适切的薪火相传。

通过这堂习作课，我们可以管窥到阎晶晶老师的习作教学理念，我们看到的是阎晶晶老师对习作教学“教、写不难”的精彩呈现；同时，我们看到了她对“课程育人视域下的习作教学研究”的探索与实践，她的课也是对“以人的发展为中心”的核心理念的生动诠释。

（点评专家：范吉明，福建省建瓯实验教育集团正高级教师，特级教师，福建省名师）

编　外

从启蒙写作开始，给予儿童自足的成长

联合国《儿童权利宣言》写道：“人类应将他拥有的最美好的东西给予儿童。”如何定义“最好的东西”？如果说可以定义的话，那便是正确地认识自己。认识自己的过程是自我意识和自我评价的发展过程，是个体探索、完善“我是谁”“我可能成为怎样的人”“我如何和他人友好相处”“我如何在群体中完成自我认同”等的过程，并在其中获得精神和思想的成长与富足。

作为语文教师，我欣喜地发现“写”是帮助儿童长大的好方式。王鼎钧先生讲：“书面文字是有组织的文字，是经过组织能够使作者表达心灵的文字。”他讲清楚了一个道理：写作本来就是人生命活动的一部分，是思想交流的重要工具，是内心的要求，也是心理的需要。它不是来自外围力量的硬植入，而是在组织心灵语言的过程中，如盐融水般地把学生带入那时、那境，和融入曾经发生过的那事，与那人打招呼，潜移默化地完成喜欢自己、欣赏同伴、发现群体……给予儿童最好的东西，可以从写作启蒙开始。

一、与自己：我喜欢这样的自己

儿童自我意识发展的一般趋势为：由无意识到意识，由自我分辨到自我认知，由自我认知到自我评价，再到自我控制。刚刚进入小学阶段的儿童正处于由自我认知到自我评价的过渡阶段，语文教师不妨以“写自己”为任务驱动，带领学生在写话活动中观察和发现自己的优缺点，从而更好地实现自我认知。同时，教师要给予儿童足够的支持和引导，帮助他们逐步建立健康的自我评价模式和自尊的意识，并转化成积极的行为方式。

语文教科书一年级下册语文园地八“字词句运用”中展示了四张孩子的面部表情，分别是高兴、生气、害怕、难过。其上标注：“你有过下面这些心情吗？说一说，写一写。”这一次“字词句运用”是小学语文教材中的首次写话任务。这样的设置是较为符合本阶段儿童认知发展的，不仅写话对象是从最熟悉的自我开始，而且写话内容是每个人都有的情绪，即“你有过下面这些心情吗”，指向曾经的“心情”故事、“心情”经历。此外，写话方法上也有指导。

这无疑将抽象的心情具体化了。学生在写话中，潜移默化地感知到心情是被事件影响的，遇见不同的事情，就会产生不同的心情。认识自己是学生成长最重要的一步。对自我心情的认知，可以帮助学生更好地关爱自己，成为自己情绪的主人。同时，每一种心情的外显是不一样的，发现心情在外显中的不同表现，才能察觉到自己和他人的心情变化，这样有利于与他人共情，与他人友好相处。

需要注意的是，教师在引导学生写话的过程中，要发现并干预学生不真实、不自信的“心里话”，引导学生大胆地发现自己、表达自己、相信自己。如，教学中，若学生接二连三地表达出类似“助人为乐”才是值得高兴的事情时，教师就要及时肯定学生是助人为乐的好儿童，并巧妙地把他们的目光吸引到个人兴趣、健康意愿、玩耍交往、课余生活等方面。当儿童在写话中回归儿童生活时，童真、童趣就会回到共同交流的场域内。

同样，教师也要巧妙地干预儿童在谈论反面情绪时的自我评价。如，学生谈到“害怕”时，往往会表达“我不喜欢这样的自己”。教师可以采用与学生共情的方法，告诉学生，自己也有过相同的经历，也会害怕；可以让几名学生一起分享自己的感受，这时他们很容易发现所有的情绪都是人的正常反应，说明“我”是很健康的，“我”可以让它越变越好，“我”可以悦纳拥有所有情感体验的自己，“我”可以大声地对所有人说：“我喜欢这样的自己。”

当正面自我评价的宣言在成长共同体中回荡，当正面自我评价的字迹在笔下留痕，自给自足的小花便悄悄地栽进了儿童的心田里。

二、与伙伴：我们要永远做好朋友

教师注重培养学生与伙伴之间的同伴关系，将有效促进他们的成长和发展。首先是情感的联结。学生与伙伴之间的友谊和情感支持可以产生安全感和亲密感，从而产生信任和情感联结。其次是交往的联结。学生与伙伴一起玩耍和交往，能够学会社会交往技能，如分享、合作、沟通和解决冲突。这些技能对于建立健康的人际关系和适应社会交往环境非常重要。再次是知识经验的联结。学生与伙伴之间的互动可以促进知识和经验的分享。他们可以一起探索新的事物，交流彼此的兴趣和想法，从中学习和成长。最重要的是，学生与伙伴互动可以帮助他们发展自我认同和建立自我身份。他们可以通过与伙伴的交流和互动来发现自己的兴趣、喜好和价值观。

同样，教师可以凭借语文教材中的写话练习帮助学生将“自我”与“伙伴”联结。语文教科书二年级下册语文园地二“写话”的要求是“照样子，写一写你的一个好朋友。向大家介绍一下：他是谁？长什么样子？你们经常一起做什么？”小学生是好玩的、好奇的、好成功的。写话不可以强布置或硬植入，教师应营造出学生熟悉的游戏氛围，进而组织起体验性、沉浸式的写话活动。我设计了学生喜闻乐见的“找朋友”游戏，让学生在愉悦的唱跳氛围中，在事先准备好的爱心小卡片里写出好朋友的姓名；以“点兵点将”的游戏方式，抽取学生说说自己的好朋友是谁以及理由，潜移默化地让学生感知“好朋友”的意义。而后，我引导学生通过写和好朋友“在一起”的事件，帮助学生回忆与伙伴在一起的经历，让学生清晰明了地感受到“好朋友是经常和我在一起的同龄人，我们的兴趣喜好相投，因为互相欣赏帮助，才成了好朋友”，从而具体化了“好朋友”的意义，让儿童的相处关系由抽象变得具象可感。

学生的写话反馈充分体现出“他们”的独特性与丰富性：文静、晨曦总是不约而同地在一家包子铺吃早餐，一个总是吃香肠包，另一个总是吃豆沙包，边吃边笑，吃完就往学校跑；雨辰、希哲有他俩在学校后花园的秘密基地，月牙平台的小树林里的薄土覆盖着生长的真相；诗诗、艾薇简直是一对搞怪大王……我把他们的作品一一对应，并请小播音员在班级“喜马拉雅”上每日播报。这样运用多媒介传播，在班级、家庭、公众环境中分享友情故事，可以大大地激发学生对同伴的信赖与期待。不少学生在文末这样写：“我们要永远做好朋友！”

三、与同学：他是这样的人

群体社会化理论认为同伴群体是儿童社会化发展的主要环境动因。常年带班的我，发现一种很普遍又很有意思的现象：很多学生除了经常与几个好朋友一起玩，就很少与其他同学玩；同学同班几年了，都没有任何交流，甚至连对方的姓名都不知晓。这样的学生在日后的同伴交往中，会缺乏融入意识，显得比较被动，不能很好地在群体中获得自我呈现与身份认同。从交往关系来看，他们与外界并不能形成“看见”“听见”“想到”与“被看见”“被听见”“被想到”的良性互动；从班集体建设方面来看，这种情况的存在，将使班集体缺乏向心力，从而影响共同生长美好愿景的实现。

语文教科书三年级上册第一单元习作主题“猜猜他是谁”就可以营造学生间相互了解的情境。教材以“猜猜他是谁”的小游戏为学习任务，要求学生“选择一位同学，用几句话或一段话写一写他。不能在文中出现他的名字，但是要让别人根据你写的内容猜出你写的是谁”。这样一来便锁定了写作的前提，就是学生必须选择写同班同学。因为只有写的对象是同班同学，学生才能在班集体交流的过程当中猜出写的人是谁。这需要学生认真观察同学的外貌、行为以及典型事件。

这样的任务前置，就驱动着学生把全班同学都观察一遍，把全班同学都好好地认识一遍，以筛选出自己觉得最有特点的那个人，让“写他”能够被大家猜出。学生的习作中确实多了不少让人欣喜的内容：“他的后脑勺上有三个旋。”“他每次笑起来就会把嘴巴咧得大大的、眼睛眯成一条缝，就像一个大脸猫。”“她的脸特别白，又白又长，就像一颗白葵花籽儿。”“他整个头都是黑黑的，头发又黑又密，整个脸蛋是一颗大黑李，一笑起来两个酒窝就陷进黑洞里。”每每有同伴分享，大家就会竞相用眼睛把全班扫描一遍，当目光在某个人的脸上停住，又竞相呼喊出他的名字……这样学生们就一次又一次地重新认识全班同学，整个班级的情谊也在猜相貌中增进，学生课后还乐此不疲地说：“让我看看你还有什么特点是我没有发现的。”

当然，教师要让学生关注外貌，更要引导学生关注同学的行为、了解同学的喜好，进一步了解和猜出“他是谁”。在那段日子里，我布置学生每天记录观察对象经常做的事。一段时间以后，他们的本子就成了同学的“小小档案库”：

“他每天一到学校，就跑到图书角选一本最喜欢的书，坐在座位上津津有味地看起来，谁拉他去玩，他都不去。”

“他总是喜欢和欣怡一起坐在走廊的尽头，两个人你靠着我、我靠着你，说着我们听不见的悄悄话。说着说着，两个人就会吃吃地笑起来，然后接着往下说。”

“他是上课时的好奇大王，老师每说一句话他都忍不住插话，这是为什么呢？”

就这样，我利用这一次习作契机，巧妙地营造了学生共同了解、共同参与的环境，发现的目光在教室里扫描，发自心底的笑声在活动中回荡。

四、与身边人：他真是太有意思啦

亲社会行为泛指一切符合社会期望且对他人及社会有益的行为，是人们在社会交往中表现出来的友好积极行为。它的特点是反映个人与他人、个人与社会或群体、现在与未来的关系。它不仅具有维持人际、群际关系以及社会和谐的重要功能，而且具有提升个人身心健康水平、增强幸福感的作用，对人类的生存适应和社会的持续发展都有非常重要的作用。其实，教师引导学生进行写人习作的过程，也是启蒙学生亲自身、亲同伴、亲他人，再走向亲社群的人际交往、生存适应的社会小公民的成长过程。

语文教科书三年级下册第六单元习作主题“身边那些有特点的人”对学生很有吸引力。教材页面正中画着一个大大的气球，气球里分布的雅号让人忍俊不禁——“小书虫、昆虫迷、乐天派、智多星、热心肠、运动健将、幽默王子……”这就启发教师充分调动儿童的形象思维，把“身边那些有特点的人”的习作活动化成“亲社会”之旅。

活动伊始，教师可以创办一个身边有特点的人的漫画展，鼓励学生大胆创作形象画来表现人物特点。学生的创作是非常有生命力的：雪白的围裙和飞扬的锅铲相遇；智慧帽上金光闪现；百灵鸟唱出动听的音符；大胃王的肚子里填满了各种美食；斑马线上飞扬着雪白的手套；大脑门上刻着一个大大的王字，火气在他的脑袋上升腾起来……教师要在此基础上，进一步引导学生在习作时沉浸式回顾人物在事件中的性格、品质、爱好，加深自己对他人的情感体验，也完整地把这份情感体验传递给读到这篇文章的人，甚至是“你写的那个人”。最后，教师还可以鼓励学生通过电子邮件或者微信，把自己写的内容发给所写的人看一看，听听他的评价，从而激发起学生更多向度的积极情绪，为个体亲他人的表现提供更好的助力。这样可以使学生在写作与互相交流的过程中获得积极情绪，促进个体实现心理成长，并获得创造力与生活力的互相加持。

就拿家人关系来说，有一名叫朵朵的学生，她笔下所呈现的“心愿盒”是她的爷爷，因为爷爷总能够猜中她的小心思，在她没有开口时，就已经帮她达成了愿望。当她的爷爷看到孙女的书写后，非常激动地反馈："原来我为她做的事儿她都记得，真是没有白疼这个孙女！"这种情感体验传递也有利于学生与其他人的互信互助。学生丢丢把自己写的《球友"虎兄"》通过录音的方式传递给对方，他的球友热情地回复："谢谢你成功地总结了我打球快、准、狠的特点，说我在赛场上就像猛虎下山。你的技术也很好，如果你出手能再果断一些，相信你会很有进步的。"

陶行知先生说："千教万教教人求真，千学万学学做真人。"求真、做真人，让学生的学习活动来源于真生活，实践真意义，实现真成长，当是语文课程育人的重要价值追求，亦是我们能给儿童的"最好的东西"。

后 记

我的“善读慧写”追求之路

2000年，我18岁，被分配到建阳师范附属小学当数学老师。那时候，中小学教师正在考“普通话等级证”，加之半学年后学校某位一年级语文教师外调，“因为阎晶晶老师是‘普通话一级乙等’证书，还是教语文吧！就是光听她朗读，小朋友也是受益的。”就这样，我成为一名语文教师，开启了我的“善读慧写”追求之路。

从“堂堂读”“日日记”开始萌芽——爱读爱写

一年级语文教什么呢？回想我自己当小萌娃的日子，最喜欢的就是曹素芳老师让我们一个个站起来带读课文。那时候上什么课，回答了什么问题，全忘记了——唯一记得，老师牵着我的手把我领到讲台上，把我的身子转向小朋友们，把细细的教鞭交到我的手心里：“来！面向大家，声音响亮……带得真不错！声音真响亮！嗓音很好啊！”尽管我总是读得磕磕巴巴，但这成了我难以忘怀的情景，也成了我在师范学校的日子里勤奋练习普通话的理由。我虽然还不清楚怎样的课是好的语文课，但是语文有“听说读写”四个基本功，我教孩子们把课文读正确读好听，总是不会错的！

那就从朗读课文开始吧！要想把课文读得好听，第一要紧便是说一口标准流利的普通话。为了避免学生养成闽北人的地域特色普通话，我坚持每天先范读，或者可以说是“范诵”，再把一个个小可爱“拎起来”，一日一日地就音纠字，反复讲解发声方法，直到他们能把每个字音咬准为止。儿童是天生的诗人、语言的专家、生动的歌者，加之我持之以恒地口口相授，换来学生朗读能力的飞速进步。他们不但都很愿意大声朗读，而且善于用声音表现课文的形象。是的，以情感为驱动，丰富的音调组合在一起，辅以儿童特有的肢体投入与神情，那读书声好听极了，那读书的样子好看极了。来我班听课的教师不禁感叹："这个班的读书声太美了。孩子们摇头晃脑，可爱极了！"家长们也说："孩子每天回来就纠正我们的普通话，在家不用花时间，都能声情并茂地把课文背诵下来。课外的儿歌多读几遍就会背了。"那时候，我并不知道自己是在回归到"语音学"的本质，在培养儿童形成语感。听着学生标准的发音、动听的朗读，看着前辈、家长赞许的眼神、满意的笑容和学生爱读的模样，我第一次品尝到教学的甜蜜。朗读——予我快乐，予学生快乐，予听者快乐。

除了读，还做什么练习呢？回想我小时候，最不喜欢的就是背词语解释，其次是完成各种练习册。一年级抄字词是基本功，但对于孩子来说，也是乏味的。在我困惑的时候，我的带教老师白永红老师的做法，给了我诸多启示：她每天带着孩子们写日记，每天让孩子们播报新闻，每天让孩子们自主教学预习成果。我把自己当成小孩子，感受这样的教学真有益——"听说读写"全齐活了！

那就带着孩子们写日记，每天在班级播报吧！我们的日记有"三不统一"：不统一字数、不统一题材、不统一表达的形式，就是让他们随性写、随心写。低年级学生会写的字少，不爱用拼音替代，就随手涂鸦，这些日记由此更添了一份童趣；有的学生写上学路上遇见狗，写了一个月，也让他写去，这是他童年难得的相遇；还有的学生，每天只写一句话，那又有什么关系，慢慢来，总会写长的。我从不指责他们哪儿写得不好，只是分享、鼓励和引导——遇见快乐的事，就大声在班级读出来，把快乐播撒出去；遇见学生有犹豫的事，就写上几句话，鼓励他们相信自己；遇见学生不开心，就把他抱到身边，好好聊一聊。日记，成了我和学生的连心桥。玲在日记里说："阎老师是善良的姐姐。我生病了，您把我抱在怀里。那一下，我就觉得不难受了！"（还配上了我和她在一起的爱心画像。）品味学生简单纯真的语言，被学生信赖的幸福感溢满心头，我觉得做一名好教师，就要在文字的世界里给他们自由、宽容、温暖，为他们点亮盛满爱的童年。

日日评改，日日分享，日记伴随着我 24 年的教学生涯，谱成了一届届孩子们的小学生活乐章。那时候，我在徐市中心小学支教，调皮的阿杰躲在宿舍卫生间里写日记，他对大家说：“可以记的事情那么多，记不完啊！”那一次，我布置的是写试卷分析讲评，乖巧的阿丹多记了一篇：“我还是得记下，要不好事情都流光了。”2024年，可鑫作为实习生回到我的身边学习“教语文”，她说：“最难忘的就是阎姐（2014年毕业那届对我的昵称）叫我们写日记，每天大家都绞尽脑汁写，期待着自己的日记被老师分享出来，更期待着获得‘写作诺贝尔奖’（当时组织网络班刊，获得‘录用卡’，就可以自行发表在班级博客里；逐步升级获得‘写作明星’‘写作诺贝尔奖’）。那时候不停地写，在后来的学习过程中着实发现很有用！”

带着学生写，我自己也加油想、加油写。我在请教前辈们写作经验后，尤其是在建阳区小学语文教研员、特级教师谢传勋老师的指点下，我以“播报”经验出发构思写作“口语交际”主题论文，获得2000—2001年度建阳区小学语文年会论文一等奖第一名。我的朗读经验论文《以情感为动力　点燃语言实践之火》获得2002—2003年度福建省基础教育科研论文评选一等奖，并收录在《新课程新理念　新教法》（福建教育出版社出版）一书中；日记写作经验《让表达自由　让语言丰盈》《每日一记，有趣、有效！》相继在《福建教育》《湖南教育》上发表。

在“有情·有趣·有效”的课堂里生长——能读会写

2002年，我参加了南平市的小学语文青年教师教学比赛。赛场上，我不仅仅是把自己当作选手，更是把自己当作学生，向来自闽北大地十个县市区的优秀教师学习经验。我的确是一只小小的菜鸟，除了让学生从原动力上点燃“爱读爱写”，我还能做些什么呢？说实话，从方法到目标，我都是茫茫然的……以至于，那场比赛的整个教案都是指导老师们磨出来的，我“背”着上场的。这种感觉，很不好！我希望自己能通过学习找到入口……其中南平市实验小学的甘林素老师讲授的口语交际课《爱吃的水果》把我“吸”进去了。她以评选“水果大王”为情境，把“水果”请进了课堂，学生们戴上头饰成了水果，他们在角色置换中观察水果、品尝水果、推荐水果，还把娃哈哈的广告词创编成《大西瓜》——学生们在“争当水果大王”的情境驱动下，并在甘老师有针对性的指导中智慧迸发、妙语连珠，仿佛老师并不是在上课，而是真的在组织一场“水果大王”大赛！

我思考着：为什么《爱吃的水果》能撩动着全阶梯教室的师生共同参与？为什么学生们在我们毫无察觉时，就把话越说越广、越说越长、越说越深了呢？第一是“情”，是浓浓的师生情。甘老师是懂孩子们的，她所设置的“水果大王”情境，让每个孩子置身在里头。也就是现在新课标提倡的设置真实情境，去满足孩子们的真实学习需求，调动他们自发需要学习的情绪。第二是“趣”，兴趣是最好的老师。不言而喻，这堂课是有趣的，有吃，有演，有玩，每个细节的设计都融合在学生们的兴趣点里。第三是“效”，这是课堂的核心。这节课的教学目标非常鲜明：“介绍爱吃的水果”，从观察、品尝到拓展延伸，帮助儿童使其表达力渐渐地强起来。同时，教师是非常精准的导学助学资源。你看，当学生介绍“吃了香蕉，会拉大大”时，甘老师马上评价：“香蕉会通便。”规范了表达，教在当教处。由此，我学到了！语文，有情，有趣，有效！点燃学语文、用语文的情感；用上恰当的学习方法让课堂变得更有趣；更重要的是老师要读透教材，明确自己要“教什么”“怎么教”——帮助学生能读会写！

从那以后，我明确了自己课堂教学的方向，就是能带着学生融情入境，让学生能读会写。恰逢我所在的建阳区教育局大力推进各小学承担课改开放周，每学年我都积极参与，先把课备出来，再向前辈们求教。建阳师范附属小学的语文教研组长林柳英老师、罗秀珍老师，乃至教数学的陈丽健副校长都常常伴我备课到深夜。《月光曲》《问银河》《风》等公开教学，相继获得南平市一等奖。2006 年，建阳区教研员詹昌平老师正带着建阳区的小学语文老师申报“你还原了吗？——阅读教学深度研究”课题。此课题开题后的第一场会议，是由我开展北师大版三年级《大禹治水》的研讨课。这节课受到建阳师范附属小学上下的高度重视，袁思明校长组织语文团队陪我磨课，并参与听课。我试讲时，把大禹精神和当代社会人物的对比作为重点(还是在“人文性”上下功夫)。课后，他毫不留情面地批评：“大禹是什么人？是某人比得了的吗？语文，在语言文字上下功夫。”当晚，林柳英老师指导我“看见”教学重点，应放在大禹治水的四个关键处：“开凿了龙门”“挖通了九条河”“垒起堤坝”“引到大海里”，带着孩子去想象画面、还原场景、朗读体会——大禹的智慧和精神自然而出。这堂课受到了参会老师的广泛好评，谢传勋老师写评课《品读　析读——表现文本》在《福建教育》上发表。也许就是因为这篇文章，《福建教育》杂志社的黄旭升主编发现了我。《〈大禹治水〉教学设计》从首届英才杯“智慧·互动·成长”全国青年教师风采展示大赛第一赛程中脱颖而出，进入教学设计前十名。我执教此课，参加现场赛。专家点评环节中，全国著名教师于永正老师评价：“阎老师激情四射，学生听讲注意力高度集中，非常投入。特别是老师着眼语言文字上下功夫，带着学生扎扎实实地读懂了课文，理解了大禹的智慧和贡献。”

于永正老师高屋建瓴的评课发言，以及袁思明校长、林柳英老师的指导是异曲同工的，都指向“语文”本身。其实不止这三位老师，还有不少老师给了我指点。之前我执教《风》受到好评，可是深圳竹香学校黄木生校长（之前是建阳师范附属小学语文教研组长）却指出：“上得很生动，但不太像诗。”南平市教研员陈全席老师指点我执教的《开国大典》时讲：“你的解读，是否适合小学生？这篇典型的通讯稿，哪些东西是五年级小学生可迁移的？”（原话没记住，大概是这个意思。）福建省普通教育教学研究室小学语文教研员黄国才老师说：“你现在要上的，是能给大家做示范的课。”我的语文课堂，要回归到语言文字本身，找到语文的属性和规律，发展语文思维。——是的，因为语文，而有情；因为语文，而有趣；因为语文，更有效。

2011 年，我兼任建阳区教师进修学校小学语文教研员。区教研员龚南生老师指导我：“进修学校做课题，就要为农村老师的教学困难服务。老师们反映难教的、怕教的、不会教的，就是我们要研究的。”他领着我和课题组成员走遍了建阳的 10 个乡镇，最终把课题定位为“基于农村小学文体（诗歌、散文、小说）模式教学实践与研究”。那三年，我们就诗歌、散文、小说教学，联动城乡学校做范本研究……

2013 年，我执教小说《景阳冈》，获得南平市教学评比一等奖。犹记得，我打着快板，领着学生们边端海碗边拍案边说“喝酒”——抓语言，见其人，“酒量惊人”；揣测“上冈”所想——抓心理，品其性，“胆量超人”；师生配合演读“打虎”——抓动作，悟其智，“机敏过人”；在对比“缺陷”和“智勇”的武松时延展探讨人物的多面与立体，促使学生带着“入情节、读其言、观其行、悟其性”的小说阅读法，去走进《水浒传》那一百零八条爱恨分明、疾恶如仇、特色鲜明的，让人可信、可敬、可爱的梁山英雄好汉。

2014 年，我执教散文《怀念母亲》，获得省级优课。《怀念母亲》十分特别，作者以回忆的方式，插之日记、摘抄，描述了在漫长的留学生涯中，对母亲和祖国的“同样崇高的敬意和同样真挚的爱慕”，充分表达了作者对亲生母亲永久的悔恨，对祖国母亲永久的爱意。我带着学生寻找文章的“神”：“怀念母亲”，去追述线索：念母成恨（不能见、不能爱、不能孝）—念母成忆—念母成幻。用资料补充法，破解学生阅读的“难进入”“难理解”“难感悟”：插入季先生小时候与母亲相处的相亲相爱情景，体会他为什么称自己为“孤儿”“灵魂不全的人”；插入“誓愿”资料，感受“不能孝”“终天之恨”的痛心。追问“哭”后面的千言万语，追问“想不起来，为什么还要想？还要梦？”那是他对母亲怀着太崇高的敬意与爱慕。以《游子吟》结课，告诉孩子放学早回家，让妈妈少一些等待。公开教学时，很多孩子泪眼婆娑，当日的日记都写得很动情。我教学生们读散文，要抓“神”—寻“脉”—入“情”，融入文本情感，接受能量的传递。

2014 年，古诗教学《回乡偶书》获得福建省小学语文教学评比一等奖。我在 QQ 空间里留下后记《吟唱那首归乡的歌》。他“少小离家老大回”，内心是欢喜而又期待的；“乡音无改鬓毛衰”，离乡五十余年，从青壮到暮年，虽两鬓斑白，但不改深深眷恋。可是，时过境迁，眼前的一切早已物是人非，一句“笑问客从何处来”，诗中的那个老人家——贺知章，面对故乡的小顽童，在感叹时移世易之余，涌现在心头的或许是那鞍马劳顿的人生旅途，抑或是“少小离家老大回”时急切的足音……这样的叙事诗教学，我大多采用古诗表演讲述法。孩子天生爱听故事，故事是长在孩子们心里的，当年代久远的唐诗化为故事时，唐诗就和孩子们亲近起来；了解古诗大意这一教学目标，就在你言我语中化为无形，又润物细无声地潜进孩子们的心里。加之我的本科读的是福建师范大学的音乐教育函授专业，诗歌——诗和歌本是一体，本是天然的音韵亲缘。我总喜欢让孩子们自编一曲，徐徐吟唱。小小孩童品着韵脚，也凝眉含泪——“贺知章心里是苦的，他走了一生，好不容易回到了家，家乡人却称他为客人，他心里很难受。”“因为古时候，交通实在不便利，普通人出门仅靠双脚。因此，游子出门求学也许一辈子再踏不上回乡路，那条路就成了所有游子心中一片挥之不去的云。”“思乡”变成了中国古诗中特有的文化，几乎每个诗人都创作了思乡的诗。“举头望明月，低头思故乡”——吟起来了；“春风又绿江南岸，明月何时照我还”——吟起来了；“唯有门前镜湖水，春风不改旧时波”——也吟起来了……孩子们淌出的好听的声音，婉转的音韵，至今回绕耳畔，萦缠心间。同时，我领着孩子们在每周日“变古诗为故事”，发表了《古诗作文让高年级写作具体起来》。正是有了古诗教学的研究思考，我在 2016 年福建省小学青年教师语文教学评比活动中，为厦门市人民小学的黄黎明老师执教《古诗两首》(乞巧、嫦娥)做现场评课，获得好评，而后发表了《从比较视角，启蒙中年级学生评鉴古诗》。我也和团队伙伴们一起，形成了小说、散文、古诗三种文体的基本教学模型：小说教学，入情节、读其人、品其行、悟其性；散文教学，理清线索、补白入境、联系资料、品味情感；古诗教学，读韵律、讲故事、品诗情、诵诗境、育诗心。

2017 年，我受到南平市吟诵学会会长范素珍老师的指教，继而对《古诗两首》（乞巧、嫦娥）在诗的“音韵”和“意蕴”之间的关系上有了自己的想法。黄国才老师鼓励我“试试看”，并推荐我参加“千课万人”——海峡两岸“八大群文阅读团队”课堂教学观摩会，会上我展示了《神话中的诗意　古诗中的神韵》。而后，我发表了《把握“神话诗”价值，以“音韵”见“神话”》。之后，我又在黄国才老师的指导下走上了群文阅读的探索之路，先后执教《鲁迅笔下的儿童形象》《朱子的读书之感和读书之法》，在福建省教学开放周以及《中国教师报》组织的“课改中国行公益师训会暨朱子文化与小学语文教学质量提升研讨活动”上交流与推广群文阅读经验，发表了《读出小学生“最喜欢”的鲁迅先生》《格物致知：哲理类古诗文的教学路径探析》。在群文阅读的带领下，我系统地去阅读了“神话”“朱子”“鲁迅”的相关书籍，并渐渐地成为“书迷”。《朱子传》的作者祝熹老师打趣我说：“阎老师看书确实认真，连这本书里没有校对出来的标点符号错误都看出来了。”我希望通过完整的全面的阅读，先形成自己的结构化阅读思维，再帮助学生在群文的比较阅读、整合阅读中形成深度思考的能力，客观、更深入地获得较完整的理解。通过课堂阅读让学生掌握方法，明了意义，再去课外读更多更多的书，从而帮助学生们能读会写。

在“学科逻辑与心理逻辑融通”中探索——善读慧写

2017 年，我成为福建省小学语文学科带头人培养对象，师从项目首席专家、集美大学施茂枝教授。他为我们树立了语文教学是“学科逻辑与心理逻辑融通”的科学理念，并教授“基于小学生心理特征的写作教学训练与模式”，鼓励我们广泛开展实践研究。为此我申报了 2018 年福建省名师名校长培养对象专项课题“基于小学生心理特征的写作教学序列与模式实践研究”，研究内容就是实践施教授创建的“低年级童话体写话”“中年级观察作文”“高年级纪实作文”的 13 种教学模式。在实践研究中，我发现施教授所研究的不同学段模式群分别有核心逻辑：低年级童话体写话的核心逻辑是“素”的逻辑。无论任何写话模式，都是根据写话的需要，为孩子们搭建话语形式和话语内容两个要素，来帮助他们完整写话。中年级观察作文的核心逻辑是“法”的逻辑。无论任何观察习作，都是根据观察事物本身特点来匹配观察方法的，它支持写作过程。高年级纪实作文的核心逻辑是“意”的逻辑。不论“素材加工”“问题解决”，还是“唤醒生活”，都是围绕着文章的“中心意旨”。就是这样，我提炼出“低年级·依素写话”“中年级·依法观察”“高年级·依意习作”的教学范式。

2020年，在培训新教师过程中，我梳理了习作教材序列，欣喜地发现——靶心正是“想象”“观察”“中心”。看来之前所研究的儿童习作认知和教材系统是吻合的，如果能以“儿童心理”去观照“教材逻辑”，肯定能让小学各学段的范式研究更清晰，更能帮助到老师们“教容易”，帮助学生们“写不难”。继而我申报了2021年福建省中青年教师教育科研项目基础教育专项“基于统编教材的小学习作教学模式探究”。我们分学段整理出“训练‘小点点’”，切实指导“低年级·依素写话”“中年级·依法观察”“高年级·依意习作”，以达成小学生从“写话”到“写清楚”，再到“写具体”——促成“长线索”清晰，“小点点”精彩。在这一研究过程中，我们又分学段地进行实践研究，把握三个层级逻辑核心：指导不同学段的孩子能把话说完整——能有方法观察与习作——能依据想法来组织材料写成作文。

2022年4月，《义务教育语文课程标准(2022年版)》出台；5月，我就申请立项教育部福建师范大学基础教育课程研究中心课题“基于读思达的小学习作教学模式探究”。这个课题的大背景不言而喻，“发展型任务群”的概念阐释即双向沟通“阅读与表达”。我们挖掘低年级“用好教材情境中的要素构成，迁移到新的情境中写完整话”，中年级“读懂教材中的‘观察法’，帮助学生在真实情境中迁移运用”，高年级“发现文本围绕意旨的组织形式，来审视思考自己的中心主题、材料选择、素材加工”，产生了系列“阅读与习作双向建构”研究成果。例如《棉花姑娘》，我们摒弃了以往的逐段串讲方式，而是由孩子们发现“请求”的交际话素构成，再提取关键信息“各种动物的本领”后，以“礼貌地说什么”“本领是什么”“建议是什么”，让孩子们独立说话写话，让他们发现与作家同频创作的收获和快乐。《金色的鱼钩》一课，我们也摒弃了以往的感知文本、提取事件、体会细节、描绘情感的传统阅读教学方式，而是以“给英雄写致敬词”的方式，倒逼学生去提炼有价值的文本内容，去组织致敬词的语体，形成写语言的经验：聚焦感动的内容，短行排列的形式，化成具象的情感表现。学生在阅读中瞻仰英雄，在创作中致敬英雄，从而成为建构革命文化文本价值的文学阅读者和创意表达者（参见《“文学阅读”与“创意表达”的融通共生——以“给英雄写致敬词，向党的二十大献礼”项目式学习为例》，发表于《福建基础教育研究》）。

另一件大事，促使我对“善读慧写”进行深度思考。2021 年 5 月，我在三明市教学开放周活动中执教一年级写话《我的心情》。福建教育学院语文研修部小学教研室主任卢永霞副教授点评：“这是一节有难度的课，但阎老师却借助绘本的魅力，构建‘事、形、情’表达支架，以活泼顽皮而又富有启迪的语言，轻松走进儿童的心灵世界，吸引他们的注意力，唤醒他们的生活体验，启发他们的智慧，引导他们用诗一般的语言表达自己的心情，悦纳自己的情绪……”而后，我组织团队开展长达两年的“写人”教材实践研究，渐渐发现“三至六年级共编排了八次写人习作及十次小练笔……与“我”的成长有着密切的关系。教材有意引导学生在写人习作中不断深化对自我的认识，逐步扩大交际范围，识别与协调交往关系，润物无声地培养具有正确价值观、交往观与社群观的现代社会小公民”（参见《“课程育人”视域下的写人习作价值分析与实践策略》，发表于《语文建设》）。这一重大发现，让我陷入很长一段时间的思考——我们的写作为了什么？仅仅是为了帮助孩子学会写作吗？写作是为了满足学生当下与未来的生活交往以及对知识的需求，并通过表达与交流，让自我的价值被他人看到和听到；也为了让学生在写作过程中能深度地与自我对话，帮助自我成长，成为有理想、有本领、有担当的大写的人。

因此我又认真地比照了《义务教育语文课程标准（2022 年版）》与语文教科书。我发现语文教科书的话语体系围绕“全面发展的人”，建构了六大类的教材话题体系，立体描绘儿童生长的全息图景，在通盘构思、螺旋上升的写作价值体现过程中，学生将正视自己在真实生活情境中对人、对事、对物、对环境的实际功用与想象创造的具体行为和表现，理解与判断自己的思想情感、价值观等，进一步涵养内化正确价值观所必备的品格和关键能力，从而实现立德树人的目标。因此我在老师们的鼓励下，再次申报福建省教育科学“十四五”规划 2023 年度“协同创新”专项课题“课程育人视域下的习作教学研究”，力求突出“以人的发展为中心”的核心理念，让习作回归交流与表达的本真诉求，以素养本位的习作、课程价值内容与工具为突破口与接入口，对不同学段的写作教学进行改进与重构，进而实现导向育人、需求育人、过程育人，逐步培养学生精于思想、富于情感与工于表达的素养与能力。

我在导师与朋友们的鼓励下，将我的读写教学经历和部分想法，整理成《善读慧写的课程追求》这本书。诚挚感谢施茂枝教授、黄国才老师在百忙之中拨冗为我的小册子作序。诚挚感谢卢永霞副教授、黄志军副教授、范吉明老师、施丽聪老师、黄文杼老师在百忙之中拨冗为我的教学实录做专家点评，这既是对我的指导，也是对我的鼓励，我实在很受益。感谢在我教学之初，指导我一点点成长的谢传勋老师、曹建忠老师、陈全席老师、龚南生老师、詹昌平老师、袁思明老师、林柳英老师、陈丽健老师、白永红老师、黄木生老师、罗秀珍老师；感谢培养我逐渐走向“善读慧写”的施茂枝教授、黄国才老师、卢永霞副教授、刘仁增老师、黄志军副教授、许慧心老师、杨邦清老师；感谢培育我的建阳师范附属小学以及教育主管单位；感谢我所参与的“福建教育学院卢永霞名师工作室”“福建省许慧心名师工作室”“建阳区小学语文阎晶晶名师工作室”的领导、同事们的培养与支持。当然，最想感谢的是我的家人，尤其是我的母亲，她总在关键处引导，日日赶着把家务活揽去，只为我和先生安心工作。她的智慧、善良、大气和勤劳，永远是我最质朴的追求和最珍贵的财富！

仅此，从“爱读爱写”“能读会写”到“善读慧写”，我希望读写能够成为儿童的生活方式。同时，也热切地期盼能同读到这本书的朋友，一道做有意义的教学，帮助学生获得有意义的读写方法，成为有意义的人，做有意义的事，过有意义的生活。

当然，我的专业学养与专业认识尚为浅陋，教学能力与写作能力都还有待提高。现把自己不成熟的想法和做法和盘托出，以期前辈、同行和朋友们不吝批评、鞭策与教正！

阎晶晶

2024 年 2 月于潭城

图书在版编目(CIP)数据

善读慧写的课程追求 / 阎晶晶著. --长沙：中南大学出版社，2024. 8.

ISBN 978-7-5487-5905-8

Ⅰ. G623. 202

中国国家版本馆 CIP 数据核字第 20243LA390 号

善读慧写的课程追求

SHANDU HUIXIE DE KECHENG ZHUIQIU

阎晶晶　著

□出 版 人　林绵优
□责任编辑　胡小锋
□责任印制　李月腾
□出版发行　中南大学出版社
社址：长沙市麓山南路　邮编：410083
发行科电话：0731-88876770　传真：0731-88710482
□印　　装　长沙新湘诚印刷有限公司

□开　　本　710 mm×1000 mm　1/16　□印张 18　□字数 320 千字
□版　　次　2024 年 8 月第 1 版　□印次 2024 年 8 月第 1 次印刷
□书　　号　ISBN 978-7-5487-5905-8
□定　　价　58. 00 元